逐条│放談

消費税の
インボイス
Q&A 第2版

税理士
熊王征秀 著
Kumao Masahide

税理士
渡辺 章
Watanabe Akira

中央経済社

第2版 発刊にあたって

　令和5年10月から始まるインボイス制度に向け，既に適格請求書発行事業者（インボイスを交付することのできる事業者）の登録申請が始まっています。申請期限は原則として令和5年3月31日となっていますので，インボイス制度に関する準備は正に「待ったなし！」の状況にあるのだということを，われわれ実務家はしっかりと認識する必要があるように思います。

　本書は，令和3年12月に初版を発刊しましたが，その後，令和4年度改正によるインボイス制度の整備に加え，令和4年4月には，「消費税の仕入税額控除制度における適格請求書等保存方式に関するQ&A」の改訂版が国税庁軽減税率・インボイス制度対応室から公表されました。

　また，令和4年1月19日には，財務省・公正取引委員会・経済産業省・中小企業庁・国土交通省という錚々たるメンバーにより，「免税事業者及びその取引先のインボイス制度への対応に関するQ&A」が公表され，このQ&Aは同年3月8日に早々と改正されています。免税事業者である下請先との価格交渉や登録の要請は，下請法や建設業法に抵触しないよう，ことさらに気配りと慎重な判断が必要になりそうです。

　これらの新情報を整理すべく，税務弘報の2022年8月号において緊急対談を掲載したことから，この特集記事を組み入れた改訂版を発刊することとした次第です。

　鮮度のよい情報をいち早く吸収して実践につなげてください。インボイス制度の準備に向け，本書をご利用頂けたら幸甚です。

令和4年8月

熊王　征秀

渡辺　　章

発刊にあたって

　適格請求書発行事業者（インボイスを交付できる事業者）の登録申請が始まりました。インボイスの登録が必要となるのは課税事業者だけではありません。免税事業者についても，取引先からインボイスの交付を要請され，事業継続のために納税を覚悟の上で登録せざるを得ないケースも多いものと思われます。したがって，すべての事業者がインボイス制度の内容や登録のメリットとデメリットを検討した上で，早めに準備を進めていく必要があるのです。

　本書は，税務弘報の2021年10月号と11月号に掲載した特別対談記事に加筆改訂し，書籍として発刊するものです。国税庁軽減税率・インボイス制度対応室から公表された「消費税の仕入税額控除制度における適格請求書等保存方式に関するQ&A」について，実務上のポイントを整理しました。

　本書では，令和3年7月に改訂された最新のQ&Aに掲載されている内容のすべてについて，メリハリを付けながら，対談形式による解説をしています。対談形式なので，パネルディスカッションを聞くような雰囲気で無理なく読み進めることができることと思います。なお，執筆にあたりましては，税理士の石井幸子先生からコメントを戴きながら加筆改訂を進めたことについて，御礼がてらここでご報告申し上げます。

　猫の目のようにめまぐるしく変化するインボイス制度に備えるべく，本書をご利用頂けたら幸甚です。

令和3年10月

熊王　征秀
渡辺　章

目　　次

はじめに〜待ったなし！日本型インボイス制度 ……………………… 1

Ⅰ　適格請求書等保存方式の概要

1　どのような制度なのか ……………………………… 8
2　スケジュール ………………………………………… 12

Ⅱ　登録制度

1　早めの手続が吉 ……………………………………… 14
2　登録通知と期間 ……………………………………… 23
3　いつから効力が生じるか …………………………… 28
4　書面申請は遡って通知の必要あり！ ……………… 29
5　電子申請ならタイムラグなし？ …………………… 30
6　通知を待っている間は ……………………………… 31
7　経過措置 ……………………………………………… 32
8　ギリギリに申請するリスク ………………………… 34
9　課税事業者の登録 …………………………………… 36
10　免税事業者の登録 …………………………………… 36
11　免税事業者の登録手続に関する経過措置の延長
　　（令和４年度改正）………………………………… 41
12　免税事業者が登録した場合の課税事業者としての
　　拘束期間 …………………………………………… 43
13　申請書の様式改訂 …………………………………… 45
14　登録申請書は全部で６種類 ………………………… 45
15　「登録希望日」は叶えられるのか？ ……………… 46
16　「課税期間の初日」が書けない？ ………………… 50

17	経過措置の適用除外	56
18	値決めの問題	57
19	新たな Q&A の公表	58
20	取引先が免税事業者とわかるのか？	61
21	Q&A はまやかし!?	62
22	相手の意を汲む？	63
23	免税事業者も自覚を持つことが重要！	64
24	総額表示	64
25	納税義務者になるパターン	66
26	登録の必要があるのか	69
27	インボイスがいらない業種？	71
28	法人設立後の申請はお早めに	72
29	基本は登録拒否されない	78
30	登録の取りやめ	81
31	インボイスをやめることはあるのか	86
32	ダブルロックの罠！	87
33	事実上の課税選択	90
34	廃業・合併・相続	90
35	強制的な取消し	98
36	登録番号	99
37	本番前に登録番号を書いていいか	101
38	金額の書き方	103
39	公表等	104
40	情報はこまめにアップデート	112

Ⅲ　適格請求書発行事業者の義務等

1	言われたら交付する	114
2	交付免除の具体例	115
3	市場を通して売る場合	116

目　次 ◆ iii

	4	無条件委託方式・共同計算方式	118
	5	農協特例	120
	6	簡易インボイス	125
	7	様式は既存のものを格上げ	127
	8	書き足しは駄目	129
	9	適格返還請求書	130
	10	記載事項に誤りがあった場合	131

Ⅳ　電子インボイス

	1	単純ではない中身	138
	2	電子帳簿保存法とは何か	138
	3	電帳法改正と消費税	141
	4	電子インボイスとは何か	143
	5	記載事項は紙と同じ	145
	6	パソコン作成データの保存	147
	7	電子インボイスを提供した場合	149
	8	紙へのアウトプット保存	153
	9	電子インボイスの提供を受けた場合	156
	10	今後の情報にも注目	158

Ⅴ　交付義務の免除

	1	交通機関の特例と3万円判定	162
	2	自販機や自動サービス機	166

Ⅵ　交付方法

	1	媒介者交付特例と代理交付	170
	2	公売特例	177
	3	滞納者の登録如何をどう確認する？	178

	4	落札価格は税込み？	179
	5	媒介者交付特例と農協特例	180
	6	精算書での対応	181
	7	任意組合	182
	8	共有資産の譲渡	184

Ⅶ 適格請求書の記載事項等

	1	インボイスの記載事項	188
	2	屋号や取引先コードでも OK	191
	3	端数処理のルール	193
	4	タクシー業・飲食業の憂鬱	195
	5	価格の統一にはルールなし？	201
	6	返還インボイスに記載する年月日	204
	7	返還インボイスの雛形いろいろ	207
	8	合わせ技一本！	212
	9	書類ごとの端数処理	216
	10	外貨建取引	219
	11	一括値引き	222
	12	端数値引き	226
	13	書面と電子データによる組合せ	230
	14	軽減税率対象商品がない場合	232
	15	令和5年10月1日をまたぐ請求書	234
	16	写しの範囲	238
	17	写しの保存期間	239

Ⅷ 仕入税額控除の要件

	1	総　論	242
	2	仕入明細書・仕入計算書	244

目　次　◆ v

3	支払通知書 vs. 請求書	250
4	令和4年度改正	251
5	古物商特例との違いは？	252
6	ディーラーによる買取書の追加事項	252
7	書面と電子データの組合せ	255
8	税抜金額の記載でも OK	257
9	仕入明細書と返還インボイスの組合せ	258
10	インボイスと仕入明細書の組合せ	262
11	インボイスの修正	265
12	立替金	266
13	振込手数料	269
14	JV における立替え	270
15	口座振替・口座振込による家賃の支払	271
16	見積インボイス	274

IX　帳簿のみで仕入税額控除できる場合

1	農協特例は本当に要注意!!	278
2	乗車券の回収	280
3	古物, 質草, 不動産, スクラップ	281
4	古物はすべてインボイスなし？	283
5	自販機と郵便	285
6	出張旅費等	286

X　帳簿の保存

1	帳簿の記載要件	290
2	追加記載項目	293
3	古物台帳はしっかりと保存を！	297
4	居住用賃貸建物も記載が必要	298

vi ◆

XI 税額計算

1 総 論 ･･･ 300

2 顧客がインボイスを受け取らなかったら ･･･････ 304

3 仕入明細書と積上げ計算 ･･････････････････････ 306

4 媒介者交付特例における積上げ計算 ･･････････ 308

5 仕入税額の計算は特例が2つ ･･････････････ 310

6 簡易インボイスの端数処理 ･･･････････････････ 311

7 計算方法のまとめ ･･･････････････････････････ 313

8 特例1：帳簿積上げ方式 ･･････････････････････ 314

9 特例2：総額割戻し方式 ･･････････････････････ 316

10 端数処理をチェックすべし！ ･････････････････ 317

11 委託販売の純額処理 ･･･････････････････････ 319

12 課税期間をまたぐインボイス ･････････････････ 322

XII 経過措置

1 仕入税額はカウントダウン ･･･････････････････ 328

2 経過措置を適用したら積上げ計算は駄目？ ･･････ 330

XIII 免税事業者はどう動くか

1 実務家としての見方 ･････････････････････････ 336

2 問題は免税事業者 ･･･････････････････････････ 337

3 周知には時間がかかる？ ･････････････････････ 339

4 税理士がサポートを！ ･･･････････････････････ 341

5 変化してきた環境 ･･･････････････････････････ 342

6 改正簡易課税制度 ･･･････････････････････････ 343

7 登録か値段変更か ･･･････････････････････････ 345

おわりに～トラブル覚悟で早めに動く････････････････････････ 347

はじめに
～待ったなし！日本型インボイス制度～

　熊王：消費税のインボイス制度，正確に言うと「適格請求書等保存方式」が，令和5年10月からスタートします。その準備として，令和3年10月から適格請求書発行事業者に係る登録申請の受付が始まっています。ここで，声を大にして言っておきたいのは，本番まで1年と数か月しかないという，まさに「待ったなし！」の状況まで，われわれ実務家は追い込まれているということです。

　このことは研修等で繰り返しアナウンスしているのですが，実際に準備は進んでいるのでしょうか。渡辺さんの印象はどうですか。

　渡辺：大手企業は中小企業と比較して意識が高いと思います。

　まず，書類やシステムについてですが，様式改定ともなれば，かなり大掛かりとなるケースもありますから，中小企業に比べて動きは早いと思います。ただ，中には，軽減税率制度の導入時にほぼ手当は終わっていて，今回やることは若干の様式改定くらいというところもあるようです。

　ところで，現行の区分記載請求書等保存方式とインボイス制度における記載事項の違いは，「登録番号」と「税率ごとの消費税額」，あとは「適用税率」，この3つが新たに加わる点です。このうち，消費税額と適用税率については，すでに記載済みのケースが多いと思いますので，今回は現実的に登録番号を追加するだけということになります。ただ，意外と曲者なのが，「税率ごとの消費税額」です。消費税額の端数処理は，インボイス単位で税率ごとに1回限りというルールになっているのですが，この端数処理に関するシステムや様式の改修に手こずっている企業が少なくないという印象です。

　一方で，大手企業が一番注目しているのは，登録番号の管理だと思います。数百，数千社の取引先がいるわけで，制度開始前までに相手が登録して，インボイスを交付してくれるかどうかを，ある程度調べておかないといけない。そして，番号を管理する必要があるということです。

熊王：制度が始まった後も，登録の取消しがされることもあるわけで，継続的にチェックしなくてはいけません。このタイミングとやり方は検討しているような気がしますね。

渡辺：それと，令和3年度の電子帳簿保存法の改正により，いわゆる電子化のハードルがかなり下がりました。令和5年10月には，いよいよ電子インボイスもスタートしますので，電子化をどこまで進めるのかということも，非常に注目しているところです。

バックオフィス全体を電子化するのか，それとも一部分だけ取り入れていくのか，令和6年から電子帳簿保存法に基づく電子データの保存が本格的に義務づけられることも視野に入れながら検討していくことになります。このあたりは結構悩みどころじゃないでしょうか。

熊王：一方で，中小企業は，昨年とそれほど変わっていないという印象があります。クライアントに聞いても「それ何？」という回答が返ってきたりしますので，まだまだ進んでない，浸透してないのが現状じゃないかと思います。

渡辺：熊王先生のほうが私よりも強く感じていると思うのですが，以前にも増して，インボイス制度に関する研修会依頼が増えてきました。コロナ禍で全然動けなかったということもあるのですが，それにしても，この研修会の増加は，税理士もまさにこれからなのかなということを示しているように思います。

中小企業で準備が進んでいない理由として，やはり私も含め，われわれ税理士の責任が大きいのかなと思います。税理士が中小企業に対して広報活動をしていかないとなかなか制度が浸透していかないのではないでしょうか。登録申請に向けて，まずわれわれ税理士がしっかりと準備をしていくことが必要です。

熊王：日本税理士会連合会の「令和4年度税制改正に関する建議書」では，コロナが収束し，またリーズナブルな電子インボイスが普及して中小企業者の実務負担が減るまでは，インボイスの導入を延期すべきだとしています。真っ向から反対ではないというところが特徴的でした。

インボイス導入のデメリットは，ご承知のように，事務負担の増加と，小規模事業者が登録すると納税しなければならなくなること。これがインボイスに反対する一番の理由なのですが，税理士会の建議書には，電子インボイス，電帳法あたりも絡んでくるという感じもします。

渡辺：税理士会は従来反対の立場をとっていたと思うのですが，ここにきて少しトーンダウンをしたようです。

まず，コロナの収束について，日本だけではなく世界もそうですが，コロナだから先送りするという必要はないように思います。コロナが収束した後の状況を睨んで，進めるべきところは進めていかないといけないように思うのです。その上で，中小企業者の事務負担がかからないようになるまでというところが，少し気になっています。

熊王：どういうことですか？

渡辺：令和2年12月25日に「デジタル・ガバメント実行計画」が閣議決定されています。その中で，請求データ，つまり電子インボイスやその送受信の方法に関して，事業者間で標準仕様を作り，これに幅広い事業者が参加することによって事務負担を軽減しようと謳っています。

現在，いろいろな業界が各々のシステムで動いています。官庁もシステムを持っていて，会計ソフトのベンダーも別のシステムを作っています。ですから，現状は横のつながりがないわけです。

あまり聞いたことがないかもしれませんが，ヨーロッパで広く使われている「Peppol」（ペポル）という基幹システムがあります。

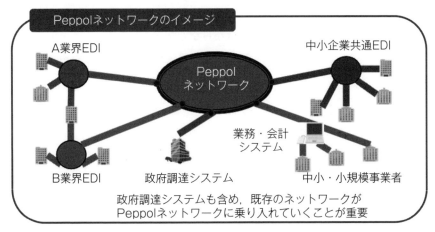

(出所）内閣官房IT総合戦略室「『電子インボイス』の標準仕様策定に向けた取組」（令和3年4月16日）

渡辺：このPeppolをベースにして，各業者間をつなげる，これによって請求書のやりとり等をスムーズにするということを，今現在，「デジタルインボイス推進協議会」を中心に官民一体となって目指しているようです。さらに，経済産業省を中心として，中小企業が安くて使い勝手のいいシステムを利用できるよう，環境整備を進めるとのことです。やはりこのようなケースでネックとなってくるのが中小企業ですから，そこに配慮するということでしょう。

そして，これらのシステムは令和4年の秋くらいまでに構築される計画です。インボイス制度は令和5年10月からなので，1年間使ってもらって，その上でインボイスに流れ込むという算段ではないでしょうか。

熊王：規模で言うと，たしかに中堅どころ以上の会社だったらPeppolができるのかなという気はしますが，実際われわれが関与しているような中小企業は，果たして導入することができるのでしょうか？

今現在だって，小さい会社は帳簿すらつけられない。業界用語で「ナマモノ」と言いますが，栗羊羹の箱に領収書，請求書，通帳がそのまま入っていて，それをもとに帳簿を作って申告をするなんていう原始的な仕事が未だにあ

るわけです。そんなところに Peppol なるものを導入するのは，理想的ではあるけれども，ちょっとやそっとでできる話ではないと思います。

渡辺：正直私も，自分のクライアントを見てなかなか難しいと思っています。本当にそのような中小企業も参加できるシステムができるのかどうか，やはり懐疑的になってしまいますね。

税理士会も，中小企業がそういったシステムに参加できる下地が整わない限りは，インボイスの導入を認めない姿勢ではないかと思います。

熊王：下地ができるまで延期を要望するということですか？

渡辺：そんな気がします。反対とはあからさまには言っていないのですが，事実上，反対ということなのではないのでしょうか。

熊王：なるほど。まあこれはあくまでもわれわれの妄想なのかもしれない。ただ，もしそうだとしたら，中小まで含めたところでシステムが確立するまで延期というのは，理想ではあるけれども無理ですね。インボイスの導入がどんどん後になってしまうと，その弊害のほうが大きくなることに一抹の不安があります。

いずれにせよ，われわれは令和5年10月に向けて，早急に準備を進める必要があります。税理士というのはいつも期限に追われて仕事をしていますので，ギリギリにならないと準備を始めないという，ある意味呑気な習性があります。

私は，インボイス制度は準備が100％だと思っています。事前にしっかりと準備をしておけば，そんなに難しい改正じゃないんです。逆に，準備を怠ったまま本番を迎えると，取り返しのつかないことになりかねないのです。

今回はそんなことも意識しながらお話をしてみたいと思います。なお，この対談は，令和4年度の消費税改正を踏まえた上で，平成30年6月に国税庁から公表され，令和4年4月に改訂された最新の「消費税の仕入税額控除制度における適格請求書等保存方式に関するQ&A」（以下，「Q&A」といいます）を中心に，導入に向けた準備，実務上の留意点等を確認していきます。

I

適格請求書等保存方式の概要

1 どのような制度なのか

熊王：上から順番に確認していきましょう。問1は概要ですね。骨になる部分を確認していきます。

（適格請求書等保存方式の概要）

> 問1　令和5年10月1日から開始される「適格請求書等保存方式」の概要を教えてください。【令和4年4月改訂】

【答】

　複数税率に対応した仕入税額控除の方式として，令和5年10月1日から「適格請求書等保存方式」（いわゆる「インボイス制度」）が開始されます（新消法30，57の2，57の4）。

　1　適格請求書発行事業者の登録制度

　適格請求書等保存方式においては，仕入税額控除の要件として，原則，適格請求書発行事業者から交付を受けた適格請求書の保存が必要になります。

　適格請求書を交付しようとする事業者は，納税地を所轄する税務署長に適格請求書発行事業者の登録申請書（以下「登録申請書」といいます。）を提出し，適格請求書発行事業者として登録を受ける必要があり（登録を受けることができるのは，課税事業者に限られます。），税務署長は，氏名又は名称及び登録番号等を適格請求書発行事業者登録簿に登載し，登録を行います（新消法57の2①②④）。登録申請書は，e-Tax を利用して提出できますので，ぜひご利用ください（個人事業者はスマートフォンでも手続が可能となります。）。なお，郵送により提出する場合の送付先は，各国税局（沖縄国税事務所を含みます。以下同じです。）のインボイス登録センターとなります。

　また，相手方から交付を受けた請求書等が適格請求書に該当することを客観的に確認できるよう，適格請求書発行事業者の情報については，「国税庁適格請求書発行事業者公表サイト」において公表されます。

（注）　適格請求書とは，次の事項が記載された書類（請求書，納品書，領収書，レシート等）をいいます（新消法57の4①）。

① 適格請求書発行事業者の氏名又は名称及び登録番号

② 課税資産の譲渡等を行った年月日

③ 課税資産の譲渡等に係る資産又は役務の内容（課税資産の譲渡等が軽減対象資産の譲渡等である場合には，資産の内容及び軽減対象資産の譲渡等である旨）

④ 課税資産の譲渡等の税抜価額又は税込価額を税率ごとに区分して合計した金額及び適用税率

⑤ 税率ごとに区分した消費税額等（消費税額及び地方消費税額に相当する金額の合計額をいいます。以下同じです。）

⑥ 書類の交付を受ける事業者の氏名又は名称

2　適格請求書の交付義務等

適格請求書発行事業者には，国内において課税資産の譲渡等を行った場合に，相手方（課税事業者に限ります。）から適格請求書の交付を求められたときは適格請求書の交付義務が課されています（新消法57の4①）。ただし，適格請求書発行事業者が行う事業の性質上，適格請求書を交付することが困難な次の取引については，適格請求書の交付義務が免除されます（新消法57の4①，新消令70の9②，新消規26の6）。

① 3万円未満の公共交通機関（船舶，バス又は鉄道）による旅客の運送

② 出荷者等が卸売市場において行う生鮮食料品等の販売（出荷者から委託を受けた受託者が卸売の業務として行うものに限ります。）

③ 生産者が農業協同組合，漁業協同組合又は森林組合等に委託して行う農林水産物の販売（無条件委託方式かつ共同計算方式により生産者を特定せずに行うものに限ります。）

④ 3万円未満の自動販売機及び自動サービス機により行われる商品の販売等

⑤ 郵便切手類のみを対価とする郵便・貨物サービス（郵便ポストに差し出されたものに限ります。）

なお，小売業，飲食店業，タクシー業等の不特定多数の者に対して資産

の譲渡等を行う事業については，適格請求書の記載事項を簡易なものとした適格簡易請求書を交付することができます（新消法57の4②，新消令70の11）。

また，適格請求書や適格簡易請求書の交付に代えて，これらに係る電磁的記録を提供することもできます（新消法57の4⑤）。

3　仕入税額控除の要件

適格請求書等保存方式の下では，一定の事項が記載された帳簿及び請求書等の保存が仕入税額控除の要件となります（新消法30⑦⑧⑨）。

保存すべき請求書等には，適格請求書のほか，次の書類等も含まれます。

イ　適格簡易請求書

ロ　適格請求書又は適格簡易請求書の記載事項に係る電磁的記録

ハ　適格請求書の記載事項が記載された仕入明細書，仕入計算書その他これらに類する書類（課税仕入れの相手方において課税資産の譲渡等に該当するもので，相手方の確認を受けたものに限ります。）（書類に記載すべき事項に係る電磁的記録を含みます。）

ニ　次の取引について，媒介又は取次ぎに係る業務を行う者が作成する一定の書類（書類に記載すべき事項に係る電磁的記録を含みます。）

・　卸売市場において出荷者から委託を受けて卸売の業務として行われる生鮮食料品等の販売

・　農業協同組合，漁業協同組合又は森林組合等が生産者（組合員等）から委託を受けて行う農林水産物の販売（無条件委託方式かつ共同計算方式によるものに限ります。）

なお，請求書等の交付を受けることが困難であるなどの理由により，次の取引については，一定の事項を記載した帳簿のみの保存で仕入税額控除が認められます（新消法30⑦，新消令49①，新消規15の4）。

①　適格請求書の交付義務が免除される上記2①の3万円未満の公共交通機関（船舶，バス又は鉄道）による旅客の運送

②　適格簡易請求書の記載事項（取引年月日を除きます。）が記載されている入場券等が使用の際に回収される取引（①に該当するものを除きます。）

③　古物営業を営む者の適格請求書発行事業者でない者からの古物（古物

営業を営む者の棚卸資産に該当する場合に限ります。）の購入
④ 質屋を営む者の適格請求書発行事業者でない者からの質物（質屋を営む者の棚卸資産に該当する場合に限ります。）の取得
⑤ 宅地建物取引業を営む者の適格請求書発行事業者でない者からの建物（宅地建物取引業を営む者の棚卸資産に該当する場合に限ります。）の購入
⑥ 適格請求書発行事業者でない者からの再生資源及び再生部品（購入者の棚卸資産に該当する場合に限ります。）の購入
⑦ 適格請求書の交付義務が免除される上記2④の3万円未満の自動販売機及び自動サービス機からの商品の購入等
⑧ 適格請求書の交付義務が免除される上記2⑤の郵便切手類のみを対価とする郵便・貨物サービス（郵便ポストに差し出されたものに限ります。）
⑨ 従業員等に支給する通常必要と認められる出張旅費等（出張旅費，宿泊費，日当及び通勤手当）

（参考）
　令和元年9月30日までの請求書等保存方式においては，帳簿及び請求書等の保存が仕入税額控除の要件とされていました。
　令和元年10月1日の軽減税率制度の実施から令和5年9月30日までは，区分記載請求書等保存方式となり，帳簿及び区分記載請求書等の保存が仕入税額控除の要件とされています（28年改正法附則34②）。

《仕入税額控除の方式》

※ 令和5年10月1日以後の適格請求書発行事業者が行う課税資産の譲渡等について，適格請求書の交付義務等が課され，同日以後の課税事業者（簡易課税制度を適用して申告する事業者を除きます。）が行う課税仕入れについて，仕入税額控除の要件として，適格請求書等の保存が必要となります。

熊王：まず【答】の1に「適格請求書発行事業者の登録制度」があります。インボイスを発行するためには登録をしなければいけない，登録が義務化されるということです。

2は「適格請求書の交付義務等」ということで，登録をした事業者，適格請求書発行事業者は，「インボイスをください」と言われたら交付をしなければなりません。ただ，実務上は拒む事業者はいないと思います。

3は「仕入税額控除の要件」です。仕入税額控除の適用を受けるためには，基本的にインボイス，あるいはインボイスと同じ効果があるような仕入明細書，仕入計算書，農協が発行する書類等を保存しなければいけないことになっています。

渡辺：インボイス制度というと，仕入税額控除の話だけと思い込んでいる人も多いようですが，そうではないんですよね。「登録」という全く新しい制度が入ってきます。売手は登録してインボイスを発行しないといけない，買手はインボイスがなければ仕入税額控除ができない。このインボイス制度は売手・買手相互に大きく絡んできます。

2　スケジュール

熊王：令和元年10月1日から複数税率が導入され，区分記載請求書というインボイスもどきの書類で肩慣らしをしている状態です。区分記載請求書等保存方式が令和5年9月まで続き，令和5年10月から本番である適格請求書等保存方式に入っていきます。

Q&Aでは，令和5年10月以降の取扱いについて事細かにまとめています。

Ⅱ

登録制度

14◆ Ⅱ 登録制度

1 早めの手続が吉

熊王：問2は登録の手続についてです。インボイスを発行するには，登録申請書を出さなければいけません。登録しなければインボイスを発行することはできない。この登録申請書は，令和3年10月1日から提出することができます。

本番が令和5年10月からということで，まだ時間があるとのんびり構えている先生がたぶん相当にいらっしゃると思います。しかし，もう始まっているんだということを，まずはしっかりと認識していただきたい。登録手続については，この後で細かいところが出てくるので，順番に確認していきます。

渡辺：その前に確認ですが，令和3年7月改訂によって，郵送により申請書を提出する場合の送付先が追加されました。法令上は納税地の所轄税務署長宛てに提出することとされていますが，実務上は各国税局のインボイス登録センター宛てとなりますので注意したいです。

（登録の手続）

> 問2 適格請求書発行事業者の登録は，どのような手続で行うのですか。
> 【令和4年4月改訂】

【答】

適格請求書発行事業者の登録を受けようとする事業者（登録を受けることができるのは，課税事業者に限られます。）は，納税地を所轄する税務署長に登録申請書を提出する必要があります（新消法57の2②，インボイス通達2－1）。

登録申請書は，e-Tax を利用して提出できますので，ぜひご利用ください（個人事業者はスマートフォンでも手続が可能となります。）。なお，郵送により登録申請書を提出する場合の送付先は，各国税局のインボイス登録センターとなります。

登録申請書の提出を受けた税務署長は，登録拒否要件に該当しない場合には，適格請求書発行事業者登録簿に法定事項を登載して登録を行い，登録を

受けた事業者に対して，その旨を通知することとされています（新消法57の2③④⑤⑦）。

　また，適格請求書発行事業者の情報は，「国税庁適格請求書発行事業者公表サイト」において公表されます。

　なお，免税事業者が登録を受ける場合の手続については，問8《免税事業者が令和5年10月1日から令和11年9月30日までの日の属する課税期間中に登録を受ける場合》をご参照ください。

（参考1）「国税庁適格請求書発行事業者公表サイト」で公表される事項は次のとおりです。
　　⑴　法定の公表事項（新消法57の2④⑪，新消令70の5①）
　　　①　適格請求書発行事業者の氏名（※）又は名称
　　　②　法人（人格のない社団等を除きます。）については，本店又は主たる事務所の所在地
　　　③　特定国外事業者（国内において行う資産の譲渡等に係る事務所，事業所その他これらに準ずるものを国内に有しない国外事業者をいいます。以下同じです。）以外の国外事業者については，国内において行う資産の譲渡等に係る事務所，事業所その他これらに準ずるものの所在地
　　　④　登録番号
　　　⑤　登録年月日
　　　⑥　登録取消年月日，登録失効年月日
　　（※）　個人事業者の氏名について，「住民票に併記されている外国人の通称」若しくは「住民票に併記されている旧氏（旧姓）」を氏名として公表することを希望する場合又はこれらを氏名と併記して公表することを希望する場合は，登録申請書と併せて，必要事項を記載した「適格請求書発行事業者の公表事項の公表（変更）申出書」をご提出ください。
　　⑵　本人の申出に基づき追加で公表できる事項
　　　　次の①，②の事項について公表することを希望する場合には，必要事項を記載した「適格請求書発行事業者の公表事項の公表（変更）申出書」をご提出ください。

① 個人事業者の「主たる屋号」、「主たる事務所の所在地等」
② 人格のない社団等の「本店又は主たる事務所の所在地」

(参考2) 適格請求書発行事業者の登録申請手続は、e-Tax[注1]又は書面によって行うことができます。

【e-Taxをご利用いただく場合】
・ パソコンで利用可能な「e-Taxソフト（WEB版）」
・ スマートフォンやタブレットで利用可能な「e-Taxソフト（SP版）」[注2]

を利用して提出することができ、これらのソフトは、画面に表示された質問に回答していくことで、入力漏れ等がなく、スムーズに申請データを作成することができる「問答形式」を採用していますので、ぜひご利用ください。

なお、e-Taxを利用した場合の登録申請手続の詳細（事前準備や上記ソフトを利用する場合の操作マニュアル等）については、インボイス制度特設サイト（「申請手続」関連ページ）の「e-Taxによる登録申請手続」をご確認ください。

(注) 1　e-Taxの利用には電子証明書（マイナンバーカード等）の取得などの事前準備が必要です。
　　　　ただし、税理士による代理送信の場合には、事業者の電子証明書は不要です。
　　 2　個人事業者の方のみがご利用になれます。

【書面により提出いただく場合】
郵送により登録申請書を提出する場合の送付先は、各国税局のインボイス登録センターとなりますので、インボイス制度特設サイト（「申請手続」関連ページ）の「郵送による提出先のご案内」から提出先をご確認ください。

「インボイス制度特設サイト」
（「申請手続」関連ページ）

渡辺：それともう1つ，このQ&Aではほとんど解説がないのですが，国外事業者が登録を行う場合には，国内事業者と取扱いが異なる点があるので注意したいです。

まず，登録申請書の雛形がそもそも異なります。申請書の右上に「国外事業者用」と記載されていますので使い分けが必要です。

また，国外事業者のうち，国内において行う資産の譲渡等に係る事務所等を国内に有しない国外事業者を「特定国外事業者」といいます。この「特定国外事業者」に該当するかどうかで，申請書の記載内容や添付資料などが異なってきます。解説がありませんので，消費税法施行令70条の3，消費税法施行規則26条の2，26条の3を参照するようにしてください。

ちなみに，「特定国外事業者」の場合には，登録拒否要件や登録取消事由についても，「特定国外事業者」以外の事業者の場合と異なります。こちらについては，消費税法57条の2第5項，57条の2第6項を参照してください。

熊王：最近では，香港あたりの富裕層が，日本国内の事業用物件などを保有，運用しているケースもあるようですから，非居住者の税務申告を受任する税理士は，申請の有無も含めてしっかりと手続を行う必要がありそうです。

18◆　Ⅱ　登録制度

第1−(1)号様式

国内事業者用

適格請求書発行事業者の登録申請書

【1／2】

収受印			

令和　年　月　日		（フリガナ）	
	申請者	住所又は居所（法人の場合）本店又は主たる事務所の所在地	（〒　　−　　）（法人の場合のみ公表されます）（電話番号　　−　　−　　）
		（フリガナ）	
		納　税　地	（〒　　−　　）（電話番号　　−　　−　　）
		（フリガナ）	
		氏名又は名称	
		（フリガナ）	
		（法人の場合）代表者氏名	
＿＿＿＿税務署長殿		法　人　番　号	

この申請書は、令和三年十月一日から令和五年九月三十日までの間に提出する場合に使用します。

　この申請書に記載した次の事項（◉印欄）は、適格請求書発行事業者登録簿に登載されるとともに、国税庁ホームページで公表されます。
1　申請者の氏名又は名称
2　法人（人格のない社団等を除く。）にあっては、本店又は主たる事務所の所在地
　なお、上記1及び2のほか、登録番号及び登録年月日が公表されます。
　また、常用漢字等を使用して公表しますので、申請書に記載した文字と公表される文字とが異なる場合があります。

　下記のとおり、適格請求書発行事業者としての登録を受けたいので、所得税法等の一部を改正する法律（平成28年法律第15号）第5条の規定による改正後の消費税法第57条の2第2項の規定により申請します。
　※　当該申請書は、所得税法等の一部を改正する法律（平成28年法律第15号）附則第44条第1項の規定により令和5年9月30日以前に提出するものです。

　令和5年3月31日（特定期間の判定により課税事業者となる場合は令和5年6月30日）までにこの申請書を提出した場合は、原則として令和5年10月1日に登録されます。

事　業　者　区　分	この申請書を提出する時点において、該当する事業者の区分に応じ、□にレ印を付してください。
	□　課税事業者　　　　　　　□　免税事業者
	※　次葉「登録要件の確認」欄を記載してください。また、免税事業者に該当する場合には、次葉「免税事業者の確認」欄も記載してください（詳しくは記載要領等をご確認ください。）。

令和5年3月31日（特定期間の判定により課税事業者となる場合は令和5年6月30日）までにこの申請書を提出することができなかったことにつき困難な事情がある場合は、その困難な事情	

税　理　士　署　名	
	（電話番号　　−　　−　　）

※税務署処理欄	整理番号		部門番号		申請年月日		年　月　日		通信日付印　年　月　日	確認
	入力処理	年　月　日	番号確認		身元確認	□ 済□ 未済	確認書類	個人番号カード／通知カード・運転免許証その他（　　　　）		
	登録番号	T								

注意　1　記載要領等に留意の上、記載してください。
　　　2　税務署処理欄は、記載しないでください。
　　　3　この申請書を提出するときは、「適格請求書発行事業者の登録申請書（次葉）」を併せて提出してください。

1　早めの手続が吉　◆19

第1−(1)号様式次葉

国内事業者用

適格請求書発行事業者の登録申請書（次葉）

【2／2】

氏名又は名称

免税事業者の確認	該当する事業者の区分に応じ、□にレ印を付し記載してください。								
	□　令和5年10月1日から令和11年9月30日までの日の属する課税期間中に登録を受け、所得税法等の一部を改正する法律（平成28年法律第15号）附則第44条第4項の規定の適用を受けようとする事業者 ※　登録開始日から納税義務の免除の規定の適用を受けないこととなります。								
	事業内容等	個　人　番　号							
		生年月日（個人）又は設立年月日（法人）	1明治・2大正・3昭和・4平成・5令和 年　　　　月　　　　日		法人のみ記載	事業年度	自　　　　月　　　　日 至　　　　月　　　　日		
						資本金	円		
		事　業　内　容				登録希望日	（令和5年10月1日を希望する場合、記載不要） 令和　　年　　月　　日		
	□　消費税課税事業者（選択）届出書を提出し、納税義務の免除の規定の適用を受けないこととなる課税期間の初日から登録を受けようとする事業者					課税期間の初日 ※　令和5年10月1日から令和6年3月31日までの間のいずれかの日 令和　　年　　月　　日			
登録要件の確認	課税事業者です。 ※　この申請書を提出する時点において、免税事業者であっても、「免税事業者の確認」欄のいずれかの事業者に該当する場合は、「はい」を選択してください。						□　はい　□　いいえ		
	納税管理人を定める必要のない事業者です。 （「いいえ」の場合は、次の質問にも答えてください。）						□　はい　□　いいえ		
	納税管理人を定めなければならない場合（国税通則法第117条第1項） 【個人事業者】　国内に住所及び居所（事務所及び事業所を除く。）を有せず、又は有しないこととなる場合 【法人】　国内に本店又は主たる事務所を有しない法人で、国内にその事務所及び事業所を有せず、又は有しないこととなる場合								
	納税管理人の届出をしています。 「はい」の場合は、消費税納税管理人届出書の提出日を記載してください。 消費税納税管理人届出書　（提出日：令和　　年　　月　　日）						□　はい　□　いいえ		
	消費税法に違反して罰金以上の刑に処せられたことはありません。 （「いいえ」の場合は、次の質問にも答えてください。）						□　はい　□　いいえ		
	その執行を終わり、又は執行を受けることがなくなった日から2年を経過しています。						□　はい　□　いいえ		
参考事項									

この申請書は、令和三年十月一日から令和五年九月三十日までの間に提出する場合に使用します。

20◆ Ⅱ 登録制度

第1−(2)号様式

国外事業者用

適格請求書発行事業者の登録申請書

【1／3】

令和　年　月　日	申　請　者	国外にある住所又は居所（法人の場合）国外にある本店又は主たる事務所の所在地	日本語表記（カナ）	（法人の場合のみ公表されます）
			英語表記	国番号 （電話番号　＋　−　−　）
		（フリガナ）		（〒　　−　　）
		納　税　地		（電話番号　　−　　−　　）
		氏名又は名称	日本語表記（カナ）	
			英語表記	
			【参考】自国語表記	
		（法人の場合）代表者氏名	日本語表記（カナ）	
			英語表記	
_____　税務署長殿		法　人　番　号		

この申請書の欄は、令和三年十月一日から令和五年九月三十日までの間に提出する場合に使用します。

この申請書に記載した次の事項（　◎印欄）は、適格請求書発行事業者登録簿に登載されるとともに、国税庁ホームページで公表されます。
1　申請者の氏名又は名称
2　法人（人格のない社団等を除く。）にあっては、本店又は主たる事務所の所在地
3　特定国外事業者以外の国外事業者にあっては、国内において行う資産の譲渡等に係る事務所、事業所その他これらに準ずるものの所在地
　　なお、上記1～3のほか、登録番号及び登録年月日が公表されます。
　　また、常用漢字等を使用して公表しますので、申請書に記載した文字と公表される文字が異なる場合があります。

　　下記のとおり、適格請求書発行事業者としての登録を受けたいので、所得税法等の一部を改正する法律（平成28年法律第15号）第5条の規定による改正後の消費税法第57条の2第2項の規定により申請します。
※　当該申請書は、所得税法等の一部を改正する法律（平成28年法律第15号）附則第44条第1項の規定により令和5年9月30日以前に提出するものです。

　令和5年3月31日（特定期間の判定により課税事業者となる場合は令和5年6月30日）までにこの申請書を提出した場合は、原則として令和5年10月1日に登録されます。

特定国外事業者区分	□　該当　　　　　　　　　□　非該当 ※　特定国外事業者とは、国内において行う資産の譲渡等に係る事務所、事業所その他これらに準ずるものを国内に有しない国外事業者をいいます。
事　業　者　区　分	この申請書を提出する時点において、該当する事業者の区分に応じ、□にレ印を付してください。 □　課税事業者　　　　　　　□　免税事業者 ※　次葉2「登録要件の確認」欄を記載してください。また、免税事業者に該当する場合には、次葉1「免税事業者の確認」欄も記載してください（詳しくは記載要領等をご確認ください。）。
令和5年3月31日（特定期間の判定により課税事業者となる場合は令和5年6月30日）までにこの申請書を提出することができなかったことにつき困難な事情がある場合は、その困難な事情	
税　理　士　署　名	（電話番号　　−　　−　　）

※税務署処理欄	整理番号		部門番号		申請年月日	年　月　日	通信日付印 年　月　日	確認
	入力処理	年　月　日	番号確認		身元確認	□　済 □　未済	確認書類	個人番号カード／通知カード・運転免許証 その他（　　　　　）
	登録番号　T							

注意　1　記載要領等に留意の上、記載してください。
　　　2　税務署処理欄は、記載しないでください。
　　　3　この申請書を提出するときは、「適格請求書発行事業者の登録申請書（次葉1及び2）」を併せて提出してください。

1 早めの手続が吉 ◆21

第1-(2)号様式次葉1

国外事業者用

適格請求書発行事業者の登録申請書（次葉1）

【2／3】

氏名又は名称

免税事業者の確認	□	該当する事業者の区分に応じ、□にレ印を付し記載してください。								

該当する事業者の区分に応じ、□にレ印を付し記載してください。

□ 令和5年10月1日から令和11年9月30日までの日の属する課税期間中に登録を受け、所得税法等の一部を改正する法律（平成28年法律第15号）附則第44条第4項の規定の適用を受けようとする事業者
※ 登録開始日から納税義務の免除の規定の適用を受けないこととなります。

事業内容等	個 人 番 号											

生 年 月 日 （ 個 人 ） 又 は 設 立 年 月 日 （ 法 人 ）	1明治・2大正・3昭和・4平成・5令和　　　年　　月　　日	法人のみ記載	事 業 年 度	自　　月　　日　至　　月　　日
			資 本 金	円

事 業 内 容		登録希望日 （令和5年10月1日を希望する場合、記載不要）	令和　　年　　月　　日

□ 消費税課税事業者（選択）届出書を提出し、納税義務の免除の規定の適用を受けないこととなる課税期間の初日から登録を受けようとする事業者

課 税 期 間 の 初 日
※ 令和5年10月1日から令和6年3月31日までの間のいずれかの日
令和　　年　　月　　日

特定国外事業者以外の国外事業者	（ フ リ ガ ナ ）	
	国内において行う資産の譲渡等に係る事務所、事業所その他これらに準ずるものの所在地	（〒　　－　　） （電話番号　　－　　－　　）

特定国外事業者	（ フ リ ガ ナ ）	
	税 務 代 理 人 の 事 務 所 の 所 在 地	（〒　　－　　） （電話番号　　－　　－　　）
	（ フ リ ガ ナ ）	
	税 務 代 理 人 の 氏 名 等	

添付する資料等

1 全申請者
□ 氏名又は名称、国外の住所及び事業内容が確認できる資料
（例 定款の写し、会社案内、会社のホームページ等）
2 特定国外事業者に該当する申請者
□ 税務代理権限証書
3 その他参考資料
□ 会社のホームページアドレス、メールアドレス
□ （　　　　　　　　　　）

この申請書は、令和三年十月一日から令和五年九月三十日までの間に提出する場合に使用します。

22◆ Ⅱ 登録制度

第1−(2)号様式次葉2

国外事業者用

適格請求書発行事業者の登録申請書（次葉２）

【3／3】

氏 名 又 は 名 称	

登 録 要 件 の 確 認	課税事業者です。 ※　この申請書を提出する時点において、免税事業者であっても、次葉1「免税事業者の確認」欄 　のいずれかの事業者に該当する場合は、「はい」を選択してください。	□　はい	□　いいえ
	消費税法に違反して罰金以上の刑に処せられたことはありません。 （「いいえ」の場合は、次の質問にも答えてください。）	□　はい	□　いいえ
	その執行を終わり、又は執行を受けることがなくなった日から2年を経過しています。	□　はい	□　いいえ
	特定国外事業者に該当します。 　「はい」の場合は、以下の②から⑤の質問にも答えてください。 　「いいえ」の場合は、以下の①−1の質問にも答えてください。また、次葉1「特定国外事業者 　以外の国外事業者」欄の記載が必要です。	□　はい	□　いいえ
	①−1　納税管理人を定める必要のない事業者です。 　　　（「いいえ」の場合は、①−2の質問にも答えてください。）	□　はい	□　いいえ
	納税管理人を定めなければならない場合（国税通則法第117条第1項） 【個人事業者】　国内に住所及び居所（事務所及び事業所を除く。）を有せず、又は有しないこととなる場合 【法人】　国内に本店又は主たる事務所を有しない法人で、国内にその事務所及び事業所を有せず、又は有しないこととなる場合		
	①−2　納税管理人の届出をしています。 　　　「はい」の場合は、消費税納税管理人届出書の提出日を記載してください。 　　　消費税納税管理人届出書　　（提出日：令和　　　年　　　　月　　　　日）	□　はい	□　いいえ
	②　消費税に関する税務代理の権限を有する税務代理人がいます。 　　（「はい」の場合は、次葉1「特定国外事業者」欄の記載が必要です。）	□　はい	□　いいえ
	③　納税管理人の届出をしています。 　　「はい」の場合は、消費税納税管理人届出書の提出日を記載してください。 　　消費税納税管理人届出書　　（提出日：平成・令和　　　年　　　　月　　　　日）	□　はい	□　いいえ
	④　現在、国税の滞納はありません。	□　はい	□　いいえ
	⑤　適格請求書発行事業者の登録を取り消されたことはありません。 　　（「いいえ」の場合は、次の質問にも答えてください。）	□　はい	□　いいえ
	登録を取り消された日から1年を経過しています。 （登録を取り消された日：令和　　　年　　　　月　　　　日）	□　はい	□　いいえ
参 考 事 項			

この申請書は、令和三年十月一日から令和五年九月三十日までの間に提出する場合に使用します。

2　登録通知と期間

　熊王：問3と問4は令和3年7月に追加され，令和4年4月に改訂されたものですが，何となく，e-Tax による申請を推奨しているような書きぶりになっています。「e-Tax は早くて便利，紛失のおそれもない」というようなことが書いてありまして，どこかで聞いたテレビコマーシャルのような乗りのよさがありますね（笑）。

　もっとも，処理する側からしてみれば，書類を処理するよりもデータを処理するほうが楽でしょうから，e-Tax による申請を推奨する気持ちはわかります。

（登録通知）

> 問3　適格請求書発行事業者の登録は，どのような方法で通知されますか。
> 【令和3年7月追加】【令和4年4月改訂】

【答】

　適格請求書発行事業者の登録の通知については，登録申請書を e-Tax により提出して，登録通知について電子での通知を希望した場合は，通知書等一覧に登録番号等が記載された登録通知書がデータで格納され，その他の場合は，書面にて登録番号等が記載された登録通知書が送付されます。

　電子データで登録通知を希望していただくことで，

・　税務署での処理後，速やかに電子通知が行われるため，書面より早期に登録通知書を受領することができる

・　通知書等一覧内にデータ保管されるため，登録通知書の紛失のおそれがない（保管されたデータは，書面により出力することやＰＤＦデータでの保存をすることが可能）

などのメリットがありますので，ぜひご利用ください。

　なお，登録通知書は，原則として再発行を行いませんので大切に保管してください。

　渡辺：ところで，問3の【答】にも書いてありますが，登録通知書を電子データで受け取るのは，あくまでも電子申請を行った場合で，かつ，データ受

信を希望した場合に限られます。電子申請を行った場合でも，データ受信を希望しない場合には，書面で登録通知書が届きます。

私も実際に自分の事務所からM社の税務ソフトを使って，自身の登録通知をデータでもらおうと思って電子申請してみました。後でわかったのですが，M社ソフトの電子申請用データ作成画面の雛形では，「税理士署名」欄と「※税務署処理欄」との間，わずかに1行だけですが，次のようなデータ受信希望欄があります。

　「本申請に係る通知書等について，電子情報処理組織（e-Tax）による通　知を希望します。　□」

この受信希望欄の□に✓マークを付けて送信すればいいだけなのですが，恥ずかしながら私はここを見落としてしまいました。「データ受信はどうやって希望するんだろう？」と思いながらも，受信希望欄に気がつかなかったんです。自分自身の申請だったからよかったものの，✓マークを付けてないから書面で登録通知書が届くことになりました。

　熊王：私も自分の事務所からe-Taxソフト（パソコン版）を使って申請しましたが，たまたま気がついて受信希望欄の□に✓マークを付けて送信することができました。アナログ人間ですが，渡辺さんみたいなミスはしなかったですな（笑）。

ちなみに，e-Taxソフト（WEB版）やe-Taxソフト（SP版）で申請すると，登録通知データの受領方法について，電子データで受け取るかどうかの希望確認画面が表示されるようですから，そのような見落としはありません。

　渡辺：自分がミスした言い訳かもしれませんが，国税庁ホームページにアップされている雛形には，驚くべきことに，このようなデータ受信希望欄がないんです（18頁参照）。

税理士がクライアントの代理送信を行う場合，通常はe-Taxソフト（WEB版）やe-Taxソフト（SP版）は使わないと思うんです。そうすると，私みたいにデータ受信希望欄へ✓マークを付けずにそのまま電子申請してしまうケースが相当あると思うんです。

　熊王：このQ&Aもそうですし，e-Tax推奨チラシなどを使って，国税庁は

電子申請をかなり推奨しています。国税庁ホームページには，ご丁寧に事業者用と税理士用に e-Tax に関するよくある質問を載せています。さらに，「適格請求書発行事業者の登録申請書の提出に当たりご注意いただきたい事項」という文書までわざわざ載せています。それにもかかわらず，渡辺さんが指摘したようなことはどこにも載ってません。

　データ受信希望欄の□に✓マークがなかったら，たとえ電子申請しても書面で登録通知書が送られてきます。そうなれば，手間も費用も全くもって無駄だと思います。何のための電子申請なのかわかりません。

　渡辺：悔しいから言いますが，データ受信を希望する事業者の手許に書面が届くのはおかしな話です。無駄をなくすためにも，国税庁は早期にホームページで，「電子申請の場合で通知書のデータ受信を希望する場合には，データ受信希望欄への☑を忘れずにして下さい。」と注意喚起すべきです。そして，ホームページにアップされている登録申請書には，「書面により申請する場合の書式です。」といった注意書を大きく色文字で記載すべきです。

　熊王：ところで，令和4年4月に改訂された問3には，電子での通知を希望した場合，「通知書等一覧」に登録番号等が記載された登録通知書がデータで格納されると書かれています。この「通知書等一覧」って何ですか？

　渡辺：国税庁の e-Tax ソフト内に「通知書等一覧」があります。そこに格納されるので，「通知書等一覧」の画面から確認できるという意味です。

熊王：そういうことですか……。

渡辺：どこかに保存されていることはわかるんですけど，「e-Taxソフト内の……」と書いてもらわないと，これではどこだかわかりませんよね。何と言うか，雑な書き方になっていると思います。

熊王：特に私みたいなアナログ人間は，「通知書等一覧」って何なんだと思ってしまいます。条文を読んでも書いていないし。そもそも書いているわけがないので。これは非常に不親切な感じがします。

あと，令和4年4月改訂で，登録通知書は原則として再発行しない旨が追記されています。令和3年10月1日から登録申請が始まって，書面で通知をもらっているところがたくさんあると思うんだけども。

すでにその書面をなくした人がかなりいるんでしょうね。その再発行なんか鬱陶しいから，この一文を入れたんじゃないかと思うんですが。

渡辺：おそらく，クライアントのもとに通知書が届いたものの，それを捨ててしまって，税理士が再交付をお願いするようなケースだと思うんですけど。

熊王：たしかに，書面申請の場合には直接クライアントのほうに行っちゃうから，そっちの可能性が高いですね。

（登録申請から登録通知までの期間）

> 問4　登録申請書を提出してから登録の通知を受けるまでにどの程度の期間がかかりますか。【令和3年7月追加】【令和4年4月改訂】

【答】

　登録申請書を提出してから登録通知を受けるまでの期間については，一時期に多量の登録申請書が提出された場合は処理に時間を要するなど，登録申請書の提出状況により異なります。

　現時点における登録申請書を提出してから登録通知までに要する期間については，「国税庁適格請求書発行事業者公表サイト」に掲載していますのでご確認ください。

　なお，登録申請書をe-Taxで提出し，登録通知を電子データで受け取るこ

とを希望される場合は，事前にメールアドレスを登録すると，登録したメールアドレス宛に，登録通知が「通知書等一覧」に格納されたことをお知らせするメールが送信され，すぐに登録通知を確認できますので，ぜひご利用ください。

(参考) メールアドレスの登録方法については，国税庁ホームページ「インボイス制度特設サイト」の「申請手続」にある「メールアドレス・宛名登録マニュアル e-Tax ソフト（WEB 版）ver.」をご参照ください。

「国税庁適格請求書発行事業者公表サイト」

「メールアドレス・宛名登録マニュアル
　e-Tax ソフト（WEB 版）ver.」

熊王：問４ですが，令和４年４月の改訂前には，「書面による申請は１か月程度，e-Taxだと２週間程度の期間が見込まれる」と書いてあったんですが，令和４年４月改訂でこれが削除され，「登録申請書を提出してから登録通知までの期間は「国税庁適格請求書発行事業者公表サイト」に掲載する」と書き換えられました。

実際に聞いてみると，電子で申請しても通知が届くまでに１か月かかった人もいたみたいです。

改訂前のQ&Aにも，「混み具合によっては……」といったことが書いてあったんだけども，おそらくクレームでもついたんでしょう。

だから，２週間や１か月という言葉は，公のQ&Aには載せずに，現時点における登録申請書を提出してから登録通知を受けるまでの期間を，国税庁適格請求書発行事業者公表サイトで確認するように促しています。

渡辺：それもありますが，むしろ今後です。

令和５年10月１日に登録を受けるためには，半年前の令和５年３月31日までに申請する必要があります。そのタイミングで駆け込み申請がものすごく増え

ると思うんですよ。

　もう1つのタイミングが，令和5年9月30日です。「困難な事情」がある場合には，令和5年9月30日までの申請で令和5年10月1日の登録に間に合います。ここも，駆け込み申請が起こると思います。

　こういったタイミングに申請すると，おそらく1か月以上かかるため，臨機応変に対応できるように，国税庁のホームページを見てくださいという答えになったんでしょう。

　ちなみに，この対談前にも確認してみたんですけど，今日の画面では，電子申請で2週間，書面申請で1か月になっていました。

　熊王：私が1か月くらい前に見た時も同じでした。だから，これが2か月なんかになっている時に当たったら，それはそれでレアですね。

　渡辺：先ほどお話しした駆け込みが予想される時期は，間違いなく延びますよ。

　熊王：ぜひ見てみたいですね。

　ちなみに，「国税庁適格請求書発行事業者公表サイト」の詳細については問20（104頁参照）で確認することにします。

3　いつから効力が生じるか

　熊王：問5は，登録の効力がいつから発生するかということです。確認したように，申請をして登録が終わったら適格請求書発行事業者となり，インボイスを発行できます。ですから，これは申請をした日ではないですよね？

　渡辺：そうですね。間違っちゃいけないのが，申請日でも通知日でもなく，あくまでも「『登録された日』から効力が発生する」というところです。

（登録の効力）

問5　適格請求書発行事業者の登録の効力は，いつから発生するのですか。
　【令和3年7月改訂】

【答】

　登録申請書の提出を受けた税務署長は，登録拒否要件に該当しない場合には，適格請求書発行事業者登録簿に法定事項を登載して登録を行い，登録を受けた事業者に対して，その旨を通知することとされています（新消法57の2③④⑤⑦）。

　登録の効力は，通知の日にかかわらず，適格請求書発行事業者登録簿に登載された日（以下「登録日」といいます。）から生じます。このため，登録日以降の取引については，相手方（課税事業者に限ります。）の求めに応じ，適格請求書を交付する義務があります（インボイス通達２－４）。

　なお，登録日から登録の通知を受けるまでの間の取扱いについては，問31《登録日から登録の通知を受けるまでの間の取扱い》をご参照ください。

（参考）　令和５年10月１日より前に登録の通知を受けた場合であっても，登録の効力は登録日である令和５年10月１日に生じることとなります。

4　書面申請は遡って通知の必要あり！

　熊王：これに絡んで問31を確認します。登録申請書を出すと，税務署で審査があり，過去に罰金刑等の処分がない限りは基本的に登録が下ります。

　書面により登録申請をした場合，１か月程度で税務署は通知を郵送してくるのですが，例えば，税務署では８月10日に登録したとします。ただ，通知が届いたのが８月13日でした。この場合，実際にインボイスの効力が発生するのは，10日と13日のどちらになるのでしょうか？

　渡辺：８月10日でしょう。

　熊王：そういうことでしょうね。問５でも確認したように，通知の日にかかわらず，登録された日が効力発生日となります。８月10日に登録されて13日に通知があったとしたら，効力が発生するのは８月10日。ただ実際に事業者が知るのは13日ということなので，その間の３日分については，登録番号などの不足情報を遡って相手方に通知することになるようです。

30◆ Ⅱ　登録制度

（登録日から登録の通知を受けるまでの間の取扱い）

> 問31　適格請求書発行事業者の登録を受けた事業者に対しては，その旨が
> 書面で通知されるそうですが，登録日から通知を受けるまでの間の取引
> については，既に請求書（区分記載請求書等の記載事項である「税率ご
> とに合計した課税資産の譲渡等の税込価額」を記載しており，「税率ご
> とに区分した消費税額等」の記載はありません。）を交付しています。
> 改めて，適格請求書の記載事項を満たした書類を交付しなければいけま
> せんか。

【答】

　ご質問の場合，登録日から登録の通知を受けるまでの間の取引について，
相手方に交付した請求書は，登録番号，税率ごとに区分した消費税額等の記
載がなく適格請求書の記載事項を満たしていません。

　この場合，通知を受けた後，登録番号や税率ごとに区分した消費税額等を
記載し，適格請求書の記載事項を満たした請求書を改めて相手方に交付する
必要がありますが，通知を受けた後に登録番号などの適格請求書の記載事項
として不足する事項を相手方に書面等[注]で通知することで，既に交付した請
求書と合わせて適格請求書の記載事項を満たすことができます（インボイス
通達２－４）。

（注）　既に交付した書類との相互の関連が明確であり，書面等の交付を受け
　　る事業者が適格請求書の記載事項を適正に認識できるものに限ります。

5　電子申請ならタイムラグなし？

　渡辺：電子申請の場合にはもうちょっとタイムラグは短くなると考えてよろ
しいですよね？

　熊王：短くなるというか，瞬間的に通知が送られてくるのではないですか。

　渡辺：瞬間的にですか？

　熊王：登録が終わったら，紙の通知だと何日かかるけれども，電子で申請
していれば，税務署で登録が終わった瞬間に，その旨連絡がくる。だからそこ

にタイムラグはないだろうということです。

問4にも「……登録したメールアドレス宛に，登録通知が「通知書等一覧」に格納されたことをお知らせするメールが送信され，すぐに登録通知を確認できますので，ぜひご利用ください。」というアナウンスが令和4年4月改訂で追加されています。

渡辺：なるほど。たしかに電子申請の場合，登録直後にはタイムラグはなさそうですね。

6　通知を待っている間は

渡辺：申請をして，登録があって，その通知がくるまでにも，請求書を発行しないといけません。通知を受けるまでの間は，インボイスという形で請求書を出していいんでしょうか？

熊王：それは駄目ですね。通知が来ないとこちらは登録されたかどうかがわかりません。確実にわかったら出していいけれど，「どうせ登録されるだろう」と考えるのは駄目です。

渡辺：わかりました。見切り発車は駄目ということですね。実務上は登録のタイミングがわからないから，通知を受けたところからしか正式なインボイスが出せない。では，繰り返しになるかもしれませんが，登録から通知までの間はどうしたらいいですか？

熊王：遡って出すしかないんでしょうね。

渡辺：問31の【答】にも書いてあるように，別途通知する形で対応するということですね。

熊王：それでいいと思います。いずれにせよ，電子申請ならタイムラグはないでしょう。

渡辺：一番確実ですね。タイムラグが出ないのは電子申請です。

熊王：ペーパーレスの時代ですからね。私みたいなアナログ人間でさえ電子申告をやってます。ちなみに問5の最後に（参考）で載っているのですが，本番は令和5年10月1日からなので，当然に，登録申請をその前に行ったとして

32◆ Ⅱ　登録制度

も，登録日は令和5年10月1日になります。

7　経過措置

熊王：戻りまして，問6はいったん置いておいて今度は問7です。このあたりからややこしい話になるのですが，まずは「登録に係る経過措置」です。

（登録に係る経過措置）

問7　適格請求書等保存方式が開始される令和5年10月1日から登録を受けるためには，いつまでに登録申請書を提出すればよいですか。【令和4年4月改訂】

【答】

　適格請求書等保存方式が開始される令和5年10月1日から登録を受けようとする事業者は，令和5年3月31日まで^(注)に納税地を所轄する税務署長に登録申請書を提出する必要があります（28年改正法附則44①）。登録申請書は，e-Tax を利用して提出できますので，ぜひご利用ください（個人事業者はスマートフォンでも手続が可能となります。）。なお，郵送により登録申請書を提出する場合の送付先は，各国税局のインボイス登録センターとなります。インボイス登録センターの所在地は問2《登録の手続》をご参照ください。

　なお，免税事業者が登録を受けるためには，原則として，消費税課税事業者選択届出書（以下「課税選択届出書」といいます。）を提出し，課税事業者となる必要がありますが，登録日が令和5年10月1日から令和11年9月30日までの日の属する課税期間中である場合は，課税選択届出書を提出しなくても，登録を受けることができます（28年改正法附則44④，インボイス通達5-1）。

（注）　令和5年3月31日まで^(※)に登録申請書を提出できなかったことにつき困難な事情がある場合に，令和5年9月30日までの間に登録申請書にその困難な事情を記載して提出し，税務署長により適格請求書発行事業者の登録を受けたときは，令和5年10月1日に登録を受けたこととみなされます（改正令附則15）。

なお,「困難な事情」については,その困難の度合いは問いません(インボイス通達5-2)。

また,「困難な事情」の記載がない登録申請書を提出して令和5年10月2日以後に登録を受けた場合の登録日は,その登録を受けた日となります。

※ 特定期間の課税売上高又は給与等支払額の合計額が1,000万円を超えたことにより課税事業者となる場合(消法9の2①)は令和5年6月30日まで

《登録申請のスケジュール》

熊王:登録申請は令和3年10月1日から始まりました。あらかたの事業者が本番の始まる令和5年10月1日に登録すべく準備を進めるわけですが,申請期限の「エンド」が大事です。つまり,令和5年10月1日からインボイスを発行するためには,いつまでに申請しておかなければいけないかということですが,半年前の令和5年の3月末日。ここが申請の期限になっています。

ただ,特定期間中の課税売上高で納税義務の判定をするような場合には,実際に課税事業者になるかどうかがわかるのは結構遅くなります。こんな場合でも半年前に申請しなきゃいけないんでしょうか。

渡辺:特定期間の判定によって課税事業者になることが確定し,そのタイミングに合わせて登録をしたいという場合には,さらに3か月後の令和5年6月30日が申請期限になります。

もうちょっと具体的に言うと,例えば令和5年9月30日決算法人の場合,特

定期間は令和4年10月1日から令和5年3月31日までになります。その特定期間の判定によって課税事業者になり，登録申請をする場合には，令和5年3月31日までの申請は不可能です。そんな場合には，さらに3か月後の令和5年6月30日までに申請をすればいいという特例があるということです。

＜特定期間による納税義務判定を行う場合＞

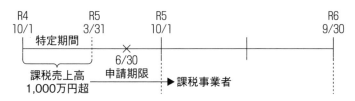

8　ギリギリに申請するリスク

熊王：令和5年6月30日が最終期限ということになると，7月以降になったら10月からの登録は間に合わないことになりますか？

渡辺：「困難な事情」がある場合に限っては本当の直前，令和5年9月30日まででいいことになっています。そして，この「困難な事情」について，程度は問わないということらしいです。

熊王：結局直前まで大丈夫ということですか？

渡辺：事実上いいのでしょうね。登録申請書に「制度の内容を理解するのに時間を要した」といったようなもっともらしい「困難な事情」を記載しておけば問題ないと思います。

なお，令和4年4月改訂では，「『困難な事情』の記載がない登録申請書を提出して令和5年10月2日以後に登録を受けた場合の登録日は，その登録を受けた日となります。」との一文が追記されています。

ちょっとわかりづらい言い回しですが，要するに，登録申請書に「困難な事情」を記載しなかった場合には，令和5年10月1日に登録が受けられないということを注意喚起しているのだと思われます。

熊王：10月1日から本番を迎えるとして，ギリギリ「9月30日までに申請すれば大丈夫」と，のんびり構える税理士がいそうな気がします。9月30日に登録申請をするとして，これはどうなるんでしょう？

渡辺：後で出てきますが，登録内容は「国税庁適格請求書発行事業者公表サイト」で公表されることになっています。請求書等を受け取った側は，それがインボイスとして正しいものかどうかを公表サイトで検索できることになります。令和5年10月1日からは，請求書等を受け取る側が確認作業を行うんだ，ということを念頭に置いて早めに申請すべきだと思います。

国税庁では，登録申請受付開始直後の令和3年10月においては，多くの登録申請書が提出され，税務署による審査に時間を要するため，令和3年10月中の登録分については，一括して令和3年11月1日に公表サイトに掲載することとしていました。

ここで，令和3年10月31日に申請した場合，翌日の11月1日に公表サイトに登録内容は掲載されたのでしょうか……。審査期間が必要なので，11月1日の公表は難しかったような気がします。そうすると，本番直前に申請をした場合にも，令和5年10月1日から登録の効力は発生するものの，公表サイトへの掲載はしばらく後になるような気がします。

熊王：実務上は令和4年中に申請は終わらせるつもりでいたほうがいいですね。令和4年中に終わらせようと思っていても，多少の取りこぼしはあると思います。そこで判明した，申請漏れのクライアントの分を令和5年に申請する。あるいは，新規の顧問先の対応もあります。全部まとめてギリギリにやるのは絶対にやめたほうがいいです。

何年も前の話です。個人の確定申告を3月15日の夜12時近くに一斉に電子申告したら，サーバーが混み合っていてうまくつながらず，何本か期限後申告になっちゃった税理士がいました。しかもその中に譲渡所得があったという，シャレにならないようなことがあったらしいのです。マメに，電子申請（申告）はしたほうが安全です。

9　課税事業者の登録

　熊王：次はいったん置いておいた問6です。課税事業者は令和5年10月1日に登録を受けたければ，原則として令和5年3月31日までに申請する必要があります。では，制度開始後に課税事業者が登録申請する場合，そのタイミングはどうなりますか？

　渡辺：令和3年7月の改訂で追加された問6には，課税期間の中途からの登録もできることが明記されています。したがいまして，課税事業者の場合には随時申請を受け付けて，登録はいつでもできるということです。ただ，インボイス制度が始まる令和5年10月1日についてだけは，申請期限を決めておくということなのだろうと思います。

（課税期間の中途での登録）

> 問6　課税事業者は，課税期間の途中であっても，適格請求書発行事業者の登録を受けることができますか。【令和3年7月追加】

【答】
　課税事業者は，課税期間の途中であっても，登録申請書を提出し，登録を受けることができます。登録申請書を提出し登録を受けた場合，登録の効力は，登録日から生じます。
　なお，新設法人等の登録時期の特例については，問12《新設法人等の登録時期の特例》をご参照ください。
（参考）　令和5年10月1日より前に登録の通知を受けた場合であっても，登録の効力は登録日である令和5年10月1日から生じることとなります。

10　免税事業者の登録

　熊王：次は問8と問9ですが，これも結構大事なところじゃないかと思います。令和4年度改正を受け，令和4年4月改訂により内容が大きく変わっていますので注意が必要です。

まず気をつけたいのは，免税事業者というのは，そもそも登録申請ができない。つまり，インボイスの発行ができないということです。

　しかし，これが大きな課題なんだけれども，取引先から「インボイス出してくれよ」と言われ，やむなく納税を覚悟の上で登録をする免税事業者が出てくると思うのです。ところが，免税事業者は登録申請ができない。だから手順としては，まず「課税事業者選択届出書」を提出して課税事業者になってから登録申請を行うという流れになるわけです。

　「課税事業者選択届出書」は，事前提出が大原則です。だから，問9の図解にあるように，個人事業者が，令和5年10月1日から登録したいのであれば，事前に課税事業者になっておかなければいけないわけですから，本来は「課税事業者選択届出書」を令和4年中に提出しておかなければいけないことになります。

　渡辺：そうすると，令和5年1月1日から課税事業者になってしまいます。実際に登録した後で納税がセットになるのは致し方ないとして，個人事業者であれば1月1日から9月30日まではまだインボイス制度が始まっていないわけですから，この期間分まで納税しなきゃいけないというのはおかしいですね。

　熊王：そこで，令和4年度改正前の旧法では，令和5年10月1日の属する課税期間中に登録を受けることとなった場合には，「課税事業者選択届出書」を出さなくても，インボイスの登録申請書だけで適格請求書発行事業者になることができるという経過措置が設けられていたのです。

　渡辺：そうすると，課税選択が不要ということですから，個人事業者であれば，1月1日から9月30日までは納税する必要はないということですね。

　熊王：そうです。旧法の場合，経過措置の対象が令和5年10月1日の属する課税期間だから，令和5年10月から適格請求書発行事業者になろうとする免税事業者は，個人も法人も，みんなこのパターンになります。

　渡辺：令和6年3月決算法人もそうですし，令和6年9月決算法人も，期首が令和5年10月1日ですから，この経過措置の対象となります。とにかく初っ端の令和5年10月1日から登録したい免税事業者は，基本的に「課税事業者選択届出書」はいらないということですね。

38◆ Ⅱ 登録制度

第1号様式

消費税課税事業者選択届出書

収受印				
令和　年　月　日		（フリガナ）		
	届	納　税　地	（〒　－　　）	
				（電話番号　　－　　－　　）
		（フリガナ）		
	出	住所又は居所 （法人の場合） 本 店 又 は 主たる事務所 の 所 在 地	（〒　－　　）	
				（電話番号　　－　　－　　）
		（フリガナ）		
		名称（屋号）		
	者	個 人 番 号 又 は 法 人 番 号	↓ 個人番号の記載に当たっては、左端を空欄とし、ここから記載してください。	
		（フリガナ）		
		氏　　　名 （法人の場合） 代 表 者 氏 名		
_____税務署長殿		（フリガナ）		
		（法人の場合） 代表者住所		（電話番号　　－　　－　　）

　下記のとおり、納税義務の免除の規定の適用を受けないことについて、消費税法第9条第4項の規定により届出します。

適用開始課税期間	自 〇平成 〇令和　　年　月　日		至 〇平成 〇令和　　年　月　日	
上記期間の	自 〇平成 〇令和　　年　月　日	左記期間の 総 売 上 高		円
基 準 期 間	至 〇平成 〇令和　　年　月　日	左記期間の 課税売上高		円
事業内容等	生年月日（個人）又は設立年月日（法人）	1明治・2大正・3昭和・4平成・5令和 〇　〇　〇　〇　〇 　　年　　月　　日	法人のみ記載	事業年度 自　月　日 至　月　日
				資 本 金　　　　　　　　　円
	事 業 内 容		届出区分	事業開始・設立・相続・合併・分割・特別会計・その他 〇　〇　〇　〇　〇　〇　〇
参考事項			税理士署名	（電話番号　　－　　－　　）

※税務署処理欄	整理番号		部門番号				
	届出年月日	年　月　日	入力処理	年　月　日	台帳整理	年　月　日	
	通 信 日 付 印 　年　月　日	確認	番号確認	身元確認 □ 済 □ 未済	確認書類	個人番号カード／通知カード・運転免許証 その他（　　　　　　）	

注意　1．裏面の記載要領等に留意の上、記載してください。
　　　2．税務署処理欄は、記載しないでください。

（免税事業者が令和5年10月1日から令和11年9月30日までの日の属する課税
期間中に登録を受ける場合）

> 問8　免税事業者が令和5年10月1日から令和11年9月30日までの日の
> 属する課税期間中に登録を受ける場合の取扱いについて教えてくださ
> い。また，この場合，いつから課税事業者となりますか。【令和4年4
> 月改訂】

【答】

　免税事業者が令和5年10月1日から令和11年9月30日までの日の属する
課税期間中に登録を受けることとなった場合には，登録日（令和5年10月1
日より前に登録の通知を受けた場合であっても，登録の効力は登録日から生
じることとなります。）から課税事業者となる経過措置が設けられています
（28年改正法附則44④，インボイス通達5−1）。

　したがって，この経過措置の適用を受けることとなる場合は，登録日から
課税事業者となり，登録を受けるに当たり，課税選択届出書を提出する必要
はありません。

　なお，経過措置の適用を受けて適格請求書発行事業者の登録を受けた場合，
基準期間の課税売上高にかかわらず，登録日から課税期間の末日までの期間
について，消費税の申告が必要となります。

（注）1　この経過措置の適用を受ける登録日の属する課税期間が令和5年10
　　　　月1日を含まない場合は，登録日の属する課税期間の翌課税期間から
　　　　登録日以後2年を経過する日の属する課税期間までの各課税期間につ
　　　　いては免税事業者となることはできません（28年改正法附則44⑤）。

　　　2　この経過措置の適用を受けない課税期間に登録を受ける場合につい
　　　　ては，原則どおり，課税選択届出書を提出し，課税事業者となる必要
　　　　があります。

　　　　　なお，免税事業者が課税事業者となることを選択した課税期間の初
　　　　日から登録を受けようとする場合は，その課税期間の初日の前日から
　　　　起算して1月前の日までに，登録申請書を提出しなければなりません
　　　　（新消法57の2②，新消令70の2）。

（課税事業者として消費税の確定申告が必要となる期間（個人事業者の場合））

問9　個人事業者が，令和5年10月1日から適格請求書発行事業者の登録を受ける場合における，令和5年1月1日から令和5年12月31日までの課税期間（令和5年分）の消費税の申告について具体的に教えてください。【令和3年7月追加】【令和4年4月改訂】

【答】
1　令和5年分について免税事業者である個人事業者が適格請求書発行事業者の登録を受けた場合（登録に際して令和5年分を適用開始課税期間とする課税選択届出書を提出した場合を除きます。）

　　令和5年分について免税事業者である個人事業者が令和5年10月1日から適格請求書発行事業者の登録を受けた場合（令和5年10月1日より前に登録の通知を受けた場合であっても，登録の効力は登録日である令和5年10月1日から生じることとなります。）には，登録日である令和5年10月1日以後は課税事業者となりますので，令和5年10月1日から令和5年12月31日までの期間に行った課税資産の譲渡等及び特定課税仕入れについて，令和5年分の消費税の申告が必要となります。

《免税事業者に係る登録の経過措置》
（例）　免税事業者である個人事業者が令和5年10月1日に登録を受けるため，令和5年3月31日までに登録申請書を提出し，令和5年10月1日に登録を受けた場合

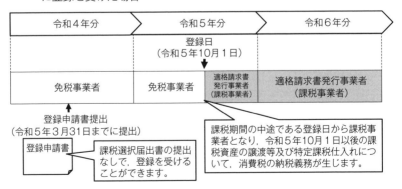

2　令和5年分について課税事業者である個人事業者が適格請求書発行事業者の登録を受けた場合（登録に際して令和5年分を適用開始課税期間とする課税選択届出書を提出した場合を含みます。）

令和5年分について課税事業者である個人事業者が令和5年10月1日から適格請求書発行事業者の登録を受けた場合，同日から適格請求書発行事業者となりますが，その課税期間（令和5年1月1日から令和5年12月31日まで）中に行った課税資産の譲渡等及び特定課税仕入れについて，令和5年分の消費税の申告が必要となります。

（参考1）令和4年1月1日から令和4年12月31日までの課税期間（令和4年分）について免税事業者である個人事業者が令和4年中に登録の通知を受けたとしても，適格請求書発行事業者の登録日は令和5年10月1日以後となりますので，令和4年分の消費税の申告は必要ありません。

（参考2）令和5年10月1日から登録を受けることとなった場合において，登録日の前日である令和5年9月30日に，免税事業者であった期間中に国内において譲り受けた課税仕入れに係る棚卸資産や保税地域からの引取りに係る課税貨物で棚卸資産に該当するものを有しているときは，当該棚卸資産又は課税貨物に係る消費税額について仕入税額控除の適用を受けることができます（改正令附則17）。

11　免税事業者の登録手続に関する経過措置の延長（令和4年度改正）

熊王：ここから，令和4年度改正により大きく変わった内容を確認していきましょう。

免税事業者はインボイスの発行ができないため，取引先からの要請により，登録申請をして適格請求書発行事業者となることが予想されます。この場合，適格請求書発行事業者になると消費税の申告義務が生ずるため，納付消費税額をコストとして負担することになります。

一方で，免税事業者のような適格請求書発行事業者でない「非登録事業者」からの課税仕入れについては，令和5年10月1日から令和8年9月30日までの期間については，仕入税額相当額の80％，令和8年10月1日から令和11年9月30日までの期間については，仕入税額相当額の50％を仕入控除税額の計算に取り込むことが認められています。

この仕入税額控除に関する経過措置の詳細については問89（328頁参照）で確認するとして，免税事業者は，この経過措置も考慮に入れながら，登録の必要性と資金繰りを天秤にかけ，取引先との価格交渉に当たらなければならない。つまり，登録の是非を慎重に判断する必要があるということになります。

令和4年度改正では，免税事業者が登録の必要性を見極めながら柔軟なタイミングで適格請求書発行事業者となれるようにするため，令和5年10月1日の属する課税期間だけでなく，令和5年10月1日から令和11年9月30日までの日の属する課税期間においても，「課税事業者選択届出書」を提出することなく，登録申請書を提出することにより，適格請求書発行事業者となることを認めることとしました。

渡辺：計6年間の経過措置があるので，この8割・5割控除の適用期間に合わせて，免税事業者に登録する機会を与えましょうという理解でいいですか。

熊王：それでいいと思います。

渡辺：登録申請書を提出することによって，年又は事業年度の中途から登録をすることもできるようになったようですね？

熊王：右の＜具体例＞で確認しましょう。個人事業者であれば，登録申請書を提出することにより，令和5年から令和11年分までの任意の年（課税期間）について適格請求書発行事業者になることができます。また，令和6年2月1日といったように，年の中途からの登録も認められるということです。

<具体例>

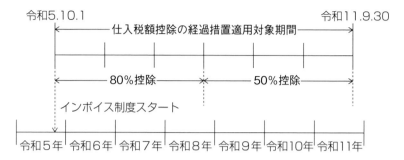

12 免税事業者が登録した場合の課税事業者としての拘束期間

渡辺：登録の取消しについて，詳しくは問14（81頁参照）で確認していきますが，免税事業者である個人事業者が，令和5年10月1日から登録して課税事業者となった場合には，令和5年12月1日までに「登録取消届出書」を提出すれば，令和6年から免税事業者になることができます。レアケースだとは思いますが，このような取扱いは，令和5年10月1日から登録する場合に限られると理解していいですよね？

熊王：令和4年度改正では，「課税事業者選択届出書」を提出した事業者とのバランスに配慮し，登録開始日から2年を経過する日の属する課税期間までの間は課税事業者として申告義務を課すこととしています。これを規定した新平成28年改正法附則44条5項では，ただし書で，登録開始日の属する課税期間が令和5年10月1日の属する課税期間である場合を除いていますので，令和5年10月1日から登録した個人事業者であれば，令和5年12月1日までに「登録取消届出書」を提出することにより，令和6年から免税事業者になることができます。

一方で，令和6年1月1日に登録した個人事業者（免税事業者）は，登録開始日（令和6年1月1日）から2年を経過する日（令和7年12月31日）の属する課税期間（令和7年）までの間は課税事業者として申告義務があるので，結

果，令和6年と令和7年の2年間は課税事業者として拘束されることとなります。

渡辺：ちなみに，実際に課税選択した場合との比較で考えてみたいんですけど，例えば，令和6年2月1日に開業した個人事業者が令和6年中に「課税事業者選択届出書」を提出して令和6年から課税事業者となったとします。その場合，課税事業者となった課税期間の初日（令和6年1月1日）から2年を経過する日（令和7年12月31日）の属する課税期間の初日である令和7年1月1日からでないと「課税事業者選択不適用届出書」を提出できません。令和7年中に「課税事業者選択不適用届出書」を提出したとして，令和8年から免税事業者になることができます。結果，課税事業者としての実質的な拘束期間は1年11か月となります。

　これに対し，免税事業者である個人事業者が，令和6年2月1日から経過措置を使って登録した場合，登録開始日（令和6年2月1日）から2年を経過する日（令和8年1月31日）の属する課税期間は令和8年となりますので，結果として2年と11か月間拘束されることになります。この期間的なズレは，ある意味割り切るしかないということになるのでしょうか？

熊王：インボイスの登録は，免税事業者が課税事業者になるという点では「課税事業者選択届出書」の提出と効果は同じですが，その目的が異なります。よって，拘束期間が違ってくるのはある意味仕方のないことではないでしょうか。

　ちなみに，令和6年2月1日に設立した12月決算法人が，設立事業年度から課税事業者を選択すると，設立年月日から2年を経過する日は設立3期目である令和8年1月31日になります。設立3期目以降でなければ「課税事業者選択不適用届出書」を提出することができませんので，結果として，令和6年2月1日から令和8年12月31日までの2年と11か月間は課税事業者として拘束されることになります。

13　申請書の様式改訂

　熊王：令和４年度改正に伴い，「適格請求書発行事業者の登録申請書」の様式が変わっていますので，変わった部分を順番に見ていきます。

　まず，次葉「２／２」の「免税事業者の確認」欄の前文が改訂されています（19頁参照）。

　免税事業者の登録手続に関する経過措置が６年間に延びましたので当然ですが，改訂前は「令和５年10月１日の属する課税期間」となっていた部分が，「令和５年10月１日から令和11年９月30日までの日の属する課税期間」と変わっています。

　次に，「免税事業者の確認」欄に，「登録希望日」という欄ができました。よくわからないところがあるので，これは後で詳しくお話ししたいと思います。

　他に変わったところとして，「２／２」の「登録要件の確認」欄に，令和４年度改正が絡んで，納税管理人を定める必要があるか，納税管理人の届出をしているかどうかをチェックする欄が追加されています。

　例えば，サラリーマン（国内事業者）が，これから何年か海外勤務になるような場合，国内で賃貸物件を持っていて，この分についてインボイスを出さなきゃいけないといったケースがあると思います。もしインボイスを出したいなら，納税管理人を定めているかどうかをチェックする。このように，主に税務署側の管理の関係の改訂が行われています。

14　登録申請書は全部で６種類

　熊王：それから，「課税事業者選択届出書」がいらないという経過措置の期間が相当に長くなったことに伴い，申請書の右側にある，いつからいつまでに使うという使用期間欄が変わっています。

　当面使用することになるのは，令和３年10月１日から令和５年９月30日までの間に提出する場合の第１−(1)号様式と第１−(2)号様式ですが，令和５年10月１日から令和12年９月29日までの間に提出する場合，さらに令和12年９月30日

以後に提出する場合のそれぞれについて様式があります。

しかも，それぞれに国内事業者用と国外事業者用があって，3×2で6種類の様式があることになります。

15 「登録希望日」は叶えられるのか？

渡辺：先ほど確認しましたが，令和4年度の改正により，免税事業者は，こぞというタイミングで臨機応変に登録ができるようになりました。

これにプラスアルファで，この日に登録したいという「登録希望日」を登録申請書に書くことができるんです。この改正はサプライズでした。

熊王：ちょっと確認しておきたいんですが，旧法では，令和5年10月1日の属する課税期間において登録する場合には，「課税事業者選択届出書」の提出は必要ありませんでした。例えば，免税の個人事業者は，「課税事業者選択届出書」の提出なしで，令和5年11月1日からも登録することはできたんですよね？

渡辺：できました。しかし旧法では，その登録希望日という概念がなかったわけです。

登録申請書を出したタイミングによって，あとは税務署長の胸先三寸で登録日が決まってしまうということになっていました。

熊王：もう1つ確認しておきたいんですが，例えば，免税の個人事業者が，令和6年1月1日から登録したいときには，旧法では経過措置が使えないから，原則通り「課税事業者選択届出書」を出して登録申請という流れになっていたわけですね。

渡辺：さらに，その課税期間の初日の前日から起算して1月前の日までに登録申請書を出しておかないと，今のケースで言えば令和6年1月1日に登録がかからないというルールでした。

熊王：そうすると，法律上は「課税事業者選択届出書」の提出期限は令和5年12月31日，登録申請書の提出期限はいつになりますか？

渡辺：12月31日から起算して1月前の日ですから11月30日です。

15 「登録希望日」は叶えられるのか？ ◆47

熊王：それと，これは記載要領に書いてあったと思うんだけども，実際には，「課税事業者選択届出書」を，登録申請書の提出と同時か前に出してくれということのようです。あれは「お願い」なんですよね？

渡辺：完全に「お願い」でしょう。法令ではないです。

ただ，もっともだなと思います。税務署側からすれば，「課税事業者選択届出書」が出てない状態で，先に登録申請書を出されてしまうと，「課税選択をしていないと申請できませんよ」というような確認をいちいちとることになって，面倒くさいと思うんですよね。

熊王：いずれにしても今回の改正で，免税の個人事業者が，例えば令和6年2月からでも，令和6年5月からでも，適宜申請ができるようになりました。

ただし，この「登録希望日」についてはよくわからないことがたくさんあります。

まず，「登録希望日」というのは，一体いつを書けばいいのでしょうか？

この欄に書いた日に必ず登録が下りるのでしょうか？

また，例えば，「困難な事情」を書いて，令和5年9月30日までに申請すれば，令和5年10月1日の登録を受けることが可能です。

これがもし令和6年1月1日から登録したいというときに，登録希望日の欄に「令和6年1月1日」と書くとします。では，この登録申請書はいつまでに提出すればいいのでしょうか？

渡辺：正直わからないんです。そもそも，提出期限に関する規定がないんですよ。

新平成30年改正規則の附則4条4号において，登録申請書の記載事項に，「登録を希望する年月日がある場合には，その年月日」という項目が追加されただけなんです。

つまり，登録を希望する日があったら書いてもいいですよ，という条文しかないんです。「この日に登録したい」といった希望がある場合にいつまでに申請書を出せばいいという法令は一切ありません。

本来，事業者の感覚からすれば，登録日を請求書の締日に連動させたいと思

うんじゃないでしょうか。詳しくは問63（236頁参照）でも確認しますが，中途半端な日付で登録を受けると，請求書の中身を分けなければならなくなりますから，月末締めだったら1日登録，20日締めだったら21日登録です。

そのために登録希望日が設けられたのだと思うんですが。例えばですよ，4月1日に登録したい場合に，ちょっと遅れてしまって登録希望日を「4月1日」とした登録申請書を4月5日に出したときに，これが通るかどうかがわからないんです。

熊王：免税事業者が登録申請するときの申請期限は，原則1か月前です。常識的に考えると，遡りはできないんでしょうね。

渡辺：ただ，数日くらいだったら，感覚的には許してもらいたいという感じがするんです。

熊王：もっとも，この後の問12（72頁参照）でも確認しますが，新設の法人などの場合には，期末までに申請すれば，設立年月日まで遡っていいので，同じように遡りを認めてもいいのかもしれません。

ただ，あの新設の法人の取扱いもちょっと問題があるように思います。例えば，取引先が12月決算で，当社が3月決算の新設の法人だとします。

当初は登録するつもりがなくて，ずっとインボイスなんか出さずにいたんだけども，期末近くに設備投資の計画が出てきて還付を受けたいから課税選択をします。そして，どうせ課税事業者になるのなら，ついでに登録もしてしまおうと考えて，設立日に遡って登録したらどうでしょう……。12月決算の取引先はもう決算が終わっているんですよね。

そのとき，その取引先は更正の請求をすることができるのでしょうか？

渡辺：たしかに，それは取引先からしてみれば大迷惑ですね。

熊王：新設の法人は事前に登録申請ができないという事情はわかるんだけども，この遡りという取扱いには，相当に矛盾が生じるんじゃないかという気がしています。

それと，「困難な事情」がある場合には，令和5年10月1日の本番直前まで申請できますが，例えば，個人事業者が令和6年1月1日から登録したいとき

にも，同様に，前日の令和5年12月31日までの申請を認めるのかどうか。ここもはっきりと決めてもらう必要があります。

今後，インボイスの登録をするのは，単純にインボイスを出す場合だけではなくて，消費税の還付を前提に登録するケースも出てくると思うんです。そのときに，「課税事業者選択届出書」を出すといろいろと制約が出るので，登録申請書で対応しようとします。登録申請書を出せば，「課税事業者選択届出書」はいりませんからね。

こういった選択肢も出てきますが，肝心要の登録申請書をいつまでに出せば，登録希望日を認めてくれるのか，これがわからないんです。

渡辺：おっしゃるように，免税の個人事業者が12月に設備投資があるのなら，経過措置を適用して12月に登録を受け，課税事業者になると思います。

また，登録希望日の問題は，請求書の準備にも関わってくるように思いますので，登録希望日通りに登録してもらわないと，現場で不都合が出てきてしまいます。

4月1日に遡って登録したいんだけども，いつまでに申請すればいいのか，それともそもそも遡りは認められないのか，こういったことがはっきり見えないと，準備はできません。このあたりがものすごく中途半端で，登録希望日の存在によって，逆に実務は大混乱するんじゃないかと思っています。

熊王：現時点で新しい情報は出てないですね？

渡辺：Q&Aにも一切載っていないというのがまた気持ち悪いんです。Q&Aにこそ，書かないといけないところだと思うんですが……。

熊王：改めて整理すると，令和4年度改正を受けて登録申請書の雛形が変わって，この登録希望日という斬新な欄が設けられました。

渡辺：でも，これに関する情報が一切ない。

熊王：おかしいですね。

渡辺：おかしいと言うか，何のために作ったんでしょうか？

免税事業者が機動的に登録できるようにするための配慮だということはわかります。実際に1日登録といった希望も出せるわけですから。ただ，現実的な

対応で見たとき，登録希望日を書くことしかできない。言うなれば，登録日は税務署長の胸先三寸で決まるということでしょう。

熊王：希望するのは勝手だけれど，希望日に登録できるとは限らない？

渡辺：そういうつもりでいないといけないと思います。

熊王：それなら意味ないじゃないですか。

渡辺：だから困っているんです。

しかも，この中途半端なものを，施行規則で明記しましたからね。Q&Aに追加するというレベルじゃなくて，財務省令で定めているんです。

熊王：国税庁の担当者は，もしこの対談を読まれたならば，現場がこれだけ混乱しているんだということを，真剣に，深刻に，真面目に，考えてもらいたいと思います。

16 「課税期間の初日」が書けない？

熊王：ところで，この経過措置に関する登録申請書の書き方がちょっとというか，だいぶ気になっています。

例えば個人事業者が，令和4年が課税事業者だったということで，登録申請書【2／2】(19頁参照)の「免税事業者の確認」欄の上下いずれの□にも✓マークをせずに，令和4年中に登録申請書を提出したとします。ところが，令和3年中の売上高が1,000万円以下の場合には，令和5年は免税事業者となってしまいます。この場合，経過措置の適用欄に✓マークがないので申請のやり直しになるのでしょうか？

渡辺：たしかに，「免税事業者の確認」欄の上段の□に✓マークが付されていないと，経過措置の適用が受けられるかどうか気になりますね。

私も気になっていろいろと国税庁の資料を探してみたんです。そうしたら，国税庁ホームページにアップされている「適格請求書発行事業者の登録申請書」のPDFファイル内の記載要領にこんな記述がありました。記載要領の一番最後，「5 留意事項」(2)です。

「(2) 課税事業者がこの申請書を提出した後，令和5年10月1日の属す

16 「課税期間の初日」が書けない？ ◆51

る課税期間に免税事業者となった場合においても，令和5年10月1日の属する課税期間中に登録を受けると，附則第44条第4項の規定の適用により登録を受けた日以後は納税義務の免除の規定の適用はありません（当該課税期間の初日から登録を受けた日の前日までは免税事業者ですが，登録を受けた日から課税事業者となるため，登録を受けた日以降の取引について，消費税の申告が必要となります。）。」

これを読むと，申請書を提出した課税事業者が，令和5年10月1日の属する課税期間において免税事業者となったとしても，経過措置の適用により，登録を受けた日以後は必ず課税事業者になると書かれています。そうすると，申請書の雛形どおりに，提出時に課税事業者だった個人事業者が，「免税事業者の確認」欄の上段の□に✓マークを付さなかったとしても，経過措置は適用されるのではないかと思うのです。ですから，申請をやり直す必要はないように思います。

　熊王：たしかに附則44条4項を読むと，登録申請書を提出することは要件となっていますが，経過措置の適用を受ける旨の記載は要件となっていませんね。

　それと，登録申請書でもう1つ，以前から気に入らないところがあります。

　登録申請書【2／2】（19頁参照）の「免税事業者の確認」欄の下のほうの「課税期間の初日」欄です。

　「消費税課税事業者（選択）届出書」を提出し，納税義務の免除の規定の適用を受けないこととなる課税期間の初日から登録を受けようとする場合には，その課税期間の初日の年月日を書くこととされています。

　「課税事業者選択届出書」を出す場合もそうですが，例えば，個人事業者が令和3年の課税売上高が1,000万円を超えると，令和5年1月1日から課税事業者になります。期限はないけれども，「課税事業者届出書」を出します。

　そうすると，課税期間の初日は，令和5年の1月1日ですよね？

　渡辺：令和5年の1月1日です。

　ただ，この「課税期間の初日」欄には，次のように書かれています。

「※　令和5年10月1日から令和6年3月31日までの間のいずれかの日」

熊王：だから，今お話ししたようなケースで，令和5年1月1日から課税事業者になる場合には，一体どうすればいいんだろうと，記載要領を読んでも書かれてないし，おかしいなぁと思っていたんです。

渡辺：私は，「令和5年1月1日とは書くな」と思いっきり書いてあるので，「ここに課税期間の初日を書くことはできない」と思いましたよ。ですから，経過措置の適用を受けないことは明らかにわかっているんですが，「免税事業者の確認」欄の上のほうの□に✓するしかないんじゃないかなと思っていました。

熊王：でも，経過措置じゃないんですよ？

渡辺：そうなんです。一体どうしたらいいですか？

熊王：この疑問について，令和4年2月14日に国税庁ホームページで公表された登録申請書の記載例には次のような説明がついています。

　　「提出時点は免税事業者でも令和5年9月30日以前に課税事業者となる場合は，令和5年9月30日以前の日を記載して構いません。

　　ただし，登録年月日は，「令和5年10月1日」となります。」

先ほどのように令和5年1月1日から課税事業者になる場合は，令和5年9月30日以前の日を「記載して構いません」だそうです。

この場合でも，登録年月日は令和5年の10月1日になる。それは当たり前です。

でもね，「※　令和5年10月1日から令和6年3月31日までの間のいずれかの日」を書け！と言っておきながら，登録申請書は直さずに，つまり，この※印のコメントを削除しないままに，記載例なんていう中途半端なもので，1月1日と「記載して構いません」って，何かおかしくないですか？

しかも，この記載例はね，公表されてすぐに改訂されているんですよ。改訂される前に何て書いてあったかというと，「……令和5年9月30日以前の日を記載して差し支えありません」でした。「差し支えありません」という日本語が「構いません」に変わったんです。

渡辺：何か理由があるんでしょうか？

熊王：「差し支えありません」のほうが丁寧な言葉じゃないかな。それをあえて「構いません」に変えたんです。

そもそも，この※印を取ってしまえばいいんです。しかも，令和4年度改正を受けて様式の改訂をしたんだから，ここで一気に※印を取ってしまえば何も問題がないのに，そうせずに記載例なんてものを持ってきて，「差し支えありません」とは何事だと，研修会で毒づいたことがあります。

その情報が伝わったのかどうかわかりませんが，その後で，「差し支えありません」が「構いません」に変わったんです。なぜこんなことでわれわれを混乱させるんだろう，何を意地になっているんだろうと未だにカッカしています。

渡辺：私も，今回の改正を受けて登録申請書の雛形自体も改訂されるだろうと思っていましたから，そのタイミングで，この※印の表記がなくなると確信していたんです。ところが，いざ蓋を開けてみたらそのままでした。

一番重要なのは，納税者や税理士が，記載例を見ずに，登録申請書だけを見て，この欄に令和5年1月1日と書けるかどうか。ここだと思うんです。でも，書いてはいけないと登録申請書に書いてあるわけですから，令和5年1月1日とは書けないと思うんです。

登録件数も伸び悩んでいるんですよね。その要因は，間違いなくこういったところにあると思います。申請の処理を行う担当者が，いちいち質問に答えている，間違った登録申請書が出たときに確認しながら直している。

熊王：登録申請書は，所得税や法人税の確定申告書のように上書き（やり直し）ができないそうです。だから，インボイス登録センターの担当者がいちいち電話をかけて取消しの指導をしているらしいです。そんなんじゃ全然進まない。

あまりにも非効率です。登録が終わっているのは，令和4年6月末時点で66万件とのことです。課税事業者が350万，免税事業者が510万ですので，課税事業者の19％程度にすぎません。

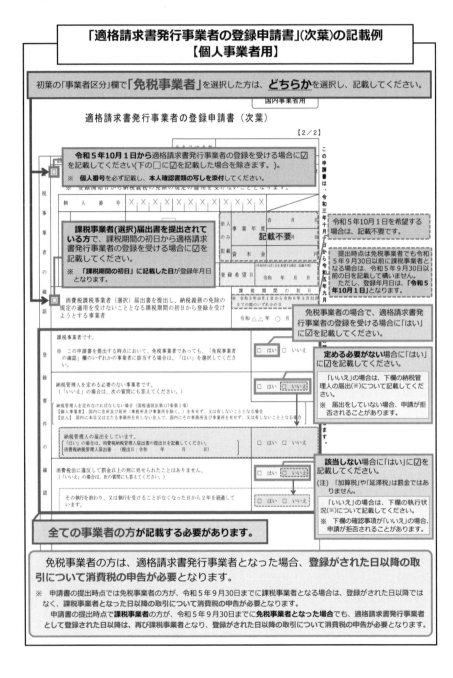

会計事務所によっては，バラバラに申請するとわからなくなるので，関与先が決算を迎えるごとに登録しているケースもあるようで，そんなに心配はいらないと見る向きもあるんだけど，それにしても19％は少ないと思います。

実務の効率が思いっきり妨げられて，それでいて登録の数が伸びていないと愚痴をこぼす……一体誰のせいですか？

今からでもまだ間に合うと思います。もっともっと工夫してもらわないと，協力しようと思ったって，肝心要の登録申請書がこの為体では，協力のしようがありません。

しかも，これからは，税理士が関与してないような小規模事業者が，どっと登録してくるんです。このままでは，もうとてもじゃないけれども，来年の10月には間に合わない。そんなふうに感じています。

だいたい，登録申請書に限らず，消費税の届出書，申請書もそうですが，皆さん，記載要領というものを読んでいるんでしょうか？

渡辺：おそらく読んでないと思います。

熊王：あれね，読んでも意味がない。

たまに読んでみるけど，全くやる気がないんです。雛形に書いてあることをなぞって書いてるだけなんです。あの程度のことなら誰でも書けますよ。「そこが知りたい」というところを書くのが記載要領ではないでしょうか。

渡辺：次はいつ変わるんですかね？

熊王：登録申請書の様式を変えるのは，通達の改正と同じ位置づけです。だから，必ず新旧対照表を出します。Q&A みたいに，こっそり直すようなことはできません。

渡辺：あるとしたら本番まであと1回ですか。

熊王：次の改正に合わせて……，ただ，そんな悠長なことを言っている場合じゃないと思います。すぐにでも直さなければいけないほどの強烈な不満があるということです。

17　経過措置の適用除外

　渡辺：登録申請書の雛形に絡んで確認しておきたいんですが，免税事業者の登録手続に関する経過措置については，適用除外となるケースがあるので注意したいです。

　例えば，基準期間における課税売上高や特定期間における課税売上高が1,000万円を超える課税期間，そして，経過措置が延長されたので，基本的には出てこないかもしれませんが，「課税事業者選択届出書」の提出により課税事業者となる課税期間については，経過措置が適用除外となります。

　登録申請書【2／2】の「免税事業者の確認」欄で言えば，下段の□に✓マークを付けるケースです。

　熊王：これらの課税期間については，課税期間の初日から課税事業者となりますので，期中から都合よく課税事業者となるような経過措置は当然に適用できません。

　ちなみに，登録希望日という取扱いも同時になくなりますね？

　渡辺：課税事業者となる課税期間の初日の前日から起算して1か月前の日までに登録申請書を提出すれば，課税期間の初日に登録を受けることはできます。

　ただ，万が一この申請期限を過ぎてしまうと，登録申請書の雛形を見てもわかるように登録希望日を記載できませんので，税務署長の胸先三寸で登録がかかることになります。

　熊王：それと，この後の問10でも確認しますが，簡易課税制度選択届出書の届出特例にも影響が出ますね？

　渡辺：簡易課税制度選択届出書の届出特例は，免税事業者の登録手続に関する経過措置の適用を受けていることが条件です。経過措置が適用除外となるケースについては，併せて簡易課税制度選択届出書の届出特例も適用除外となるので要注意です。

18 値決めの問題

熊王：ところで，インボイスの時代になった時に，免税事業者は，今までのようにあからさまに消費税相当額をもらうことができるのでしょうか。今は免税事業者でも，例えば，1万円の商品に消費税1,000円を上乗せして11,000円を外税で受領しているけれども，インボイス導入後は，このように外税で消費税を別途もらうというのは商取引として厳しいんじゃないかと思います。

初めから11,000円に丸めといたらどうだなんて意見もあるんだけども（笑）。

渡辺：それ，いいかもしれないです（笑）。

熊王：いずれにせよこのあたりは値決めの問題なので，法律論とは別のような気がします。

渡辺：そうですね。

熊王：令和3年1月7日に公正取引委員会から「消費税転嫁対策特別措置法の失効後における消費税の転嫁拒否等の行為に係る独占禁止法及び下請法の考え方に関するQ&A」が公表されていますので，まずはそのお話をしておきたいと思います。

旧転嫁対策特別措置法では，免税事業者への減額要請や買いたたきが禁止されていました。例えば，税率が8％から10％に引上げになる際に，免税事業者が10,800円の商品を11,000円で売ることは，事実上認められていたのです。だからといって，インボイス導入後も免税事業者が消費税相当額を請求できるかといったら，これはまた次元の違う話だと思います。

旧転嫁対策特別措置法で禁止されていた免税事業者への減額要請や買いたたきは，法律の失効とともに消滅したものと考えるべきではないでしょうか。

渡辺：私も同感です。これは転嫁対策特別措置法の失効とともに閉鎖された「消費税価格転嫁等総合相談センター」（内閣府が設置した政府共通の相談窓口）が公表していた事例集（総合相談センターの応答事例＜令和3年3月31日まで＞）に記載されていた事例です。

事例集の「応用編－2　転嫁拒否等に関する相談-(1)　買手の立場からの相

談Q13」では，「免税事業者と取引をしています。令和5年10月1日に適格請求書等保存方式が導入されると，取引先が適格請求書発行事業者とならない場合，仕入税額控除を受けられなくなることから，取引価格を引き下げたり，取引を中止したりしても問題ないでしょうか。」という問に対して，「消費税転嫁対策特別措置法は令和3年3月31日で失効しますが，失効後に行われた値引き要求等については，独占禁止法や下請法に照らして判断することになります。具体的には公正取引委員会にお問い合わせください。」との回答が示されています。

この回答を見る限り，あからさまに買いたたきに該当するとは言ってません。と言いますか，そもそも事業者間での値決めの話なので，よっぽど悪質でない限り，買いたたきという言葉は使えないのではないでしょうか。

19　新たなQ&Aの公表

熊王：現実問題として，免税事業者が登録する場合には納税がセットでついてきますので，当然のことながら，価格交渉というものが大きな課題になってきます。

これに関しては，本題のインボイスQ&Aとは別に，令和4年1月に錚々たる省庁が連名でQ&Aを出しましたね。

渡辺：フルネームが長いんですが，「免税事業者及びその取引先のインボイス制度への対応に関するQ&A」です。

個人的には，それまではっきりとした見解が示されてきませんでしたので，ついに出たかという感想です。

熊王：メンバーは，財務省，公正取引委員会と……。

渡辺：経済産業省，中小企業庁，国土交通省と錚々たるメンバーです。

熊王：ちなみに，すでに改正が入っているんですよね。

渡辺：1月19日に発表されて，3月8日に早々と改正されています。

熊王：フルパターンを見ていくと少し長いので，ここでは，その要旨だけを記載した「インボイス制度への対応に関するQ&Aについて（概要）」で見て

インボイス制度への対応に関するＱ＆Ａについて（概要）

インボイス制度に関し、免税事業者やその取引先の対応について考え方を明らかにし、制度への理解を深め、必要な対応をご検討いただく際にご活用いただくことを目的として作成したものです。

インボイス制度で何が変わるのか

Q1　インボイス制度が実施されて、何が変わりますか？

課税事業者がインボイス発行事業者の登録を受けることで、インボイスを発行できるようになります。インボイスには消費税額等が記載されるため、その転記がしやすくなる面もあると考えられます。改めて事業者やシステムの改修等への対応が必要となる場合があるところ、改正電子帳簿保存法の活用を図るほか、デジタル化の推進のための専門家派遣やITの導入支援などを行います。

免税事業者への影響

Q2　免税事業者であり続けた場合、必ず取引に影響が生じるのですか？

売上先が、以下のどちらかに該当する場合は、取引への影響は生じないと考えられます。
①売上先が消費者又は免税事業者である場合
②売上先が簡易課税制度を適用している事業者である場合
そのほか、消費税が非課税とされるようなサービス等を提供している事業者に対して、そのサービス等のために必要な物品を販売している場合なども、取引への影響は生じないと考えられます。

Q3　売上先がQ2のいずれにも当てはまらない場合、免税事業者の取引にはどのような影響が生じますか？

免税事業者の取引への影響に配慮して経過措置が設けられており、インボイス制度の実施後6年間は、仕入税額控除が可能とされています。なお、仕入税額控除が可能な場合、その方法や内容については見直される場合など、独占禁止法・下請法・建設業法によりより問題となる可能性があります。売上先の意向で取引条件が見直される場合には、その方法や内容によっては、より問題となる可能性があります（Q7参照）。

課税事業者の留意点

Q4　免税事業者が課税事業者を選択した場合、何が必要になりますか？

課税事業者を選択した場合、消費税の申告・納税等が必要になりますが、その課税売上高が5,000万円以下の事業者は簡易課税制度を適用でき、その場合は仕入れの際にインボイスを受け取り、保存する必要はありません。

Q5　課税事業者は、免税事業者からの仕入れについて、どのようなことに留意すればよいですか？

簡易課税制度を適用している場合は、インボイスを保存しなくても仕入税額控除ができるため、仕入先との関係では留意する必要はありません。
簡易課税制度を適用していない場合は、取引への影響に配慮して経過措置が設けられており、制度実施後3年間は消費税相当額の8割、その後の3年間は5割を仕入税額控除に織り込まれる必要があることにも、ご留意ください。
また、消費税の性質上、免税事業者も自らの仕入れに係る消費税を負担しており、その分は免税事業者の取引価格に織り込まれる必要があることにも、ご留意ください。

Q6　課税事業者が、新たな相手方から仕入れを行う場合、どのようなことに留意すればよいですか？

簡易課税制度を適用している場合は、インボイスを保存しなくても仕入税額控除ができるため、仕入先との関係では留意する必要はありません。
また、相手方課税事業者でない場合は、取引条件を設定することが考えられますが、免税事業者から仕入れを行う場合は、設定する取引価格が免税事業者の仕入れ等の負担を考慮したものであることを、互いに理解しておくことが前提としてものであると考えられます。

インボイス制度への対応に関するQ&Aについて（概要）

独占禁止法等において問題となる行為

Q7 仕入先である免税事業者との取引について、インボイス制度の実施を契機として取引条件を見直すことを検討していますが、独占禁止法などの上ではどのような行為が問題となりますか？

1. 取引対価の引下げ

取引上優越した地位にある事業者（買手）が、免税事業者との取引において、インボイス制度の実施を契機として、仕入税額控除できないことを理由に取引価格の引下げを要請し、再交渉において、双方納得の上で取引価格を設定すれば、結果的に取引価格が引き下げられたとしても、独占禁止法上問題となるものではありません。しかし、再交渉が形式的なものにすぎず、仕入側の事業者（買手）の都合のみで著しく低い価格を設定し、免税事業者が負担していた消費税額も払えないような価格を設定した場合には、優越的地位の濫用として問題となります。

2. 商品・役務の成果物の受領拒否等

取引上の地位が相手方に優越している事業者（買手）が、仕入先から商品を購入する契約をした後において、仕入先がインボイス発行事業者でないことを理由に商品の受領を拒否することは、優越的地位の濫用として問題となります。

3. 協賛金等の負担の要請等

取引上優越した地位にある事業者（買手）が、インボイス制度の実施を契機として、免税事業者である仕入先に対し、取引価格の据置きを受け入れるかわりに、取引の相手方に別途、販売促進費、協賛金等の名目で金銭の負担を要請することは、当該協賛金等の負担額及びその算出根拠等について、仕入先との間で明確になっておらず、仕入先にあらかじめ計算できない不利益を与えることとなる場合などには、優越的地位の濫用として問題となります。

4. 購入・利用強制

取引上優越した地位にある事業者（買手）が、インボイス制度の実施を契機として、免税事業者である仕入先に対し、取引価格の据置きを受け入れるかわりに、当該取引に係る商品・役務以外の商品・役務の購入を要請することは、仕入先が事業遂行上必要としない商品・役務であり、又はその購入を希望していないときであったとしても、これを購入しなければ取引価格を引き下げるなどと一方的に通告することは、独占禁止法上又は下請法上、問題となるおそれがあります。

5. 取引の停止

事業者がどの事業者と取引するかは基本的に自由ですが、取引上の地位が相手方に優越している事業者が、インボイス制度の実施を契機として、免税事業者が取引価格の引下げに応じない場合に、免税事業者が負担していた消費税額も払えないような価格など一方的に不利益を与えることとなる条件であって、これに応じない相手方との取引を停止した場合には、独占禁止法上問題となるおそれがあります。

6. 登録事業者となるような慫慂等

課税事業者が、インボイスに対応するために、取引先の免税事業者に対し、課税事業者になるよう要請すること自体は、独占禁止法上問題となるものではありませんが、それに応じなければ、取引価格を引き下げるとか、それにも応じなければ取引を打ち切ることにするなどと一方的に通告することは、独占禁止法上又は下請法上、問題となります。

※ 上記において、独占禁止法上問題となるのは、行為者が取引の相手方に優越していること、また、免税事業者が今後の取引に与える影響等を懸念して、行為者による要請等を受け入れざるを得ないことが必要です。

いきましょう。もうご覧になっていると思いますが，どうですか？

渡辺：わかるようなわからないような，かなり違和感があるところもあります。

熊王：たしかにそうですよね。

免税事業者が登録すると，当然納税しなければいけませんが，インボイスの導入にあたって，ここをいかに軟着陸させるかが，省庁にとって一番大きな課題だと思います。

免税事業者が登録すると，明らかに手取りが減るんです。現在は，免税事業者でも普通に消費税をもらって，納税はしていません。例えば，売上10万円に1万円の消費税を乗せて11万円もらっていた人が，納税するとなると，明らかに11万円よりも手取りが減るわけです。それをどうやって納得させるか。これは値決めの問題で，なかなか単純にはいきません。

そこでこのQ&Aを読んでいくと，気持ちはわかるんだけども，ちょっとどうなのかなということが書いてあります。

20　取引先が免税事業者とわかるのか？

熊王：例えば，「免税事業者への影響」のQ2を見ると，「免税事業者であり続けた場合，必ず取引に影響が生じるのですか？」という質問に対して，アンサーは，売上先が消費者又は免税事業者の場合とか，売上先の事業者が簡易課税制度を適用している場合には，影響は生じないと言っています。

たしかに，いわゆるB to B取引のときにインボイスがないと買手が控除ができない。だから，買手が消費者だったら関係ないでしょう，買手が簡易課税を使っていれば，みなし仕入率で計算するから関係ないでしょうということなんだけれども……。

実際に取引をするときに，相手が消費者か事業者か，これは多少わかるかもしれません。しかし，相手が免税事業者なのか，あるいは簡易課税を適用しているかどうかは，わからないと思うんですよね。

渡辺：免税事業者が本気で登録するかどうかを考えるのであれば，そこま

で相手方に聞いていかないといけない事態になってくるということでしょうか？

　ただ，確認するに越したことはないんでしょうが，現実問題として，そんな確認を相手方にできるのはレアケースだと思います。

21　Q&A はまやかし⁉

　熊王：次のＱ３は，売上先が消費者でもない，免税事業者でもない，簡易課税でもない，つまり，本則課税の場合にはどうなるかという質問です。当然，インボイスがないと買手は仕入税額控除ができません。相手方は登録を促してきます。

　そのような厳しい現実が待っていることから回答を始めなきゃいけないのに，アンサーを読んでいくと，いきなり，「経過措置が設けられていますから最初の６年間は大丈夫ですよ」とあります。この書き方はね，私はまやかしだという印象を受けます。

　渡辺：免税事業者のための Q&A ですからね。どちらかと言うと，免税事業者寄りのソフトな言い方になっていますよね。

　熊王：免税事業者が，「登録しないといけないんじゃないか？」「すごい時代になるんじゃないか？」とハラハラドキドキしているところに，名立たる省庁が，「大丈夫ですよ」「そんなことないですよ」と，まるで子どもをなだめるように……。

　たしかに，８割・５割は控除できます。

　でも，免税事業者からの仕入れは間違いなく控除額が減少して買手や元請けの収益を圧迫するんです。登録の要請や値下げの交渉は間違いなく発生するんです。登録したら納税しなければならないという紛れもない事実があるわけだから，そこはちゃんと謳わなきゃいけないんじゃないかと，そんな感じがしてなりません。

　それと，ケチをつけてばかりいるんだけれども，「課税事業者の留意点」のＱ５を見ていくと，「課税事業者は，免税事業者からの仕入れについて，どの

ようなことに留意すればいいですか？」とあります。

　当然，インボイスがないと仕入税額控除ができませんので，インボイスが法定要件を満たしているかを確認する必要があります。

　それなのに，アンサーの書き出しがいきなり「簡易課税制度を適用している場合はインボイスがなくても大丈夫ですよ」と，ここから話を始めるのはおかしいんじゃないかという感じがします。

22　相手の意を汲む？

　熊王：それとですね，このＱ５のアンサーの３段落目に，次の一文があります。

　　「消費税の性質上，免税事業者も自らの仕入れに係る消費税を負担しており，その分は免税事業者の取引価格に織り込まれる必要があることにも，ご留意ください。」

　渡辺さん，これはどういう意味だと思いますか？

　渡辺：大きなお世話だという感じがしますけど，免税事業者の立場も汲んで交渉してくださいという意味ではないかと思っています。

　熊王：たしかに，免税事業者は仕入税額控除ができないから，もらった消費税がまるまる益税として懐に残っているわけじゃないですよね。

　今現在，免税事業者が売値に消費税を乗せているのは，仕入税額控除ができない概算値を売値に転嫁しているという，意味がわかるようなわからないような怪しい理屈の下に，税の転嫁が暗黙の了解で認められています。

　だから，その分を考慮しろということは，相手が免税事業者の場合には，いきなりまるまる納税だとかわいそうだし，例えば，今まで11万円払っていて，相手は11万円もらっていたのに，ここから納税して手取りが減ることになるんだから，その分だけ面倒を見ろということなのでしょうか。

　渡辺：面倒を見るというよりも，激しく値引いてはいけませんよという，イメージづけというか，そんな話じゃないかと思います。

23　免税事業者も自覚を持つことが重要！

渡辺：実際には，最後は値決めの問題になります。

「登録しないなら消費税をつけないぞ」とか，あるいは，「登録しないなら取引をやめるぞ」といった高圧的な態度はとらずに，お互いに話をよく聞いて，価格についてはよく相談しながらソフトランディングするということでしょう。

熊王：それが重要だということを言いたいんだろうと思いますし，私もそのとおりだとは思うんだけれども，このQ&Aを読んでいくと，スパンと割り切れないところがいくつもありました。

そんなこともあって，免税事業者は，登録するかどうかを簡単には決められません。だから，令和5年10月1日までに決めるというのも厳しいので，6年間の猶予期間を設けて，その6年の間にじっくりと相談して決めてくださいということなんだろうと私は思っています。

ただですね，たしかに免税事業者が登録して納税をする厳しい時代になるんだけども，もともと，免税事業者が消費税をもらっておきながら納税してこなかったこと自体が変だったのです。日本の今までの制度が異常だったんです。

そういうことを免税事業者もしっかりと自覚しなければいけないと思います。単純に，手取りが減るからインボイスは悪法であるとか，ろくなもんじゃないなどと考えてはいけません。

免税事業者もインボイス制度を自覚する。免税事業者に外注費を払う側や免税事業者から仕入れる側も，免税事業者の立場を考えながら価格交渉をする。こういうことが大切なんじゃないかと思うところです。

24　総額表示

熊王：ところで，消費税転嫁対策特別措置法が令和3年3月31日で期限切れになり，総額表示制度が復活しました。渡辺さんのご自宅のご近所なんかで

は，ちゃんと総額表示になってますか？

　渡辺：スーパーからコンビニから新聞チラシからいろいろ見てみましたが，表示方法についてはてんでバラバラな印象です。

　もともと総額表示，税込表示が義務化されていたんですが，転嫁対策特別措置法によって，平成25年10月1日から令和3年3月31日までに限って，税抜金額での表示が認められていました。

　それと合わせて強調表示という方法も認められていました。読んで字のごとくですが，税抜金額を大きくして税込金額を小さくする表示方法です。極端なケースですと，税抜金額をデカデカと表示しておいて，虫眼鏡じゃないと見えないくらい小さく税込金額を表示する。このような表示方法もまかり通っていたんです。

　しかし，令和3年3月31日で，この何でもありの法令は期限切れになりましたので，基本的にどこもかしこも税込表示をしなければいけないことになりました。

　ただし，ここがややこしいのですが，もともとの総額表示においても，税込金額と税抜金額を両方併記することは認めているんです。しかも若干，税抜金額を大きくして，税込金額をやや小さくするような方法も，税込金額が不明瞭とならない限り認めています。ただ，これは程度の問題なのかもしれませんが，あからさまに税込金額を小さくし，税抜金額をデカデカと書くような表示方法が未だに多く残っています。私は不当表示じゃないかと思っています。

　熊王：あと実際に，総額表示に該当する例，しない例も公表されていますね。

　渡辺：財務省の資料（「事業者が消費者に対して価格を表示する場合の価格表示に関する消費税法の考え方」（令和3年1月7日））ですね。

　熊王：こんなに小さくしちゃいけないとか，どれくらいならいいとか，色を薄くしちゃいけないとか，細かなことがたくさん指導されています。

　もともと，値札の改定が大変だということと，外税の表示を持続してくれないと商品の値段が上がったような印象があって景気が悪くなるということで，景気対策の意味も含め外税表示を解禁しました。

ただ，これは私の持論なんだけれども，常識的に考えて，本体価格は変わらなくても，今まで5％だったものが8％になれば，支払う金額は増えるわけです。そうすれば，やっぱり消費税が高いな，節約しようという気持ちになるわけです。

外税の解禁は，景気対策にマイナスになっているのです。私はずっと昔からそう思っているのですが，そんなことも考えずに，どこかの業界の要望を真に受けて，外税を解禁しました。こういう愚策は，転嫁対策特別措置法と一緒に寿命が切れ，総額表示が復活して当然なのです。よその国でBtoCで総額表示をやってないところなんてないですからね。今までやってきた転嫁対策特別措置法がちょっとおかしかったというふうに，私は思っています。

それはそれとしてですね，うちの近所にも総額表示になっていないところがあるんです。私はJR中央線の東小金井駅を使ってるんだけれども，駅前にある居酒屋は未だに大きな看板で「チューハイ1杯199円（税抜）」って書いてあるんです。

このままでいいのかな，と思って，近畿の金井恵美子先生との対談で話題にしたら「安いからええんやないの」と言われました（笑）。

渡辺：そういう問題じゃないと思いますが……。

25 納税義務者になるパターン

熊王：令和3年7月改訂で追加され，令和4年4月に改訂された問10を確認しておきましょう。

例えば，免税事業者が令和5年10月1日から適格請求書発行事業者になりたいということで，登録申請をする。今まで消費税の申告なんか1回もやったことがない小規模事業者が，初めて消費税の申告という世界に入ってくるわけです。そうすると，本則課税なんてまず無理です。

渡辺：無理でしょうね。

熊王：おそらく9割以上の事業者が簡易課税を使っていくと思います。そうすると例えば，問10の【答】に載っている例のように，個人事業者が令和5年

25　納税義務者になるパターン　◆67

10月〜12月の期間について簡易課税を使いたいとなったときには，「簡易課税制度選択届出書」というのは事前提出が大原則だから，本来なら，令和4年中に出さなければいけないことになります。

（簡易課税制度を選択する場合の手続等）

> 問10　免税事業者が令和5年10月1日から令和11年9月30日までの日の属する課税期間中に登録を受ける場合には，登録を受けた日から課税事業者になるとのことですが，その課税期間から簡易課税制度の適用を受けることができますか。【令和3年7月追加】【令和4年4月改訂】

【答】

　　免税事業者が令和5年10月1日から令和11年9月30日までの日の属する課税期間中に登録を受けることとなった場合には，登録日（令和5年10月1日より前に登録の通知を受けた場合であっても，登録の効力は登録日から生じます。）から課税事業者となる経過措置が設けられています（28年改正法附則44④，インボイス通達5－1）。

　　この経過措置の適用を受ける事業者が，登録日の属する課税期間中にその課税期間から簡易課税制度の適用を受ける旨を記載した「消費税簡易課税制度選択届出書」を，納税地を所轄する税務署長に提出した場合には，その課税期間の初日の前日に消費税簡易課税制度選択届出書を提出したものとみなされます（改正令附則18）。

　　したがって，ご質問の場合，登録日の属する課税期間中にその課税期間から簡易課税制度の適用を受ける旨を記載した「消費税簡易課税制度選択届出書」を提出することにより，その課税期間から，簡易課税制度の適用を受けることができます。

《消費税簡易課税制度選択届出書の提出に係る特例》

　（例）　免税事業者である個人事業者が令和5年10月1日から登録を受けた場合で，令和5年分の申告において簡易課税制度の適用を受けるとき

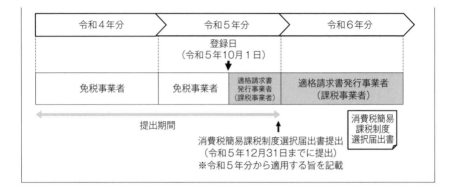

渡辺：ただこれは，事実上難しいと思います。そこで，「簡易課税制度選択届出書」の提出時期についての特例を設けたということです。

経過措置の適用を受け，令和5年10月1日の属する課税期間中に登録を受ける場合には，「簡易課税制度選択届出書」に，この特例の適用を受けたい旨を記載し，令和5年10月1日を含む課税期間の末日までに提出すると，遡って簡易課税の適用を認めるという特例です。

熊王：個人事業者の場合は令和5年1月〜12月課税期間から登録して課税事業者になるので，「簡易課税制度選択届出書」は令和5年12月31日までに出すということですね。確定申告期限ではありません。これもイージーミスが未だにあります。

渡辺：たしかにうっかりミスが未だに多いように思います。

熊王：ちなみに12月31日は官庁がお休みだけども，これは年明けの4日でいいんでしたっけ？

渡辺：これも勘違いされている先生がおられるので注意が必要です。「簡易課税制度選択届出書」は，本来その提出があった日の属する課税期間の翌課税期間から効力が発生するという規定ぶりとなっていますから，国税通則法の10条（期間の計算及び期限の特例）は適用されません。

問10の特例の場合には，その提出日の属する課税期間からの適用となりますが，いずれにせよ課税期間の末日を過ぎての提出は認められません。消費税の

主要な届出書のいくつかについては，申告書の提出と一緒に考えないでいただきたいです。

熊王：気をつけないと怖いですね。特に還付を受けるときの「課税事業者選択届出書」とか，「簡易課税制度選択不適用届出書」に注意が必要です。

渡辺：訴訟率ナンバー１，ナンバー２のトラブル事例ですね。

熊王：あと，届出書の適用開始課税期間の記載についても注意が必要です。個人事業者の課税期間は１月１日から12月31日ですので，登録して課税事業者となるのは10月１日でも，適用開始課税期間の欄には「自令和５年１月１日至令和５年12月31日」と記載することになります。

渡辺：経過措置が設けられたことにより，届出書の雛形が改訂されていますのでこちらについても注意が必要です。平成30年改正法施行令附則18条によれば，特例の適用を受ける場合には，その旨を届出書に付記することが要件とされていますので，届出書上部にあるチェック欄に必ず☑を付けるようにしてください。これを忘れると，適用開始課税期間の記載内容にかかわらず，簡易課税は翌課税期間からの適用となってしまいます。

＿＿＿＿＿税務署長殿	法 人 番 号	※個人の方は個人番号の記載は不要です。								

下記のとおり、消費税法第37条第１項に規定する簡易課税制度の適用を受けたいので、届出します。
　□　消費税法施行令等の一部を改正する政令（平成30年政令第135号）附則第18条の規定により消費税法第37条第１項に規定する簡易課税制度の適用を受けたいので、届出します。

①	適用開始課税期間	自　令和　　年　　月　　日　　至　令和　　年　　月　　日

26　登録の必要があるのか

熊王：問11はちょっと意味がわからないんだけども，「軽減税率対象品目の販売を行っていませんが，適格請求書発行事業者の登録を必ず受けなければなりませんか。」という問です。

【答】には，インボイスの登録をするかどうかは任意だと書いてあります。つまり，課税事業者だからといって登録をしなければいけないということではない。あくまでも任意ですよと書いてあるのですが，問と連動していない気がするんです。

（登録の任意性）

> 問11　当社は，軽減税率対象品目の販売を行っていませんが，適格請求書
> 発行事業者の登録を必ず受けなければなりませんか。

【答】

　適格請求書を交付できるのは，登録を受けた適格請求書発行事業者に限られますが，適格請求書発行事業者の登録を受けるかどうかは事業者の任意です（新消法57の2①，57の4①）。

　ただし，登録を受けなければ，適格請求書を交付することができないため，取引先が仕入税額控除を行うことができませんので，このような点を踏まえ，登録の必要性をご検討ください。

　また，適格請求書発行事業者は，販売する商品に軽減税率対象品目があるかどうかを問わず，取引の相手方（課税事業者に限ります。）から交付を求められたときには，適格請求書を交付しなければなりません。

　一方で，消費者や免税事業者など，課税事業者以外の者に対する交付義務はありませんので，例えば，顧客が消費者のみの場合には，必ずしも適格請求書を交付する必要はありません。このような点も踏まえ，登録の必要性をご検討ください。

　渡辺：おそらくは【答】の3段落目にあるように，「軽減税率対象品目を取り扱っていなかったとしてもインボイスの発行は必要ですよ」ということが直接の答えになると思います。ただ，先生がおっしゃるとおり，この問で最も大事なのは，登録は任意であることです。だから業種によっては，課税事業者であっても登録する必要はないということですね。

　熊王：課税事業者の登録が義務化されている国もあるようですが，たしかイギリスは任意です。

　渡辺：日本と同じということですか。

　熊王：このあたりのことは細かく調べたわけではありません。読みかじり聞きかじりの知識でしゃべっていますのでご了承ください。

イギリスは，課税事業者が登録するかしないかは任意だったと思います。よって，日本のインボイス制度はイギリス型を採用したのだと思います。

渡辺：ところで，インボイス制度の導入は，建前上は複数税率に対応するためとなっていますが，先生はどう思われますか？

熊王：私は詭弁だと思っています。単一税率でインボイスを導入している国はたくさんあります。あくまでも，インボイスを導入することが一番の目標だったのだろうと思っています。

渡辺：インボイスがないと複数税率に対応できないという理論構成が一番インボイス制度を入れやすかったということでしょうか。

27　インボイスがいらない業種？

熊王：始まってみないとわからないけれども，あらかたの課税事業者と，事業者との取引がある免税事業者は登録すると思いますが，インボイスがいらない業種もありますね。

渡辺：例えばどこですか？

熊王：パチンコ屋とかゲームセンター。パチンコ屋で玉買って「インボイスくれ」って言う人はいないというか，そもそも経費で落とせません（笑）。

渡辺：接待で使っちゃ駄目ですかね（笑）。あとは塾とか，子供相手の体育教室とかどうでしょう。こういったところは登録はいらないように思います。

熊王：進学塾で子供が受付カウンターで「インボイスください」って言ってたら怖いような気がするものね（笑）。

渡辺：でも，ませてる子供は言いそうです（笑）。

熊王：特別養護老人ホームなんかもいらないでしょうね。おじいちゃんが「インボイスをくれ～」って，おじいちゃんがインボイスもらってどうするんだか……みたいな話になっちゃいます。

渡辺：ちなみに，特養ホームは非課税収入が多いと思いますが，非課税収入でもインボイスは出したほうがいいですか？

熊王：非課税取引はそもそもインボイスを発行する必要がありません。

28 法人設立後の申請はお早めに

熊王：問12ですが，これも実務ではよくあるケースだと思います。

新設の法人が設立事業年度からインボイスを発行したいというときに，当然，会社を作ってからでなければ登録申請ができません。そうすると，会社を作ってから登録が下りるまでの間に生じた取引についてはどうしたらいいのかということになります。

これについては，設立事業年度中に登録申請書を提出すれば，設立年月日に遡ってインボイスの効力が発生するという取扱いになっているようです。これ，現実問題としてどう対処するのでしょうか。遡って発行するんですかね？

（新設法人等の登録時期の特例）

> 問12　適格請求書等保存方式の開始後，新設法人が事業開始（設立）と同時に適格請求書発行事業者の登録を受けることはできますか。【令和4年4月改訂】

【答】

適格請求書発行事業者の登録を受けることができるのは，課税事業者に限られます（新消法57の2①）。

免税事業者である新設法人の場合，事業を開始した日の属する課税期間の末日までに，課税選択届出書を提出すれば，その事業を開始した日の属する課税期間の初日から課税事業者となることができます（消法9④，消令20一）。

また，新設法人が，事業を開始した日の属する課税期間の初日から登録を受けようとする旨を記載した登録申請書を，事業を開始した日の属する課税期間の末日までに提出した場合において，税務署長により適格請求書発行事業者登録簿への登載が行われたときは，その課税期間の初日に登録を受けたものとみなされます（以下「新設法人等の登録時期の特例」といいます。）（新消令70の4，新消規26の4，インボイス通達2-2）。

したがって、免税事業者である新設法人が事業開始（設立）時から、適格請求書発行事業者の登録を受けるためには、設立後、その課税期間の末日までに、課税選択届出書と登録申請書を併せて提出することが必要です。

　なお、課税事業者である新設法人の場合については、事業を開始した課税期間の末日までに、事業を開始した日の属する課税期間の初日から登録を受けようとする旨を記載した登録申請書を提出することで、新設法人等の登録時期の特例の適用を受けることができます。

（参考）　新設合併、新設分割、個人事業者の新規開業等の場合も同様です。

　　　　　また、個人事業者が法人を設立して事業を開始する場合（引き続き個人事業者として事業を継続する場合を除きます。）は、新設法人としての手続に加えて、個人事業者としての廃業の手続（「事業廃止届出書」の提出）が必要となります。なお、吸収合併又は吸収分割により、登録を受けていた被合併法人又は分割法人の事業を承継した場合における吸収合併又は吸収分割があった日の属する課税期間についても新設法人等の登録時期の特例の適用があります（インボイス通達2－7）。

《新設法人等の登録時期の特例》

　（例）　令和5年11月1日に法人（3月決算）を設立し、令和6年2月1日に登録申請書と課税選択届出書を併せて提出した免税事業者である新設法人の場合

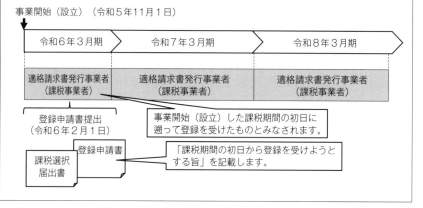

74 ◆ Ⅱ 登録制度

渡辺：この特例は，設立課税期間末までに登録申請書を提出したら，設立日に遡って登録できるというものです。

まず，注意したいのは，現実的に考えると，その課税期間の末日まで申請を遅らせる必要性はないということです。設立直後くらいに申請をして，2週間程度のタイムラグだけにしておく。これが大事だと思います。

取引先は登録番号を調べるので，いつまでも申請しないと，疑われてしまうようなことにもなりかねません。

熊王：これって，結構大事じゃないかと思います。会社を作ると，法人設立届出書，青色申告の承認申請書，給与支払事務所等の開設届出書，源泉所得税の納期の特例の承認に関する申請書，この4つは基本的にセットで出すんだけれども，これらの書類と一緒というか，いの一番に登録申請をしておかないと，忘れちゃう先生が出てきそうで怖いです。

渡辺：ありそうな話ですね。

熊王：あと，どんなに早く申請してもやっぱりタイムラグが出ます。そうすると，登録が下りるまでの間，取引先に説明する必要があります。これは，登録申請書のコピーでも渡しておけばいいんでしょうか？

渡辺：たしかに一番わかりやすいですが，登録申請書のコピーを渡すことにはちょっと抵抗があります。現実的にはどんな通知方法でもいいと思います。請求書に「登録申請中です。登録されたらお知らせします。」とあらかじめ書いておくのも一法です。別の書類を作って「これが当社の登録番号です。何年何月何日に登録しました」と書いて渡してあげる，これだけでもいいと思います。

熊王：やはり早めの申請，そして登録がされるまでの取引先に対する説明の仕方がポイントですね。こんな時代ですから，たしかに登録申請書のコピーをあからさまにしちゃうのもよろしくないような感じはします。

渡辺：ところで，問12は，令和5年10月1日以後に設立された新設法人のケースとなっているのですが，令和5年10月1日前に設立された新設法人が登録申請を行うケースも出てきます。例えば，令和5年7月1日設立の新設法人がこの登録時期の特例の適用を受けた場合，その登録日はいつになりますか？

熊王：この場合には，あくまでも令和5年10月1日が登録日となります。設立日に遡るといったって，さすがに制度開始前に遡るわけにはいきません。

渡辺：それと具体的な申請手続も気になるところです。令和5年10月1日に登録を受けようとする場合の申請期限は令和5年の3月31日となります。ここで，例えば，その後の令和5年7月1日に設立された新設法人が，令和5年10月1日に登録を受けようとする場合にはどのような取扱いになるのでしょうか？

熊王：わかりやすいように資本金1,000万円以上の新設法人，つまり，出だしから課税事業者となる新設法人で説明すると，例えば，設立事業年度の決算日が令和5年8月31日だとします。

令和5年9月30日までに決算期が到来する新設法人が，設立事業年度中に登録申請する場合には，登録申請書「第1－(1)号様式」(18頁参照) の「困難な事情」欄へ「令和5年3月31日後の設立である旨」など，その「困難な事情」の記載が必要になります。

渡辺：これぞまさに「困難な事情」なんでしょうね。令和5年の3月31日より後の設立ですから，申請のしようがありません。「困難な事情」欄への記載を必ず行う必要がありますね。

熊王：このケースだと，設立2期目に入ってから申請することもできますが，2期目は設立事業年度ではありませんので，この「新設法人等の登録時期の特例」は使えません。申請期限は令和5年9月30日となり，登録申請書にやはり「困難な事情」の記載が必要になります。

渡辺：令和5年10月1日をまたぐ新設法人についてはどうですか？

例えば，令和5年7月1日に設立された6月決算法人の場合です。

熊王：設立事業年度が令和5年10月1日にまたがる新設法人が，令和5年9月30日までに申請する場合には，「第1－(1)号様式」を使用します。また，令和5年10月1日以降に申請する場合には，設立事業年度の末日までに「第1－(3)号様式」を提出することにより，令和5年10月1日から適格請求書発行事業者となることができます。

渡辺：「新設法人等の登録時期の特例」の適用を受ける場合には，その課税

76 ◆ Ⅱ 登録制度

第1−(3)号様式

国内事業者用

適格請求書発行事業者の登録申請書

【1／2】

収受印			
令和　年　月　日	申請者	（フリガナ）　住所又は居所（法人の場合）本店又は主たる事務所の所在地	（〒　　−　　　）◎（法人の場合のみ公表されます）　　　　　　　　　　　　　　　（電話番号　　　−　　　−　　　）
		（フリガナ）　納税地	（〒　　−　　　）　　　　　　　　　　　　　　　（電話番号　　　−　　　−　　　）
		（フリガナ）　氏名又は名称	◎
		（フリガナ）　（法人の場合）代表者氏名	
税務署長殿		法人番号	

この申請書は、令和五年十月一日から令和十二年九月二十九日までの間に提出する場合に使用します。

この申請書に記載した次の事項（ ◎ 印欄）は、適格請求書発行事業者登録簿に登載されるとともに、国税庁ホームページで公表されます。
1　申請者の氏名又は名称
2　法人（人格のない社団等を除く。）にあっては、本店又は主たる事務所の所在地
　なお、上記1及び2のほか、登録番号及び登録年月日が公表されます。
　また、常用漢字等を使用して公表しますので、申請書に記載した文字と公表される文字とが異なる場合があります。

　下記のとおり、適格請求書発行事業者としての登録を受けたいので、消費税法第57条の2第2項の規定により申請します。

事業者区分	この申請書を提出する時点において、該当する事業者の区分に応じ、□にレ印を付してください。 ※　次葉「登録要件の確認」欄を記載してください。また、免税事業者に該当する場合には、次葉「免税事業者の確認」欄も記載してください（詳しくは記載要領等をご確認ください。）。		
	□　課税事業者（新たに事業を開始した個人事業者又は新たに設立された法人等を除く。）		
	□　免税事業者（新たに事業を開始した個人事業者又は新たに設立された法人等を除く。）		
	□　新たに事業を開始した個人事業者又は新たに設立された法人等		
	□　事業を開始した日の属する課税期間の初日から登録を受けようとする事業者 ※　課税期間の初日が令和5年9月30日以前の場合の登録年月日は、令和5年10月1日となります。	課税期間の初日　令和　年　月　日	
	□　上記以外の課税事業者		
	□　上記以外の免税事業者		
税理士署名		（電話番号　　　−　　　−　　　）	

※税務署処理欄	整理番号		部門番号		申請年月日	年　月　日	通信日付印　　　　確認 年　月　日	
	入力処理	年　月　日	番号確認		身元確認	□済　□未済	確認書類	個人番号カード／通知カード・運転免許証その他（　　　　　　　）
	登録番号	T						

注意　1　記載要領等に留意の上、記載してください。
　　　2　税務署処理欄は、記載しないでください。
　　　3　この申請書を提出するときは、「適格請求書発行事業者の登録申請書（次葉）」を併せて提出してください。

28　法人設立後の申請はお早めに　◆77

第1-（3）号様式次葉

【国内事業者用】

適格請求書発行事業者の登録申請書（次葉）

【2／2】

氏 名 又 は 名 称	

この申請書は、令和五年十月一日から令和十二年九月二十九日までの間に提出する場合に使用します。

該当する事業者の区分に応じ、□にレ印を付し記載してください。

免税事業者の確認

□　令和11年9月30日までの日の属する課税期間中に登録を受け、所得税法等の一部を改正する法律（平成28年法律第15号）附則第44条第4項の規定の適用を受けようとする事業者
※　登録開始日から納税義務の免除の規定の適用を受けないこととなります。

事業内容等	個　人　番　号				
	生 年 月 日 （ 個人 ） 又 は 設立年 月 日 （ 法 人 ）	1明治・2大正・3昭和・4平成・5令和　　　　年　　　　月　　　　日	法人のみ記載	事 業 年 度	自　　　月　　　日 至　　　月　　　日
				資 本 金	円
	事　業　内　容			登録希望日	令和　　年　　月　　日

□　消費税課税事業者（選択）届出書を提出し、納税義務の免除の規定の適用を受けないこととなる翌課税期間の初日から登録を受けようとする事業者
※　この場合、翌課税期間の初日の前日から起算して1月前の日までにこの申請書を提出する必要があります。

	翌課税期間の初日
	令和　　年　　月　　日

□　上記以外の免税事業者

登録要件の確認

課税事業者です。 ※　この申請書を提出する時点において、免税事業者であっても、「免税事業者の確認」欄のいずれかの事業者に該当する場合は、「はい」を選択してください。	□　はい　□　いいえ
納税管理人を定める必要のない事業者です。 （「いいえ」の場合は、次の質問にも答えてください。） 納税管理人を定めなければならない場合（国税通則法第117条第1項） 【個人事業者】　国内に住所及び居所（事務所及び事業所を除く。）を有せず、又は有しないこととなる場合 【法人】　国内に本店又は主たる事務所を有しない法人で、国内にその事務所及び事業所を有せず、又は有しないこととなる場合	□　はい　□　いいえ
納税管理人の届出をしています。 「はい」の場合は、消費税納税管理人届出書の提出日を記載してください。 消費税納税管理人届出書　（提出日：令和　　　年　　　月　　　日）	□　はい　□　いいえ
消費税法に違反して罰金以上の刑に処せられたことはありません。 （「いいえ」の場合は、次の質問にも答えてください。）	□　はい　□　いいえ
その執行を終わり、又は執行を受けることがなくなった日から2年を経過しています。	□　はい　□　いいえ

相続による事業承継の確認

相続により適格請求書発行事業者の事業を承継しました。 （「はい」の場合は、以下の事項を記載してください。）				□　はい　□　いいえ	
適格請求書発行事業者の 死 亡 届 出 書	提出年月日	令和　　　年　　　月　　　日	提出先税務署		税務署

被相続人	死 亡 年 月 日	令和　　　年　　　月　　　日		
	（フリガナ）			
	納 税 地	（〒　　－　　）		
	（フリガナ）			
	氏 　 　名			
	登 録 番 号	T		

参考事項	

期間の初日，このケースで言えば令和5年10月1日となると思いますが，その日から登録を受けようとする旨を登録申請書に記載しなければなりません。

ここで，「第1-(3)号様式」の雛形には，【1／2】の「事業者区分」欄に✓マークをするところがあるのですが，令和5年9月30日までに申請する場合の「第1-(1)号様式」の雛形には同様の項目がありません。よって，「参考事項」欄に令和5年10月1日から登録を受けようとする旨を記載することになると思います。

熊王：それか，登録申請書に「困難な事情」の記載を行って，令和5年9月30日までに申請するかですね。

29　基本は登録拒否されない

熊王：問13（登録の拒否）は，「拒否される場合はありますか」ってことだけれども，まれにあるんでしょうね。

（登録の拒否）

> 問13　適格請求書発行事業者の登録を申請した場合に，登録を拒否される場合はありますか。【令和4年4月改訂】

【答】

　登録を受けようとする事業者が，特定国外事業者以外の事業者であって，次のいずれかの事実に該当しなければ，原則として，登録を拒否されることはありません（新消法57の2⑤）。

・　納税管理人を定めなければならない事業者が，納税管理人の届出をしていないこと

・　消費税法の規定に違反して罰金以上の刑に処せられ，その執行が終わり，又は執行を受けることがなくなった日から2年を経過しない者であること

（注）　1　例えば，法人が消費税法の規定に違反して罰金以上の刑に処せられた場合において，当該法人の代表者が法人とともに罰金以上の刑に処せられたときは，その執行が終わり，又は執行を受けることがなく

なった日から2年を経過しなければ，代表者は個人事業者としての登録も受けることができません。
2 「罰金以上の刑」には，各種加算税や延滞税の賦課決定処分は含まれません。

渡辺：基本的にはないと思います。消費税法違反で罰金等を喰らい，刑の執行が終わり，又は執行を受けることがなくなった日から2年を経過していれば，原則として登録を拒否されることはありません。しかも「罰金以上の刑」には，加算税や延滞税は含まれませんので，よっぽどの「強者？」じゃないと拒否はされないということです。

熊王：参考までに，法人の代表者が法人とともに罰金を喰らった場合には，代表者は個人事業者としての登録もできないことが令和3年7月改訂で追記されています。

また，令和4年4月改訂では，納税管理人の届出をしていない国外事業者についても登録が拒否できる，といった令和4年度改正の内容が追加されていますので，改正内容をちょっとだけ確認しておきましょう。

そもそも，国外事業者については，定義が細かく分かれているんですよね？

渡辺：「特定国外事業者」と「特定国外事業者以外の国外事業者」の2つに分かれます。

簡単に言うと，国内に事務所等が一切存在しないような国外事業者のことを「特定国外事業者」と呼びます。

もう一方は，それ以外の国外事業者ですから，例えば，本人は外国にいるんだけども，日本国内のホテルや友人宅を事務所等としている，そんな国外事業者のことです。

令和4年度改正で問題になったのは，後者の「特定国外事業者以外の国外事業者」で，その登録に関して改正が入りました。

今お話ししたようなケースの場合，本来は，納税管理人の届出をしておかなければなりません。ところが，改正前は，インボイスの登録申請をする場合

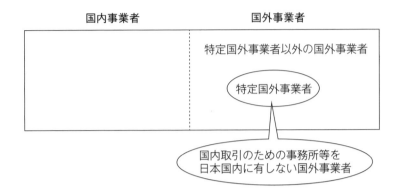

に，その納税管理人の届出をしているかどうかは問われていませんでした。

熊王：登録拒否要件ではなかったということですね。ちなみに，「特定国外事業者」のほうは，どうだったんですか？

渡辺：税務代理人，納税管理人の選定をしておかないと登録拒否事由に該当して登録できませんでした。一方の「特定国外事業者以外の国外事業者」の場合には，こういったルールがなかったということです。

そうすると，国内のホテルや友人宅に事務所等があり，登録を受けてインボイスを発行します。しかし，納税の時期になると行方を眩ましてしまうなんていうケースも考えられるわけです。

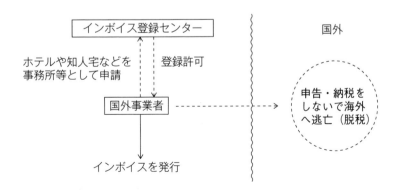

それではまずいので，抜け穴を防ぐために，もともと納税管理人を置かない

といけないケースについては，納税管理人の届出をしていないことが登録拒否事由に該当し，すでに登録が済んでしまっているような場合であれば登録の取消事由に該当するように改正されました。さらに，嘘をついて申請した場合にも，登録を取り消すことができるようになりました。

熊王：先ほど確認したように，新しい登録申請書にはこれに関する項目がいくつか追加されましたね。

渡辺：今のお話を踏まえ，改めて登録申請書を眺めていただくとより理解しやすいのではないでしょうか（19，22頁参照）。

30　登録の取りやめ

熊王：問14は「登録の取りやめ」です。登録をやめたいときにはどのような手続が必要かということですが，これについては「登録取消届出書」を提出することになっています。

【答】の図解にあるように，課税期間の末日から起算して30日前の日よりも前に「登録取消届出書」を提出しないといけないことになっています。

裏を返せば，30日前の日以後に「登録取消届出書」を出しても間に合わないということで，ここが結構怖いなと感じています。

（登録の取りやめ）

問14　当社は３月決算法人であり，令和５年10月１日に適格請求書発行事業者の登録を受けていましたが，令和８年４月１日から適格請求書発行事業者の登録を取りやめたいと考えています。この場合，どのような手続が必要ですか。【令和３年７月改訂】

【答】

適格請求書発行事業者は，納税地を所轄する税務署長に「適格請求書発行事業者の登録の取消しを求める旨の届出書」（以下「登録取消届出書」といいます。）を提出することにより，適格請求書発行事業者の登録の効力を失わせることができます（新消法57の2⑩一）。

なお，この場合，原則として，登録取消届出書の提出があった日の属する課税期間の翌課税期間の初日に登録の効力が失われることとなります（新消法57の2⑩一）。

　ただし，登録取消届出書を，その提出のあった日の属する課税期間の末日から起算して30日前の日から，その課税期間の末日までの間に提出した場合は，その提出があった日の属する課税期間の翌々課税期間の初日に登録の効力が失われることとなります。

　したがって，ご質問の場合については，令和8年3月1日までに登録取消届出書を提出する必要があります。

《適格請求書発行事業者の登録の取消届出》
　（例1）　適格請求書発行事業者である法人（3月決算）が令和7年2月1日に登録取消届出書を提出した場合

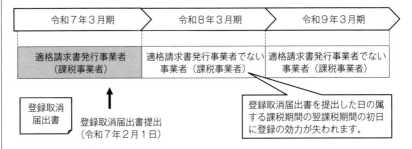

　（例2）　適格請求書発行事業者である法人（3月決算）が令和7年3月15日に登録取消届出書を提出した場合（届出書を，その提出のあった日の属する課税期間の末日から起算して30日前の日から，その課税期間の末日までの間に提出した場合）

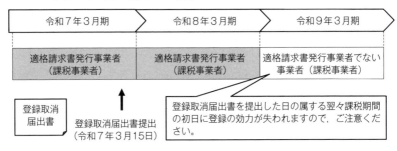

30 登録の取りやめ ◆83

（参考） 課税選択届出書を提出している事業者の場合，適格請求書発行事業
　　　者の登録の効力が失われた後の課税期間について，基準期間の課税売
　　　上高が1,000万円以下であるなどの理由により事業者免税点制度の適
　　　用を受ける（免税事業者となる）ためには，適用を受けようとする課
　　　税期間の初日の前日までに「消費税課税事業者選択不適用届出書」を
　　　提出する必要があります。
　　　　例えば，上記例1の場合（課税選択届出書を提出している法人の場
　　　合），令和8年3月期について事業者免税点制度の適用を受けるために
　　　は，登録取消届出書を提出した令和7年2月1日から令和7年3月31
　　　日までの間に「消費税課税事業者選択不適用届出書」を提出する必要
　　　があります。

　渡辺：先ほど問8（39頁参照）でも確認しましたが，例えば基準期間の課税
売上高が1,000万円を超えた免税事業者が，課税事業者となる課税期間の初日
に合わせて登録を行う場合，申請期限はその課税期間の初日の前日から起算し
て1月前の日となります。
　ここで，もし登録申請書の提出が遅れたとしても，電子申請ならおおよそ2
週間後には登録がかかりますので，この登録のケースはそれほど怖くありませ
ん。ところがこちらの取りやめは，遅れると1課税期間をまたいで登録が失効
するので注意が必要です。
　熊王：（例1）の図解を見ると，3月決算法人が2月1日に「登録取消届出
書」を提出すると，これは3月31日から起算して30日目，つまり3月2日より
も前だから，翌期から登録の効力が失効します。
　ところが，（例2）の図解にあるように，3月15日，つまり最後の30日に食
い込んで提出すると，駄目なんですね。これは間違えそうで怖い。
　「課税事業者選択届出書」や「簡易課税制度選択不適用届出書」は，原則事
前提出となっています。前期末までに出さなければいけない。これでさえ未だに
ミスがあるのに，「登録取消届出書」は「末」どころか「30日前」ですからね。
　渡辺：おそらくは，30日前までにしておかないと，公表サイトの改訂が間に

合わないのだと思います。ただ，事業者サイドからすれば，しくじりに気づいたら課税期間を短縮するという手段もあるのですが，しくじりに気がつかないと１課税期間分無駄な税金を払うことになるわけですから，本当に要注意です。

ところで，この日付の表現に関して，先生はたしか異論があるんでしたよね？

熊王：これ「30日前」ってなっているんですよね。登録申請は「１月前」です。１か月前だったら，暦で考えるから，３月決算であれば２月の末日までに申請すればいい。

ところが，30日前ということは，純粋に日付で考えるから，例えば２月決算の場合はどうなるんでしょう。

渡辺：２月の28日から起算して，30日前というと，１月30日になります。

熊王：そうすると，１月29日までに「登録取消届出書」を提出すれば間に合うけれども，１月30日以後に出したのでは間に合わないということになります。

渡辺：なんで表現が違うんでしょうか？

熊王：私の想像（妄想）ですが，実は平成27年改正法附則39条（国外事業者の登録等）11項にこんな規定があるんです。

                    ：

11　登録国外事業者が，第１項の登録の取消しを求める旨の届出書をその納税地を所轄する税務署長を経由して国税庁長官に提出した場合には，その提出があった日の属する課税期間の末日の翌日（その提出が，当該課税期間の末日から起算して30日前の日から当該課税期間の末日までの間にされた場合には，当該課税期間の翌課税期間の末日の翌日）に，当該登録は，その効力を失う。

                    ：

この附則は，平成27年度改正で創設された「電気通信利用役務の提供」について，国外事業者の登録に関する経過措置を定めたものですが，「登録取消届

30　登録の取りやめ　◆85

第3号様式

適格請求書発行事業者の登録の取消しを求める旨の届出書

収受印			
令和　年　月　日	届 出 者	（フリガナ） 納　税　地	（〒　－　　） （電話番号　　－　　－　　　）
		（フリガナ） 氏　名　又　は 名　称　及　び 代　表　者　氏　名	
＿＿＿＿＿　税務署長殿		法　人　番　号	※　個人の方は個人番号の記載は不要です。
		登　録　番　号　T	

　下記のとおり、適格請求書発行事業者の登録の取消しを求めますので、消費税法第57条の2第10項第1号の規定により届出します。

登録の効力を失う日	令和　　　年　　　月　　　日
	※　登録の効力を失う日は、届出書を提出した日の属する課税期間の翌課税期間の初日となります。 　　ただし、この届出書を提出した日の属する課税期間の末日から起算して30日前の日から当該課税期間の末日までの間に提出した場合は、翌々課税期間の初日となります。 　　登録の効力を失った旨及びその年月日は、国税庁ホームページで公表されます。
適格請求書発行事業者 の登録を受けた日	令和　　　年　　　月　　　日
参　考　事　項	
税　理　士　署　名	 （電話番号　　－　　－　　　）

※ 税務署処理欄	整　理　番　号		部　門　番　号		通　信　日　付　印 　年　　月　　日	確認	
	届出年月日	年　月　日	入　力　処　理	年　月　日	番　号　確　認		

注意　1　記載要領等に留意の上、記載してください。
　　　2　税務署処理欄は、記載しないでください。

出書」に関する法律（消法57の2⑩一）は，この附則をそのままコピペして作成しているような気がするんです。言い回しが全く同じなんですよ。

渡辺：いくら何でもそんなことはないでしょう。何かわれわれにはわからない深ーい理由があると思いますよ。

熊王：私は単純な作り損ないじゃないかと思っています。

渡辺：そのうち直るんでしょうか？

熊王：直るんじゃないかと思っていたんだけども，令和4年度改正では直りませんでした。令和5年10月からが本番だから，期限ギリギリの令和5年度改正あたりでしれっと直してくるんじゃないでしょうか。登録申請は政令，取消しは本法の規定なので，案外作った人が違うのかもしれません（笑）。

31　インボイスをやめることはあるのか

渡辺：問14の（例1）ですが，いったんインボイスの登録をして，その後やめることなどあるのでしょうか？

熊王：私も違和感があります。（例1）では，取り消した後もずっと課税事業者となっています。課税事業者として継続するなら，そもそも何のために取り消すんだということです。

渡辺：業種を変更してインボイスを交付する必要がなくなったような場合でしょうか??　相当にレアなケースのような気がします。

熊王：こういうケースなら考えられます。小規模事業者が，取引先から要請され，インボイスの登録をして納税をしてきました。ところが，その取引先との縁が切れちゃった。すると，もうインボイスを出す必要はないわけですから，年商が1,000万円以下であれば，免税事業者に戻りたいわけです。そういうときには取消しをする。だから，ずっと課税事業者であるような事業者が取消しをすることは実務上あり得ないと思います。

渡辺：ところで，【答】の（例2）の下にある（参考）を読んでいくと，「……登録取消届出書を提出した令和7年2月1日から令和7年3月31日までの間に「消費税課税事業者選択不適用届出書」を提出する必要があります。」と書いて

あります。ということは，「登録取消届出書」を提出した後でないと「消費税課税事業者選択不適用届出書」は提出できないとも読めてしまうのですが……。

熊王：「消費税課税事業者選択不適用届出書」は，令和7年3月期（令和6年4月1日～令和7年3月31日）であればいつでも提出できると思います。（参考）の記述は，「例えば，上記例1の場合……」となっていますので，「登録取消届出書」が令和7年2月1日に提出されていることを前提とした説明ではないでしょうか。

よって，時系列から「消費税課税事業者選択不適用届出書」は令和7年2月1日以後の提出とならざるを得ないのだと思います。

渡辺：なるほど，そういうことですか。納得はしましたが，紛らわしいというか，こういった誤解を招くような書き方はあまり感心できません。

熊王：同感です（笑）。

32　ダブルロックの罠！

熊王：登録をしていた小規模事業者が免税事業者に戻りたいときには，「登録取消届出書」を提出する必要があります。

このときに気をつけたいのは，だいぶ先の話にはなりますが，免税事業者が経過措置の適用期間後となる令和11年9月30日の属する課税期間後の課税期間において登録をする場合には，「課税事業者選択届出書」の提出も必要になるということです。このような事業者が免税事業者に戻りたいときには，「登録取消届出書」だけでなく，「課税事業者選択不適用届出書」の提出も必要になります。免税事業者に戻りたい，消費税なんか払いたくないというときにしくじるケースが出るように思います。

渡辺：片方だけを解除しても駄目ということですね。

熊王：「課税事業者選択不適用届出書」と「登録取消届出書」の2つを出さないと免税事業者にはなれません。ダブルロックが掛かっているような状態になっているので注意が必要です。

渡辺：しかも「30日前の日」という罠もあります。本当に怖いですね。

88◆　Ⅱ　登録制度

第2号様式

消費税課税事業者選択不適用届出書

収受印				
令和　年　月　日	届出者	納税地	（フリガナ） （〒　　－　　） （電話番号　　－　　－　　）	
		氏名又は 名称及び 代表者氏名	（フリガナ） 	
＿＿＿＿＿税務署長殿		個人番号 又は 法人番号	↓ 個人番号の記載に当たっては、左端を空欄とし、ここから記載してください。	

下記のとおり、課税事業者を選択することをやめたいので、消費税法第9条第5項の規定により届出します。

①	この届出の適用 開始課税期間	自 ○平成 ○令和　年　月　日	至 ○平成 ○令和　年　月　日
②	①の基準期間	自 ○平成 ○令和　年　月　日	至 ○平成 ○令和　年　月　日
③	②の課税売上高		円

※ この届出書を提出した場合であっても、特定期間（原則として、①の課税期間の前年の1月1日（法人の場合は前事業年度開始の日）から6か月間）の課税売上高が1千万円を超える場合には、①の課税期間の納税義務は免除されないこととなります。詳しくは、裏面をご覧ください。

課税事業者と なった日	○平成 ○令和　年　月　日	
事業を廃止した 場合の廃止した日	○平成 ○令和　年　月　日	
提出要件の確認	課税事業者となった日から2年を経過する日までの間に開始した各課税期間中に調整対象固定資産の課税仕入れ等を行っていない。	はい □
	※ この届出書を提出した課税期間が、課税事業者となった日から2年を経過するまでに開始した各課税期間である場合、この届出書提出後、届出を行った課税期間中に調整対象固定資産の課税仕入れ等を行うと、原則としてこの届出書の提出はなかったものとみなされます。詳しくは、裏面をご確認ください。	
参　考　事　項		
税　理　士　署　名	（電話番号　　－　　－　　）	

※税務署処理欄	整理番号		部門番号					
	届出年月日	年　月　日	入力処理	年　月　日	台帳整理	年　月　日		
	通信日付印 年　月　日	確認	番号確認	身元確認 □ 済 □ 未済	確認書類	個人番号カード／通知カード・運転免許証 その他（　　　）		

注意　1．裏面の記載要領等に留意の上、記載してください。
　　　2．税務署処理欄は、記載しないでください。

熊王：これだけ厳格になっているのは，嫌がらせじゃないかという感じがしなくもないのですが，逆の視点で考えると，日本は長いことインボイスを使わずに，ある意味いい加減なやり方で三十何年間もやってきたわけです。免税事業者から物を買っても全部控除できる。

われわれは合法であればなるべく税金を安くしたいということで，いろいろなことを考えます。典型的な例が，資本金1,000万円未満の法人を作ることです。すると最長2年間納税義務がない。この納税義務がない新設の法人に，これでもかってくらい外注費や人材派遣料を払います。新設の法人は一切納税をしません。でも，免税事業者に払ったものは全部仕入税額控除ができることになります。

消費税は，最終消費者が負担する税金を流通過程にいる事業者が分担して納税するシステムになっているので，理屈の上では，流通過程にいる事業者が払った税金をかき集めれば，最終消費者の税負担額と一致します。免税事業者は納税していないのだから，免税事業者から買ったものは控除できるはずがない。それなのに，インボイスがないと物を買った時に相手の納税義務がわからない。わからないから引いてしまえということなんですね。

私は，今までの日本の消費税法が異常だと思っています。しかも，免税事業者はあからさまに消費税をもらっておいて，納税しないで懐に入れてしまう。これも大きな問題です。こういういい加減なシステムを，遅ればせながら正しい方向に切替えをしようとしているんです。

インボイスの登録をするということは，仕入税額控除の権利を相手に付与する，それくらい重要なものなんです。だから管理も厳格にやらなきゃいけない。簡単に「やります」，「やめます」なんていうことは認めちゃいけないのはある意味当然のことなのです。

渡辺：そうですよね。今までの制度が緩すぎたがために，なんだか厳しい取扱いのように見えますが，本来あるべき姿に生まれ変わることを考えると，当たり前のことなのかもしれません。特に，適格請求書発行事業者と適格請求書発行事業者以外の事業者との区別については，より厳密に取り扱う必要がある

90 ◆　Ⅱ　登録制度

ように思います。

　ただ，それはそれとして，実務では本当に間違えやすいのでくれぐれもご注意いただきたいと思います。

33　事実上の課税選択

　熊王：問15から問17の前に問18を先に見ておきましょう。適格請求書発行事業者として登録している事業者が，翌課税期間の基準期間における課税売上高が1,000万円以下になったとき，免税事業者となるのかという問ですが，これはなれないですね。

　登録は事実上の課税選択なので，「登録取消届出書」を提出しない限りは半永久的に納税義務は免除されないということです。

（適格請求書発行事業者が免税事業者となる場合）

> 問18　当社は，適格請求書発行事業者の登録を受けています。翌課税期間の基準期間における課税売上高が1,000万円以下ですが，当社は，免税事業者となりますか。【令和4年4月改訂】

【答】

　その課税期間の基準期間における課税売上高が1,000万円以下の事業者は，原則として，消費税の納税義務が免除され，免税事業者となります。

　しかしながら，適格請求書発行事業者は，その基準期間における課税売上高が1,000万円以下となった場合でも免税事業者となりません（新消法9①，インボイス通達2－5）。したがって，適格請求書発行事業者である貴社は，翌課税期間（適格請求書等保存方式の開始後）に免税事業者となることはありません。

34　廃業・合併・相続

　熊王：問15と問16は廃業や合併，相続があった場合の取扱いです。いずれも

令和３年７月改訂で追加されたものですが，まずは問15です。「事業廃止届出書」や「合併による法人の消滅届出書」の提出があった場合には，インボイスの登録の効力も失効します。これはある意味当然のことだと思います。

渡辺：ちなみに，合併や会社分割があった場合，被合併法人や分割法人の登録の効力が合併法人や分割承継法人に引き継がれることはありません。ですから，登録を受けていない合併法人や分割承継法人がインボイスを発行しようとするときは，新たに登録申請書の提出が必要になるということが，インボイス通達２－７に明記されています。

（事業の廃止や法人の合併による消滅があった場合の手続）

問15　事業の廃止や法人の合併による消滅があった場合の手続について教えてください。【令和３年７月追加】

【答】
　消費税法上，事業者が事業を廃止した場合は「事業廃止届出書」を，合併による消滅の事実があった場合は「合併による法人の消滅届出書」を，納税地を所轄する税務署長に提出する義務があります（消法57①三，五）。
　なお，「事業廃止届出書」を提出した場合は，事業を廃止した日に，「合併による法人の消滅届出書」を提出した場合は，法人が合併により消滅した日に適格請求書発行事業者の登録の効力が失われます（新消法57の2⑩，インボイス通達２－７，２－８）。
（注）　これらの届出書を提出していない場合であっても，税務署長は，事業を廃止したと認められる場合，合併により消滅したと認められる場合に適格請求書発行事業者の登録を取り消すことができます（新消法57の2⑥）。

熊王：続いて問16ですが，【答】が令和５年10月１日よりも前に相続が発生した場合と同日以後に発生した場合で分かれています。

渡辺：【答】１は，令和５年10月１日に登録を受けようとした事業者が令和５年10月１日よりも前に死亡した場合ということですが，相続人が登録申請を

仕切り直すということでいいですか？

　熊王：被相続人が令和5年10月1日よりも前に死亡した場合には，そもそも適格請求書発行事業者とならないことから，相続人が登録申請を仕切り直すことになります。この場合にはスクランブルで申請するケースもありますから，「困難な事情」がある場合として，申請期限は令和5年9月30日となります。

（相続）

> 問16　適格請求書発行事業者の登録を受けていた親から相続を受け，事業を承継したのですが，適格請求書等保存方式において必要となる手続及び適格請求書発行事業者の登録の効力について教えてください。【令和3年7月追加】

【答】

1　令和5年10月1日より前に死亡した場合

　令和5年10月1日から登録を受けることとされていた事業者が，令和5年10月1日より前に死亡した場合は，登録の効力は生じません。したがって，相続により事業を承継した相続人が，適格請求書発行事業者の登録を受けるためには，登録申請書を提出する必要があります（相続人が既に登録申請書を提出していた場合を除きます。）。

　令和5年10月1日から登録を受けようとする場合は，原則として，令和5年3月31日までに登録申請書を提出する必要がありますが，令和5年3月31日までに登録申請書を提出できなかったことにつき困難な事情がある場合に，令和5年9月30日までの間に登録申請書にその困難な事情を記載して提出し，税務署長により適格請求書発行事業者の登録を受けたときは，令和5年10月1日に登録を受けたこととみなされる措置が設けられています（改正令附則15）。相続による事業承継は，この困難な事情に該当しますので，令和5年9月30日までに登録申請書を提出していただければ，令和5年10月1日から登録を受けることができます。

　なお，登録申請を行った事業者が死亡した場合は，相続人は，「個人事業者の死亡届出書」を提出いただきますようお願いします。

2　令和5年10月1日以後に死亡した場合

　　令和5年10月1日以後に適格請求書発行事業者が死亡した場合，その相続人は「適格請求書発行事業者の死亡届出書」を提出する必要があり，届出書の提出日の翌日又は死亡した日の翌日から4月を経過した日のいずれか早い日(※)に登録の効力が失われます。

　　また，相続により事業を承継した相続人が，適格請求書発行事業者の登録を受けるためには，相続人は登録申請書の提出が必要となります（相続人が既に登録を受けていた場合を除きます。）。

　　なお，相続により適格請求書発行事業者の事業を継承した相続人の相続のあった日の翌日から，その相続人が適格請求書発行事業者の登録を受けた日の前日又はその相続に係る適格請求書発行事業者が死亡した日の翌日から4月を経過する日のいずれか早い日までの期間については，相続人を適格請求書発行事業者とみなす措置(※)が設けられており，この場合，被相続人の登録番号を相続人の登録番号とみなすこととされています。

　　登録申請書の提出から登録通知を受けるまでには，その審査等に一定の期間を要しますので，相続により事業を承継した相続人が適格請求書発行事業者の登録を受ける場合は，お早めに登録申請書をご提出ください。

（※）　相続人を適格請求書発行事業者とみなす措置の適用がある場合，その措置の適用がある期間は被相続人の登録は有効です。

渡辺：続いて【答】2なのですが，廃業については「事業廃止日」に，合併については「消滅日」に登録の効力が失効するということでわかりやすいのですが，相続については「死亡日」にすぐに失効するわけではないようですね。

　熊王：相続の場合には，会社の合併や清算のように法律により事業が停止するものではありません。例えば，不動産賃貸の場合であれば，賃貸人が死亡したからといって，即座に賃貸借が停止するようなことはありません。そこで，適格請求書発行事業者が死亡した場合であっても，一定期間だけはインボイスの効力を存続させることとしています。なお，相続人には「適格請求書発行事業者の死亡届出書」の提出が義務づけられています。

　ところで，この【答】2の文章，わかりづらくないですか？

94◆ Ⅱ 登録制度

第4号様式

適格請求書発行事業者の死亡届出書

収受印				
令和　年　月　日	届 出 者	（フリガナ）		
		住 所 又 は 居 所	（〒　　－　　　） （電話番号　　　－　　　－　　　）	
		（フリガナ）		
		氏　　　　　名		
＿＿＿＿＿ 税務署長殿		個 人 番 号		

　下記のとおり、適格請求書発行事業者が死亡したので、消費税法第57条の3第1項の規定により届出します。

死 亡 年 月 日	令和　　　年　　　月　　　日	
死亡した適格請求書発行事業者	（フリガナ）	
	納　税　地	（〒　　－　　　）
	（フリガナ）	
	氏　　　　名	
	登 録 番 号	T
届 出 者 と 死 亡 し た 適 格 請 求 書 発 行 事 業 者 と の 関 係		
相 続 に よ る 届 出 者 の 事 業 承 継 の 有 無	適格請求書発行事業者でない場合は、有無のいずれかを〇で囲んでください。 有 ・ 無	
参　　考　　事　　項		
税 理 士 署 名	（電話番号　　　－　　　－　　　）	

※税務署処理欄	整 理 番 号		部 門 番 号		届出年月日	年　　月　　日
	入 力 処 理	年　　月　　日	番号確認	身元確認 □ 済 □ 未済	確認書類	個人番号カード／通知カード・運転免許証 その他（　　　　　）

注意　1　記載要領等に留意の上、記載してください。
　　　2　税務署処理欄は、記載しないでください。

渡辺：はっきり言ってわかりづらいです。消費税実務において相続の取扱いは特にややこしいですから，ここは少し整理しながら，さらに突っ込んだところまで確認しましょう。

　まず，「適格請求書発行事業者の死亡届出書」の雛形を見ると，「相続による届出者の事業承継の有無」欄がありまして，相続人が事業承継者なのかそうじゃないのかを報告することになっています。事業承継したかどうかで取扱いが分かれますか？

　熊王：取扱いが異なります。【答】2の上4行が，事業承継しない場合の取扱いです。

　渡辺：これを読みますと，被相続人の登録は死亡届出書の提出によって失効する。そして，いつまで経っても提出がなされなかったとしても，被相続人の死亡日の翌日から4か月目には失効することになるようです。

　熊王：その解釈でいいと思います。そして，【答】の（※）にもありますように，失効するまでは被相続人の登録番号は有効となります。

　渡辺：そうすると，【答】2の5行目以降が相続人による事業承継があった場合だと思うんですが，これを読むと，相続人自らが登録申請を行わなかったとしても，被相続人の死亡日の翌日から4か月間は，無条件に登録事業者とみなされてしまいます。相続人の中には，事業は承継するけれども登録はしたくないという人もいるかと思うのですが，登録事業者とならずに被相続人の事業を承継することはできないということでしょうか？

　熊王：そういうことになると思います。店舗や事務所などの賃借人をイメージしてみてください。家主である被相続人が死亡して，遺産分割も確定していない状況では，賃借人はインボイスの交付を受けられるかどうかがわかりません。そこで，家主（被相続人）が登録事業者の場合には，事業を承継した相続人は，登録の意思に関係なく，少なくとも4か月間は登録事業者として申告納税義務を承継することになるのだと思います。結果，相続人は，登録事業者とならずに被相続人の事業を承継することはできないことになります。

　渡辺：賃借人に対する救済措置という側面が強いようですね。これで賃借人

は少なくとも4か月間はインボイスがもらえて安心です。ところで，未分割の場合はどうなりますか？

熊王：どうなるんでしょう……（笑）。賃貸物件の場合，実務上は相続が発生してからしばらくの間は未分割の状態になります。「相続があった場合の納税義務の免除の特例」が適用されて相続人が課税事業者となる場合には，法定相続分割合により各相続人が申告することになりますので，みなし登録期間中も，法定相続分割合による申告が必要になるのではないでしょうか。

渡辺：もし相続人に登録事業者と非登録事業者がいる場合はどうなるんでしょう……。消費税法57条の3第3項の「みなし登録」の規定では，事業承継した相続人のうち，登録事業者である相続人をカッコ書で除いています。

そうすると，例えば，相続発生前から登録事業者である相続人は，もともとある自分の登録番号を使い，それ以外の非登録事業者である相続人は，被相続人の登録番号を使うことになるのでしょうか？

熊王：被相続人と相続人の両方の登録番号を用いるのは非現実的だと思います。「遺産分割が確定するまでは，登録事業者である相続人についても，被相続人に関するインボイスを発行する場合に限っては，被相続人の登録番号を使用することができます」といったようなQ&Aの改訂がされればいいのですが……。

渡辺：そうですよね。法令の解釈からするとおかしいのかもしれませんが，こういったケースこそ，Q&Aで実務との溝を埋めてもらいたいです。まさにQ&Aの出番じゃないでしょうか。次回改訂に期待したいです。

あと，みなし登録期間中の相続人の取扱いも確認しておきたいのですが，相続人は，みなし登録期間中は無条件に課税事業者となります。では，相続人自らが登録申請をするとなると，「課税事業者選択届出書」を提出する必要はないということでよろしいですか？

熊王：みなし登録期間中であれば，課税事業者ですから登録申請書の提出だけで登録事業者になれます。ただし，みなし登録期間を経過してから登録申請する場合，免税事業者となっていれば，「課税事業者選択届出書」を提出して課税事業者にならなければ，登録事業者となることはできません。

渡辺：例えば相続人がサラリーマンの場合，新規開業として年末までに「課税事業者選択届出書」を提出すれば，相続があった年から課税事業者になることができます。そうすると，被相続人の死亡日の翌日から4か月目までに登録申請ができなかった場合，問12（72頁参照）の新設された法人と同じように，年末までに登録申請をすることにより，4か月目のみなし登録期間が途切れたところに遡って登録事業者になることはできますか？

熊王：消費税法施行規則26条の4（事業を開始した日の属する課税期間等の範囲）の1号では，いわゆる新規開業の個人事業者や新設の法人については，開業した年や設立年月日から登録の効力が生ずることとしています。あくまでも開業年の1月1日に遡るという規定ぶりですから，4か月目のみなし登録期間が途切れたところに遡って登録事業者になることは想定していません。

渡辺：開業年の1月1日に遡れれば，いずれにしても相続人の登録が途切れることはないようにも思うのですが。

熊王：みなし登録期間中に登録事業者として取り扱われる事業者が同規則のカッコ書で除かれています。みなし登録期間中は被相続人の登録番号を使うわけですから，相続人の登録の効力が年初に遡ったら，登録番号がバッティングしてしまうことが理由だと思います。したがって，事業承継した相続人については，たとえ新規開業となる場合であっても，この規定は適用されないのです。

結果として，新規開業となる相続人は，「課税事業者選択届出書」を提出することにより，相続があった年から課税事業者となることはできるものの，みなし登録期間が経過した直後に登録事業者となることはできません。

渡辺：少しかわいそうな気もしますが，制度上仕方がないということですか。そうすると，登録日が遡れない以上，早めに相続人自身の登録申請を行わないと登録が途切れる期間がどんどん長くなるということですね。

熊王：そういうことになりそうです。結論としては，相続人は相続があった日の翌日から4か月以内，つまり，準確定申告書の提出期限までに登録の有無について判断しなければ，4か月目以降にインボイスを発行することはできないということです。

98◆　Ⅱ　登録制度

渡辺：相続が発生した場合には，準確までに話し合いが着かないケースはゴロゴロあります。ちょっと厳しすぎませんか。

熊王：そうですね。不動産賃貸業の相続なんかでは相当に混乱しそうな気がします。

35　強制的な取消し

熊王：問17は，強制的に取消しになるケースです。無申告や電話が通じないなどの所在不明の状態や商売をやめた場合，合併による消滅，罰金を喰らったような場合には登録が取り消されます。

それと，令和4年度改正に絡んで，問13（78頁参照）でも少し触れましたが，令和4年4月改訂では，項目が2つ追加されています。④の納税管理人の届出をしていない場合や⑥の申請書に虚偽の記載をして登録を受けたような場合にも，登録を取り消すことができるようになりました。

（登録の取消し）

> 問17　適格請求書発行事業者の登録が取り消される場合はありますか。【令和4年4月改訂】

【答】

　税務署長は，次の場合に適格請求書発行事業者の登録を取り消すことができます（新消法57の2⑥）。
① 　1年以上所在不明であること
② 　事業を廃止したと認められること
③ 　合併により消滅したと認められること
④ 　納税管理人を定めなければならない事業者が，納税管理人の届出をしていないこと
⑤ 　消費税法の規定に違反して罰金以上の刑に処せられたこと
⑥ 　登録拒否要件に関する事項について，虚偽の記載をした申請書を提出し，登録を受けたこと

このうち，①「１年以上所在不明であること」における「所在不明」については，例えば，消費税の申告書の提出がないなどの場合において，文書の返戻や電話の不通をはじめとして，事業者と必要な連絡が取れないときなどが該当します。

　なお，消費税法上，事業者に，②事業の廃止の事実があった場合は「事業廃止届出書」を，③合併による消滅の事実があった場合は「合併による法人の消滅届出書」をそれぞれ提出する義務があります（これらの届出書の提出により登録は失効します。）（消法57①三，五，新消法57の２⑩）。

熊王：ちなみに，問15（91頁参照）の【答】の注書にもあるように，事業廃止の場合とか，合併による法人の消滅の場合，届出書が出されなくても，職権で登録を取り消すことができます。

渡辺：事業廃止や合併消滅の届出があった場合はまだしも，無届けによる取消しや所在不明，罰金刑による取消しの日付も国税庁の公表サイトに載るんですよね。

熊王：そうでもしないと，こんなことをする輩は平気で偽造インボイスを出してくる可能性があるので知らしめないといけない。問20（104頁参照）に書いてあるので後で確認しましょう。

渡辺：買手側はちゃんと登録内容を確認しなきゃいけないですね。もらった請求書が取り消された後のものだったらインボイスとしては無効になってしまいます。

熊王：そうです。その立証責任は買手にある。だから実務上は結構大変です。

36　登録番号

熊王：問19は「登録番号」です。これは13桁の番号で，法人は法人番号がそのままインボイスの登録番号になります。個人の場合，マイナンバーは使わないことになっています。また，令和４年４月改訂により，１度付番された登録番号は変更できないことが明記されました。

100◆ Ⅱ 登録制度

（登録番号の構成）

問19　登録番号は，どのような構成ですか。【令和４年４月改訂】

【答】

　登録番号[注1]の構成は，次のとおりです（インボイス通達２－３）。

①　法人番号を有する課税事業者

「Ｔ」（ローマ字）＋法人番号（数字13桁）

②　①以外の課税事業者（個人事業者，人格のない社団等）

「Ｔ」（ローマ字）＋数字13桁[注2]

（注）１　一度付番された登録番号は，変更することはできません。

　　　２　13桁の数字には，マイナンバー（個人番号）は用いず，法人番号とも重複しない事業者ごとの番号となります。

（参考）　登録番号の記載例

　・　T1234567890123

　・　T-1234567890123

　※　請求書等への表記に当たり，半角・全角は問いません。

　渡辺：本当だったらマイナンバーを使えれば一番よかったですよね。

　熊王：そうですね。ただプライバシーの問題もあるので，個人事業者が申請をするとオリジナルの番号がもらえることになっています。

　本当だったら，あれだけ手間暇とお金をかけてマイナンバーを導入したのだから，それをうまく使えればよかった。そうすればコロナの給付金だってスムーズに支給できたんじゃないかと思うんですが，さすがIT後進国だけあって，実に役に立たない。ネットで検索したら令和４年６月末時点での普及率は45％で，未だ半数にも満たないというのが現状です。

　渡辺：先生はちなみにマイナンバーカード持っているんですか？

　熊王：持ってますよ。ただ，同業者で，持ってない人は結構多いですね。

　渡辺：ところで，インボイスの登録番号は，領収書や請求書に書いていくの

ですが，頭にアルファベットの「Ｔ」をつけることになっています。なんで
「Ｔ」なんでしょう？

　　熊王：なんだと思います？　いろいろな意見があるんですよ。

　　渡辺：登録のＴですかね。

　　熊王：適格請求書のＴっていう意見もある。タックスのＴかも。

　　渡辺：どれもありそうな発想ですね。

　　熊王：「とっても大変」のＴ。

　　渡辺：それが一番しっくりくるかもしれないです（笑）。

　　熊王：まあつけてくださいということです。

37　本番前に登録番号を書いていいか

　　熊王：問62を先に見ます。これは，本番が始まる前に登録番号を書いていい
かという問です。登録申請は令和３年10月から始まっているので，本番の前に
自分の登録番号はわかるはずです。

　　令和５年９月までは番号を書いちゃいけないってことはないんですよね。だ
から登録申請が終わったら，年が変わった時とか決算が終わった時とか，どこ
かきりのいいところで切り替えていいんじゃないでしょうか。

（令和５年９月30日以前の請求書への登録番号の記載）

　問62　当社は，令和３年10月に登録申請書を提出し，適格請求書等保存方
　　　式が開始される前（令和５年９月30日以前）に登録番号が通知されま
　　　した。
　　　　令和５年９月30日以前に交付する区分記載請求書等に登録番号を記
　　　載しても問題ないですか。【令和４年４月改訂】

【答】

　　ご質問のように，区分記載請求書等に登録番号を記載しても，区分記載請
　　求書等の記載事項が記載されていれば，取引の相手方は，区分記載請求書等
　　保存方式の間（令和元年10月１日から令和５年９月30日まで）における仕入

税額控除の要件である区分記載請求書等を保存することができますので，区分記載請求書等に登録番号を記載しても差し支えありません。

　また，適格請求書の発行に対応したレジシステム等の改修を行い，適格請求書の記載事項を満たした請求書等を発行する場合にも，その請求書等は，区分記載請求書等として必要な記載事項を満たしていますので，区分記載請求書等保存方式の間に交付しても問題ありません。

（注）　区分記載請求書等の記載事項のうち，税率ごとに区分して合計した税込価額については，適格請求書の記載事項である課税資産の譲渡等の税抜価額を税率ごとに区分して合計した金額及び税率ごとに区分した消費税額等を記載することとして差し支えありません。

○　区分記載請求書等と適格請求書の記載事項の比較（28年改正法附則34②，新消法57の4①）

区分記載請求書等 （令和元年10月1日から 令和5年9月30日までの間）	適格請求書 （令和5年10月1日から）
①　書類の作成者の氏名又は名称	①　適格請求書発行事業者の氏名又は名称及び登録番号
②　課税資産の譲渡等を行った年月日	②　課税資産の譲渡等を行った年月日
③　課税資産の譲渡等に係る資産又は役務の内容 （課税資産の譲渡等が軽減対象資産の譲渡等である場合には，資産の内容及び軽減対象資産の譲渡等である旨）	③　課税資産の譲渡等に係る資産又は役務の内容 （課税資産の譲渡等が軽減対象資産の譲渡等である場合には，資産の内容及び軽減対象資産の譲渡等である旨）
④　税率ごとに合計した課税資産の譲渡等の税込価額	④　税率ごとに区分した課税資産の譲渡等の税抜価額又は税込価額の合計額及び適用税率
	⑤　税率ごとに区分した消費税額等
⑤　書類の交付を受ける当該事業者の氏名又は名称	⑥　書類の交付を受ける当該事業者の氏名又は名称
（注）　適格請求書等保存方式の下では，区分記載請求書等の記載事項に下線部分が追加されます。	

渡辺：逆に切り替えていったほうが，取引先に「うちはもう登録が完了しました。登録番号はこれです」という告知ができますから，どんどんやっていいと思います。

熊王：登録番号を書くとなると，今使っている領収書や請求書のフォーマットも若干変わるでしょう。いい機会だから，もうちょっとセンスのある，見栄えのいいフォーマットに変えるとか，そんなことも含めて，登録番号をどこに書くかをみんなで相談しながら決めてもらってもいいんじゃないでしょうか。

私のクライアントにもうフォーマットを決めた会社があります。登録番号を書く場所について，私は請求書の右下がいいと言ったんだけど，結局右上に書くってことになりました。

渡辺：インボイスの専門家の意見が却下されたわけですね（笑）。

熊王：非常に気分が悪い（笑）。いずれにしても，早めに相談しながら決めていくのがいいですね。

当たり前ですが，登録番号を書いたとしても，令和5年9月までは意味はありません。単なるお飾りということになります。

渡辺：注意したいのは，令和5年10月以後は，適格請求書発行事業者として登録されないと登録番号の記載はできないということです。特に法人の場合，登録番号の中身が法人番号ですから，登録前に登録番号がわかります。だからといって登録を受ける前にフライングして登録番号を記載することは禁物です。あくまでも登録日以後じゃないと登録番号を記載したインボイスを出すことはできません。

38　金額の書き方

熊王：これに絡んで，問62によると，区分記載請求書には，金額は税込金額を書く決まりになっています。

渡辺：そうですね。

熊王：ところが，適格請求書のほうは，取引金額は税抜金額でも税込金額でもどちらでもいいことになっています。つまり，新しいフォーマットに切り替

104 ◆ Ⅱ 登録制度

えて，例えば税抜金額と消費税額を書くようにしちゃうと，理屈の上では区分
記載請求書の記載要件を満たさないことになってしまいます。

渡辺：これは，ある意味すごいことなんですが，法令上は原則駄目なんで
す。ただし Q&A では，税抜金額と消費税額，これを併記したら税込金額とし
て取り扱うことにしています。

熊王：法律じゃないですよね。

渡辺：Q&A の解釈でいいということです。

熊王：Q&A は偉いんですね。

渡辺：偉いんです（笑）。

熊王：もっとも，それくらいでないと実務は回りません。

渡辺：いちいち法律を改正していたら大変ですし，これで文句を言う人はい
ないと思います。

熊王：素朴な疑問ということでした。

39　公表等

熊王：戻りましょう。問20はどんな感じで公表するかが説明されています。
先ほどお話ししたように，適格請求書発行事業者の情報は，国税庁の公表サイ
トで公表することになっています。

登録番号を打ち込むと，会社名や所在地，登録年月日や登録取消（失効）年
月日が出てきます。

（適格請求書発行事業者の情報の公表方法）

問20　適格請求書発行事業者の情報は，どのような方法で公表されます
　　か。【令和４年４月改訂】

【答】

　適格請求書発行事業者の情報（登録日など適格請求書発行事業者登録簿に
登載された事項）は，「国税庁適格請求書発行事業者公表サイト」において公

表されます（新消法57の2④⑪，新消令70の5②）。また，適格請求書発行事業者の登録が取り消された場合又は効力を失った場合，その年月日が「国税庁適格請求書発行事業者公表サイト」において公表されます。具体的な公表情報については，次のとおりです。

(1) 法定の公表事項（新消法57の2④⑪，新消令70の5①）

① 適格請求書発行事業者の氏名^(※) 又は名称

② 法人（人格のない社団等を除きます。）については，本店又は主たる事務所の所在地

③ 特定国外事業者以外の国外事業者については，国内において行う資産の譲渡等に係る事務所，事業所その他これらに準ずるものの所在地

④ 登録番号

⑤ 登録年月日

⑥ 登録取消年月日，登録失効年月日

（※） 個人事業者の氏名について，「住民票に併記されている外国人の通称」若しくは「住民票に併記されている旧氏（旧姓）」を氏名として公表することを希望する場合又はこれらを氏名と併記して公表することを希望する場合は，登録申請書と併せて，必要事項を記載した「適格請求書発行事業者の公表事項の公表（変更）申出書」をご提出ください。

(2) 本人の申出に基づき追加で公表できる事項

次の①，②の事項について公表することを希望する場合には，必要事項を記載した「適格請求書発行事業者の公表事項の公表（変更）申出書」をご提出ください。

① 個人事業者の「主たる屋号」，「主たる事務所の所在地等」

② 人格のない社団等の「本店又は主たる事務所の所在地」

＜公表のイメージ＞

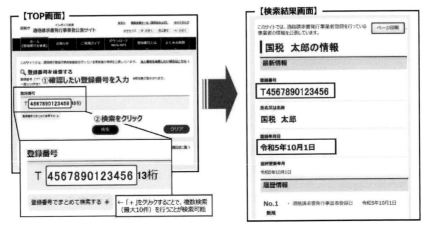

（出所）国税庁「（参考）公表サイト検索イメージ」(https://www.nta.go.jp/taxes/shiraberu/zeimokubetsu/shohi/keigenzeiritsu/pdf/0021006-143_01.pdf)

渡辺：少し補足しますと，個人事業者から申出があった場合には，「外国人の通称」や「旧姓」，あるいは，「主たる屋号」や「主たる事務所の所在地等」を公表できることになっています。また，マンション管理組合などの人格のない社団等についても，申出により「本店又は主たる事務所の所在地」を公表することが認められています。申請手続については，登録申請書と併せて「適格請求書発行事業者の公表事項の公表（変更）申出書」(110頁参照)という舌を噛みそうな書類を提出するので注意したいです。

それと，令和3年7月改訂により問22が追加され，公表情報を変更する場合には，「適格請求書発行事業者登録簿の登載事項変更届出書」(108～109頁参照)を提出する必要があることが書かれています。また，個人事業者が任意で公表している通称，旧姓や屋号，主たる事務所の所在地を変更する場合，あるいは，屋号，主たる事務所の所在地の公表をやめる場合には，「適格請求書発行事業者の公表事項の公表（変更）申出書」を提出する必要があることも記載されています。

（適格請求書発行事業者の公表情報の変更等）

> **問22** 適格請求書発行事業者の公表情報に変更等があった場合の手続について教えてください。【令和3年7月追加】【令和4年4月改訂】

【答】

　適格請求書発行事業者の氏名又は名称，法人の本店所在地などの法定の公表事項に変更があった場合は，適格請求書発行事業者は，納税地を所轄する税務署長に「適格請求書発行事業者登録簿の登載事項変更届出書」（個人事業者の氏名について「住民票に併記されている外国人の通称」若しくは「住民票に併記されている旧氏（旧姓）」を公表している場合又はこれらを氏名と併記して公表している場合に，その公表事項等を変更するときは，「適格請求書発行事業者の公表事項の公表（変更）申出書」）を提出する必要があり，これにより，適格請求書発行事業者登録簿の情報及び公表情報が変更されます（新消法57の2⑧）。

　また，個人事業者等が主たる屋号や主たる事務所の所在地を公表している場合に，その情報に変更等があったとき又は公表をしないこととするときは，当該個人事業者等は，納税地を所轄する税務署長に「適格請求書発行事業者の公表事項の公表（変更）申出書」を提出する必要があり，これにより，公表情報が変更されます。

　なお，通知を受けた適格請求書発行事業者の登録番号は変更することはできません。

　「適格請求書発行事業者登録簿の登載事項変更届出書」及び「適格請求書発行事業者の公表事項の公表（変更）申出書」は，e-Taxを利用して提出することができますのでぜひご利用ください。また，郵送により提出する場合の送付先は，各国税局のインボイス登録センターとなります。届出の概要については，問2《登録の手続》をご参照ください。

108◆　Ⅱ　登録制度

第2-(1)号様式

適格請求書発行事業者登録簿の登載事項変更届出書

収受印				
令和　年　月　日	届 出 者	（フリガナ）		
		納　税　地	（〒　　－　　）	
				（電話番号　　－　　－　　）
		（フリガナ）		
		氏　名　又　は 名　称　及　び 代　表　者　氏　名		
		法　人　番　号	※　個人の方は個人番号の記載は不要です。	
＿＿＿＿税務署長殿		登　録　番　号	Ｔ	

　下記のとおり、適格請求書発行事業者登録簿に登載された事項に変更があったので、所得税法等の一部を
改正する法律（平成28年法律第15号）第5条の規定による改正後の消費税法第57条の2第8項の規定により
届出します。
　※　当該申請書は、所得税法等の一部を改正する法律（平成28年法律第15号）附則第44条第2項の規定に
より令和5年9月30日以前に提出するものです。

変 更 の 内 容	変 更 年 月 日	令和　　　年　　　月　　　日
	変　更　事　項	□　　氏名又は名称 □　　法人（人格のない社団等を除く。）にあっては、本店又は主たる事務所の 　　所在地 □　　国外事業者にあっては、国内において行う資産の譲渡等に係る事務所、事 　　業所その他これらに準ずるものの所在地 　　※　当該事務所等を国内に有しないこととなる場合は、次葉も提出してください。
	変　更　前	（フリガナ）
	変　更　後	（フリガナ）
	※　変更後の内容については、国税庁ホームページで公表されます。 　　なお、常用漢字等を使用して公表しますので、届出書に記載した文字と公表される文字とが異なる場合があります。	

参　考　事　項	
税 理 士 署 名	（電話番号　　－　　－　　）

※税務署処理欄	整 理 番 号		部 門 番 号		
	届出年月日	年　月　日	入 力 処 理	年　月　日	番 号 確 認

注意　1　記載要領等に留意の上、記載してください。
　　　2　税務署処理欄は、記載しないでください。

この届出書は、令和三年十月一日から令和五年九月三十日までの間に提出する場合に使用します。

インボイス制度

第2-(1)号様式次葉

適格請求書発行事業者登録簿の登載事項変更届出書（次葉）

※　本届出書（次葉）は、特定国外事業者以外の国外事業者が国内において行う資産の譲渡等に係る事務所、事業所その他これらに準ずるものを国内に有しないこととなった場合に、適格請求書発行事業者登録簿の登載事項変更届出書とともに提出してください。

	氏名又は名称	

引き続き、適格請求書発行事業者として事業を継続します。 （「はい」の場合は、以下の質問にも答えて下さい。）			□ はい　□ いいえ
特定国外事業者に係る確認事項	消費税に関する税務代理の権限を有する税務代理人がいます。 （「はい」の場合は、次の「税務代理人」欄を記載してください。）		□ はい　□ いいえ
	税務代理人	（フリガナ） 事務所の所在地　（〒　　－　　） （電話番号　　　－　　　－　　　）	
		（フリガナ） 氏名等	
	納税管理人を定めています。 「はい」の場合は、消費税納税管理人届出書の提出日を記載してください。 消費税納税管理人届出書　（提出日：平成・令和　　年　　月　　日）		□ はい　□ いいえ
	現在、国税の滞納はありません。		□ はい　□ いいえ
参考事項			

この届出書は、令和三年十月一日から令和五年九月三十日までの間に提出する場合に使用します。

110◆ Ⅱ 登録制度

適格請求書発行事業者の公表事項の公表（変更）申出書

収受印					
令和　年　月　日	申出者	（フリガナ）			
		納　税　地	（〒　－　　）		
				（電話番号　　－　　－　　）	
		（フリガナ）			
		氏　名　又　は名　称　及　び代　表　者　氏　名			
_____ 税務署長殿		法　人　番　号	※ 個人の方は個人番号の記載は不要です。		
		登　録　番　号	T		

国税庁ホームページの公表事項について、下記の事項を追加（変更）し、公表することを希望します。

新たに公表する事項	個人事業者	新たに公表を希望する事項の□にレ印を付し記載してください。	
		□ 主たる屋号［複数ある場合任意の一つ］	（フリガナ）
		□ 主たる事務所の所在地等［複数ある場合任意の一箇所］	（フリガナ）
		□ 通称□ 旧姓（旧氏）氏名［住民票に併記されている通称又は旧姓(旧氏)に限る］	いずれかの□にレ印を付し、通称又は旧姓(旧氏)を使用した氏名を記載してください。□ 氏名に代えて公表 （フリガナ）□ 氏名と併記して公表
	人格のない社団等	□ 本店又は主たる事務所の所在地	（フリガナ）

		既に公表されている上記の事項について、公表内容の変更を希望する場合に記載してください。
変更の内容	変　更　年　月　日	令和　　年　　月　　日
	変　更　事　項	（個人事業者）　□ 屋号　□ 事務所の所在地等　□ 通称又は旧姓(旧氏)氏名（人格のない社団等）　□ 本店又は主たる事務所の所在地
	変　更　前	（フリガナ）
	変　更　後	（フリガナ）

※　常用漢字等を使用して公表しますので、申出書に記載した文字と公表される文字とが異なる場合があります。

参　考　事　項	
税　理　士　署　名	（電話番号　　－　　－　　）

※税務署処理欄	整　理　番　号		部　門　番　号				
	申出年月日	年　月　日	入力処理	年　月　日	番号確認		

注意　1　記載要領等に留意の上、記載してください。
　　　2　税務署処理欄は、記載しないでください。

インボイス制度

熊王：ところで，登録番号を打ち込んで，何も出てこないと偽造の可能性大ですね。

渡辺：確認するタイミングにもよるかと思いますが，その可能性はありますよね。ただ，打ち間違える可能性もあるので，2回は検索したほうがいいかもしれません（笑）。

登録の確認方法ですが，この公表サイトでは，登録番号以外のデータによる検索は想定していないようですので，登録番号から検索をかけるということになります。そうすると，相手が登録するかどうかと登録のタイミングは買手側ではわかりませんから，継続した取引先には「登録済みましたか」，「登録番号は何番ですか」と聞くことになりそうです。

熊王：こんな形でインボイスが本物かどうかを確認できるので，取引先が怪しいと思ったら調べればいいということになります。

ただ，理屈の上では，どんなに金額が小さくてもインボイスは必要なので，細かな経費もチェックしなきゃいけません。継続した取引先だけでなく単発の取引なんかも考えると正直やってられませんな。

渡辺：正直に言って厳しいですよ。だから，これはある程度割り切ってもいいんじゃないかと思います。

熊王：とある雑誌で財務省の担当官がインタビューされていて，「ある程度金額によって割り切っていただいてもいいんじゃないでしょうか」みたいなことを言っていました。非常に心強い記事です。ただ，そういう管理の仕方もあるということであって，認めるということではないんですね。

渡辺：否認するときは否認するという意味だと思います。

熊王：偽造だとわかったら当然に否認される。ただ，調査の時に細かい経費のインボイスまで突合できますかね。

渡辺：だから結局，金額基準でチェックしていくことが大事なんじゃないかと思います。

熊王：社内で基準を作ってもいいかもしれません。「いくらくらいがいいですか？」と聞かれても答えようがありませんが，何かそういったことをやって

112◆ Ⅱ　登録制度

いかなければいけないと思います。

　なお，細かな経費はチェックが入らないというわけではないので，そこは勘違いしないでいただきたいですね。

40　情報はこまめにアップデート

　熊王：問21の（参考）では，公表情報の確認方法について，さまざまな機能が紹介されているのですが，私のようなアナログ人間は，正直ちょっとついていけない感じがしています。

　渡辺：これからもこういった機能はどんどんバージョンアップしていくんでしょうね。今後も新たな情報には注意する必要がありそうです。

（適格請求書発行事業者公表サイト）

> 問21　適格請求書発行事業者公表サイトでの適格請求書発行事業者の公表
> 　　　情報の確認方法について教えてください。【令和4年4月改訂】

【答】

　「国税庁適格請求書発行事業者公表サイト」では，交付を受けた請求書等に記載された登録番号を基にして検索する方法により，適格請求書発行事業者の氏名・名称や登録年月日などの公表情報を確認することができます。

　なお，相手方から交付を受けた請求書等に記載がある登録番号に基づき，検索を行った結果，該当する公表情報がない場合（交付を受けた請求書等の記載内容と異なる情報が表示される場合を含みます。），請求書等に記載された登録番号が誤っている可能性などがありますので，まずは，相手方にご確認いただきますようお願いします。

（参考）「国税庁適格請求書発行事業者公表サイト」には，登録番号を基にした検索のほか，システム間連携のためのWeb-API機能や公表情報に係るデータのダウンロード機能があります。これらの機能の詳細については，同サイトで仕様公開しておりますので，ご確認ください。

Ⅲ

適格請求書発行事業者の義務等

114◆ Ⅲ 適格請求書発行事業者の義務等

1 言われたら交付する

　熊王：ここからは「適格請求書発行事業者の義務等」ということで，売手の話になります。まず総論ですが，問23では交付義務について書かれています。「インボイスをください」と言われたら，インボイスを出さなければいけない。何も言わなくても普通は交付すると思います。

　渡辺：今まで使用してきた領収書や請求書がインボイスに代わるだけですから，当然に交付してくるはずです。

　熊王：「インボイスください」と言われて嫌がる事業者は相当に怪しいです。後々出てきますが，「電子インボイス」でも，もちろん問題ありません。

（適格請求書発行事業者の適格請求書の交付義務）

> 問23　適格請求書発行事業者は，どのような場合に適格請求書の交付義務が課されるのですか。また，交付義務が課されない場合はあるのですか。【令和２年９月改訂】

【答】

　適格請求書発行事業者には，国内において課税資産の譲渡等(注1，2)を行った場合に，相手方（課税事業者に限ります。）からの求めに応じて適格請求書を交付する義務が課されています（新消法57の４①）。

　なお，適格請求書発行事業者は，適格請求書の交付に代えて，適格請求書に係る電磁的記録を提供することができます（新消法57の４⑤）。

　ただし，次の取引は，適格請求書発行事業者が行う事業の性質上，適格請求書を交付することが困難なため，適格請求書の交付義務が免除されます（新消令70の９②）（適格請求書の交付義務が免除される取引の詳細については問32から問38までをご参照ください。）。

①　３万円未満の公共交通機関（船舶，バス又は鉄道）による旅客の運送

②　出荷者等が卸売市場において行う生鮮食料品等の販売（出荷者から委託を受けた受託者が卸売の業務として行うものに限ります。）

③　生産者が農業協同組合，漁業協同組合又は森林組合等に委託して行う農林

水産物の販売（無条件委託方式かつ共同計算方式により生産者を特定せずに行うものに限ります。）

④　３万円未満の自動販売機及び自動サービス機により行われる商品の販売等

⑤　郵便切手類のみを対価とする郵便・貨物サービス（郵便ポストに差し出されたものに限ります。）

（注）　１　課税資産の譲渡等に係る適用税率は問いませんので，標準税率の取引のみを行っている場合でも，取引の相手方（課税事業者に限ります。）から交付を求められたときは，適格請求書の交付義務があることにご留意ください。

　　　　２　免税取引，非課税取引及び不課税取引のみを行った場合については，適格請求書の交付義務は課されません。

2　交付免除の具体例

　熊王：インボイスの交付が免除される取引が，問23の①から⑤に書かれています。そして，その詳細が問32から問38に出てきます。

　ここが，逆に仕入税額控除と表裏一体になっていて，非常にわかりづらいところです。ちょっと見づらいですが，行ったり来たりしながら説明をしていきます。

　①は３万円未満の公共交通機関です。電車の短距離切符にインボイスなんて交付しちゃいられません。

　④は３万円未満の自動販売機による取引で，インボイスの交付義務が免除されます。３万円以上の自動販売機はインボイスが必要になるとのことですが，実際に見たことはありません。

　渡辺：商品は何なんでしょうね。ピンとこないです。

　熊王：指輪の自動販売機とか。

　渡辺：見たことないです……。

　熊王：自動販売機は，自動車のパーキングみたいにいちいちインボイスを吐き出していられないから，いらないということでしょう。

それから⑤が，ポストに郵便物を入れる場合です。原則としてポストに投函した時が郵便配達という役務提供の時ということになりますが，ポストはインボイスを発行することができませんので，売手である郵便局は，インボイスの発行が免除されています。

注書も先に見ておきます。区分記載請求書と違うところですが，標準税率の売上げしかない場合でもインボイスの交付義務はあります。あと，免税売上げとか非課税売上げとか課税対象外の収入等については，インボイスを出さなくていいです。これらは課税取引ではありませんから，ある意味当たり前です。

3 市場を通して売る場合

熊王：わかりづらいのが②と③です。他の問と照らし合わせながら見ていきます。

②が「出荷者等が卸売市場において行う生鮮食料品等の販売」で，市場を通じて売る場合です。出荷者から委託を受けた受託者が，卸売の業務を行います。ここで，もともとの出荷者は，インボイスを出さなくていいことになっています。

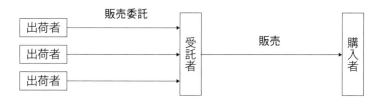

これを丁寧に書いているのが，問36です。「卸売市場を通じた委託販売」ということで，市場にいろいろなものを出荷して売りさばくときに，出荷者がこの分のインボイスを発行するのは現実問題として厳しいです。したがって，このようなものは卸売市場，つまり受託者にお任せということで，もともとの売手，出荷者についてはインボイスの発行が免除されています。

卸売市場については，一応細かく定義がありますけれども，ざっくりとどんなものかをわかっていただければ結構です。

3　市場を通して売る場合　◆117

（卸売市場を通じた委託販売）

> 問36　卸売市場を通じた生鮮食料品等の委託販売は，出荷者等の適格請求
> 　　　書の交付義務が免除されるそうですが，具体的には，どのような取引が
> 　　　対象となりますか。【令和２年９月改訂】

【答】

　卸売市場法に規定する卸売市場において，同法に規定する卸売業者が卸売
の業務として出荷者から委託を受けて行う同法に規定する生鮮食料品等の販
売は，適格請求書を交付することが困難な取引として，出荷者等から生鮮食
料品等を購入した事業者に対する適格請求書の交付義務が免除されます（新
消法57の4①，新消令70の9②ニイ）。

　本特例の対象となる卸売市場とは，

① 　農林水産大臣の認定を受けた中央卸売市場

② 　都道府県知事の認定を受けた地方卸売市場

③ 　①及び②に準ずる卸売市場として農林水産大臣が財務大臣と協議して定
　める基準を満たす卸売市場のうち農林水産大臣の確認を受けた卸売市場

とされています。

　農林水産大臣が財務大臣と協議して定める基準は，以下の５つが定められ
ています（令和２年農林水産省告示第683号）。

① 　生鮮食料品等（卸売市場法第2条第1項に規定する生鮮食料品等をいい
　ます。②についても同じ。）の卸売のために開設されていること

② 　卸売場，自動車駐車場その他の生鮮食料品等の取引及び荷捌きに必要な
　施設が設けられていること

③ 　継続して開場されていること

④ 　売買取引の方法その他の市場の業務に関する事項及び当該事項を遵守さ
　せるための措置に関する事項を内容とする規程が定められていること

⑤ 　卸売市場法第2条第4項に規定する卸売をする業務のうち販売の委託を
　受けて行われるものと買い受けて行われるものが区別して管理されている
　こと

　なお，この場合において，生鮮食料品等を購入した事業者は，卸売の業務
を行う事業者など媒介又は取次ぎに係る業務を行う者が作成する一定の書類

> を保存することが仕入税額控除の要件となります。仕入税額控除の要件については，問68《仕入税額控除の要件》をご参照ください。

渡辺：どんな市場でもいいってわけじゃないんですね。

熊王：そうなんです。

渡辺：この問36に載っている卸売市場でないといけないということですね。限定列挙ということには注意する必要があると思います。

熊王：いろいろな市場があります。

渡辺：闇市場みたいなのもありますからね。

熊王：すべてがOKというわけにはいきません。

渡辺：闇市場はそもそもインボイスの概念がないような気がしますが……。

4　無条件委託方式・共同計算方式

熊王：問23に戻りまして，③がなかなかの曲者です。読んでいきますと，「生産者が農業協同組合，漁業協同組合又は森林組合等に委託して行う農林水産物の販売」で，これについては「無条件委託方式かつ共同計算方式により生産者を特定せずに行うものに限ります。」ということになっています。

農協等を通じて農作物等を売る場合は，基本的には売り方，売値をお任せにするんです。

渡辺：それが無条件委託方式・共同計算方式というものですね。

熊王：そうです。無条件委託方式・共同計算方式を簡単に説明すると，繰り返しになりますが「売り方，売値お任せ」ということです。

農協の仕事を確認します。まずいろいろな農家から，例えばキュウリとかトマトを，ある程度サイズを揃えた上で，出荷してもらう。「○○農家からはA規格のキュウリ○キロ」という把握の仕方をしているわけです。だから農協は，これは誰が作ったキュウリ，これは誰が作ったトマト，なんて考えずに，全部同一のサイズのものとして，一緒くたにして売ります。

しかも農作物の場合は，日によって値段が違います。今日は800円で，明日

は1,000円になるとか日々変動するんですね。農家にしてみると，日によって儲かったり損したりするから危なくて仕方ない。

（農協等を通じた委託販売）

問37　農業協同組合等を通じた農林水産物の委託販売は，組合員等の適格請求書の交付義務が免除されるそうですが，具体的には，どのような取引が対象となりますか。

【答】

　農業協同組合法に規定する農業協同組合や農事組合法人，水産業協同組合法に規定する水産業協同組合，森林組合法に規定する森林組合及び中小企業等協同組合法に規定する事業協同組合や協同組合連合会（以下これらを併せて「農協等」といいます。）の組合員その他の構成員が，農協等に対して，無条件委託方式かつ共同計算方式により販売を委託した，農林水産物の販売（その農林水産物の譲渡を行う者を特定せずに行うものに限ります。）は，適格請求書を交付することが困難な取引として，組合員等から購入者に対する適格請求書の交付義務が免除されます（新消法57の4①，新消令70の9②ニロ）。

　なお，無条件委託方式及び共同計算方式とは，それぞれ，次のものをいいます（新消令70の9②ニロ，新消規26の5②）。

①　無条件委託方式

　　出荷した農林水産物について，売値，出荷時期，出荷先等の条件を付けずに，その販売を委託すること

②　共同計算方式

　　一定の期間における農林水産物の譲渡に係る対価の額をその農林水産物の種類，品質，等級その他の区分ごとに平均した価格をもって算出した金額を基礎として精算すること

　また，この場合において，農林水産物を購入した事業者は，農協等が作成する一定の書類を保存することが仕入税額控除の要件となります。仕入税額控除の要件については，問68《仕入税額控除の要件》をご参照ください。

熊王：このリスク対策を全部，農協に任せちゃうんです。農協のほうでは，誰が作ったものかなんて考えずに，全部まとめて，ちょうどいいタイミングで売りさばく。そして，自分の手数料を差し引いた残金を，出荷数量に応じて，各農家に配分する。こういうやり方を無条件委託方式・共同計算方式といいます。

渡辺：要は，売手と買手の紐づけができないので，インボイスの出しようがないということでしょうか。

熊王：そういうことです。これについて問37に詳しい説明があるので，読んでいただければと思います。繰り返しになりますが，生産者である農家はインボイスを発行しないんです。

その代わり，最終的な農作物の購入者は，直接の相対先である農協が発行したインボイスに代わる書類をもとに仕入税額控除ができるという取扱いになっています。これは後でまた説明します。

渡辺：先ほどの卸売市場も同じ理屈でいいんですよね。市場からもらったインボイスと同等の書類によって，買手は仕入税額控除ができるということになりますか？

熊王：そういうことです。仕組みとしては同じですね。ただ，農協や漁協を経由して販売するケースでは無条件委託方式・共同計算方式が要件となっていますので，そこは異なります。

5　農協特例

熊王：ところで，農協だけでなく，漁業協同組合等も同じなんだけれども，もともとの生産者が課税事業者か免税事業者かは農協等では把握できないはずなんです。

そうすると，課税事業者である農家のほうは，農協が代わりにインボイスを出すからいいんだけれども，免税事業者の場合には，もともとインボイスの発行ができません。農協が売主である免税事業者（生産者）に代わってインボイスを発行してしまっていいのかという気がします。

このあたりの関係が非常にわかりづらい。これについて，問68を先に見ま

5　農協特例　◆121

しょう。

　後でまた見るので，ここではさらっと確認しておきます。仕入税額控除の適用を受けるためには，法定事項が記載された帳簿と請求書等の保存が必要です。この点，インボイスの時代になったら帳簿の記載要件が緩和されるとか，簡略化されるとか，勘違いしている人がたまにいます。

（仕入税額控除の要件）

> 問68　適格請求書等保存方式の下での仕入税額控除の要件を教えてください。【令和4年4月改訂】

【答】

　適格請求書等保存方式の下では，一定の事項が記載された帳簿及び請求書等の保存が仕入税額控除の要件とされます（新消法30⑦）。

　保存すべき請求書等には，適格請求書のほか，次の書類等も含まれます（新消法30⑨）。

イ　適格簡易請求書

ロ　適格請求書又は適格簡易請求書の記載事項に係る電磁的記録

ハ　適格請求書の記載事項が記載された仕入明細書，仕入計算書その他これに類する書類（課税仕入れの相手方において課税資産の譲渡等に該当するもので，相手方の確認を受けたものに限ります。）（書類に記載すべき事項に係る電磁的記録を含みます。）

ニ　次の取引について，媒介又は取次ぎに係る業務を行う者が作成する一定の書類（書類に記載すべき事項に係る電磁的記録を含みます。）

　・　卸売市場において出荷者から委託を受けて卸売の業務として行われる生鮮食料品等の販売

　・　農業協同組合，漁業協同組合又は森林組合等が生産者（組合員等）から委託を受けて行う農林水産物の販売（無条件委託方式かつ共同計算方式によるものに限ります。）

　なお，請求書等の交付を受けることが困難であるなどの理由により，次の取引については，一定の事項を記載した帳簿のみの保存で仕入税額控除が認

められます（新消法30⑦，新消令49①，新消規15の４）。

①　公共交通機関特例の対象として適格請求書の交付義務が免除される３万円未満の公共交通機関による旅客の運送

②　適格簡易請求書の記載事項（取引年月日を除きます。）が記載されている入場券等が使用の際に回収される取引（①に該当するものを除きます。）

③　古物営業を営む者の適格請求書発行事業者でない者からの古物（古物営業を営む者の棚卸資産に該当するものに限ります。）の購入

④　質屋を営む者の適格請求書発行事業者でない者からの質物（質屋を営む者の棚卸資産に該当するものに限ります。）の取得

⑤　宅地建物取引業を営む者の適格請求書発行事業者でない者からの建物（宅地建物取引業を営む者の棚卸資産に該当するものに限ります。）の購入

⑥　適格請求書発行事業者でない者からの再生資源及び再生部品（購入者の棚卸資産に該当するものに限ります。）の購入

⑦　適格請求書の交付義務が免除される３万円未満の自動販売機及び自動サービス機からの商品の購入等

⑧　適格請求書の交付義務が免除される郵便切手類のみを対価とする郵便・貨物サービス（郵便ポストに差し出されたものに限ります。）

⑨　従業員等に支給する通常必要と認められる出張旅費等（出張旅費，宿泊費，日当及び通勤手当）

渡辺：そもそも必要ないと思っている人もいるんですが，両方必要なんですよね。結局，インボイスをもらえないケースでは，帳簿に法定事項を記載しないといけない。これがインボイスの代わりになるということです。だから帳簿の記帳と保存要件は削れないことになります。

熊王：法定書類ですが，基本的にはインボイスになるけれども，それに加える形で，イ・ロ・ハ・ニと４種類あります。「イ」が簡易インボイス，「ロ」が電子インボイス，「ハ」は仕入明細書・仕入計算書みたいなもので，電子書類も含まれます。

渡辺：「ハ」は消化仕入れみたいなケースで出てくるものですね。

熊王：そうです。消化仕入れが典型的なケースです。それと曲者が「ニ」な

んです。これにも「ハ」と同様に電子書類が含まれますが，先ほど見た卸売市場を通じて売るような場合，あるいは，農業協同組合，漁業協同組合，森林組合等が委託を受けて行う農林水産物の販売で，これは無条件委託方式かつ共同計算方式に限定されています。つまり，買手は農協等から発行してもらった書類により，仕入税額控除ができるということなんです。

ここでちょっと図解を使って確認してみましょう。一番左の「委託者」が生産者である農家とか漁師等です。真ん中の「受託者」が農協とか漁協とかになります。無条件委託方式・共同計算方式で販売の委託を受けて委託品を売る場合，受託者が発行する書類に登録番号や名称や日付等の法定事項が書いてあれば，一番右の「購入者」は受託者が発行した書類で仕入税額控除が認められるということです。

繰り返しになりますが，真ん中の受託者は，同一規格の農作物をいろいろな農家からかき集めてきて，一番いいタイミングで売りさばくわけです。よって受託者は，委託者が課税事業者か免税事業者かということを判断することはできません。

例えば，食材にすごくこだわっているレストランがあり，「うちは契約農家から無農薬の野菜を仕入れて使ってます」というのを宣伝文句にしていたとします。免税の農家から直売で農作物を買ってきたときには，免税の農家はインボイスの発行ができませんから，買手は仕入税額控除ができません。

ところが，農協に無条件委託方式・共同計算方式で販売委託をして売られているものを買った場合，つまり農協から買った場合には，農協が発行した書類で仕入税額控除ができるという不思議な現象が起きるわけです。

渡辺：同じ生産者なのに違和感がありますね。

熊王：そうなんです。本来，売手と買手は表裏一体の関係になっていなければいけないのですが，これが俗にいう「農協特例」なのです。免税の農家からダイレクトに買うと仕入税額控除ができないけれど，農協というフィルターを通して買うと，免税事業者から買ったものも仕入税額控除ができてしまう。

わからないから仕方がないと言ってしまえばそれまでなんです。でも，インボイスの導入によって，小さな町工場とか零細事業者が納税を覚悟の上で登録をするというケースがいっぱい出てくるわけです。そんな中で農協関係だけが妙に優遇されてるように感じてしまうのは私だけでしょうか。

渡辺：そうですね。この後また出てきますけども，委託者がそもそも課税事業者であることが条件となる「媒介者交付特例」というルールがあります。この特例との比較からみても，この制度だけはちょっと違和感があるというか，特別扱いは否めないという感じがします。

もう1つ，生産者は免税のままでも構わないということですが，Q&Aからはこれが読み取れません。免税の生産者が作物を販売するとき，自分が課税事業者じゃないとお客さんが買ってくれないんじゃないかと勘違いして，登録して課税事業者となってしまうというケースもあるように思います。

農協特例を知っていれば，登録などしなくて済んだのに，知らなかったがために，わざわざ課税選択をして，適格請求書発行事業者になって納税するということも考えられます。

熊王：そうです。このQ&Aには農協特例が載っていない。理由を考えてみたのですが，買手にしてみると，もともとの生産者が課税事業者だろうが免税事業者だろうが，農協が発行する書類があれば控除ができるのだから，あえてQ&Aで解説しなくてもいいという発想ではないでしょうか。

渡辺：なるほど。

熊王：ただ税理士の立場からすると，これからは免税事業者に登録をするかしないかを選択させなければいけない。そのためのアドバイスをやっていかなければいけないんです。

そうすると，農協特例の存在を知らしめなきゃいけないのに，それがQ&A

のどこにも書いてない。法令を読んでも非常にわかりづらい。売手が免税であれば買手は控除できないという考え方が当たり前で，法律も巧妙に作られているんだけれども，それについて一言もQ&Aで触れてないというのは，やっぱり違和感を覚えます。

国税庁がそこまで面倒見る必要はないと割り切ってるのかどうかは知りませんが，実務家としては非常に不満です。

6　簡易インボイス

熊王：問24です。今度は適格簡易請求書を紹介していきます。

小売，飲食，タクシー……写真業って今あるんですかね……，とにかく不特定多数を相手にする業種の場合には，ちょっとシンプルなインボイスを発行することが認められます。これを「適格簡易請求書（簡易インボイス）」と呼んでいるわけです。記載事項が適格請求書よりも若干緩やかになっています。

（適格簡易請求書の交付ができる事業）

> 問24　適格請求書に代えて，適格簡易請求書を交付できるのは，どのような場合ですか。【令和3年7月改訂】

【答】

適格請求書発行事業者が，不特定かつ多数の者に課税資産の譲渡等を行う次の事業を行う場合には，適格請求書に代えて，適格請求書の記載事項を簡易なものとした適格簡易請求書を交付することができます（新消法57の4②，新消令70の11）。

① 小売業
② 飲食店業
③ 写真業
④ 旅行業
⑤ タクシー業
⑥ 駐車場業（不特定かつ多数の者に対するものに限ります。）

⑦　その他これらの事業に準ずる事業で不特定かつ多数の者に資産の譲渡等
　　を行う事業
　　「不特定かつ多数の者に資産の譲渡等を行う事業」であるかどうかは，個々
　の事業の性質により判断しますが，例えば，資産の譲渡等を行う者が資産の
　譲渡等を行う際に相手方の氏名又は名称等を確認せず，取引条件等をあらか
　じめ提示して相手方を問わず広く資産の譲渡等を行うことが常態である事業
　などについては，これに該当します。
　　なお，適格簡易請求書についても，その交付に代えて，その記載事項に係
　る電磁的記録を提供することができます（新消法57の4⑤）。

渡辺：イメージはレシートですね。

熊王：まさにそういうことです。

渡辺：ところで，令和3年7月改訂で「不特定かつ多数の者に資産の譲渡等
を行う事業」の判断基準が示されましたが，ここに書いてある「相手方の氏名
又は名称等を確認せず，……常態である事業」というのは，具体的にどのよう
な事業を指すのでしょうか？

熊王：これに関して石井幸子先生が興味深いことをおっしゃっていました。
温泉旅館の宿泊客は，旅館業法により台帳へ氏名を記載することが義務づけら
れているそうです。したがって，宿泊者は不特定ではないので簡易インボイス
の発行はできないことになる。これに対し，日帰り入浴客は氏名の記載は必要
ありませんので，簡易インボイスの発行が認められるのではないかとの意見で
す。温泉オタクなだけあって説得力がありますね（笑）。

渡辺：ただ，日帰り入浴客に事業者がどれだけいるのでしょうか。わずかば
かりの事業者のために券売機を改修するとか，新たに違う雛形の領収書を用意
するというのも得策ではないように思います。だったら，日帰り入浴客向けに
は「事業者の方でインボイスが必要な場合はフロントにお声かけください」と
張り紙をしておく。インボイスが欲しいと言われたら宛名を聞いて交付すれば
いいと思います。宿泊客と同じ領収書を使えば別の雛形を用意する必要もあ
りません。

7 様式は既存のものを格上げ

熊王：問25は適格請求書の様式についてです。様式は定められていませんので，今使っている領収書，請求書がインボイスに切り替わっていきます。

　基本的には税率と税額を追記すればいいことになりますが，令和4年4月改訂で，記載事項の②にある売上年月日は請求書のフォームに合わせて記載すればよいことが明記されました。

（適格請求書の様式）

> 問25　適格請求書の様式は，法令又は通達等で定められていますか。【令和4年4月改訂】

【答】

　適格請求書の様式は，法令等で定められていません。

　適格請求書として必要な次の事項が記載された書類（請求書，納品書，領収書，レシート等）であれば，その名称を問わず，適格請求書に該当します（新消法57の4①，インボイス通達3-1）。

① 適格請求書発行事業者の氏名又は名称及び登録番号

② 課税資産の譲渡等を行った年月日 (※)

③ 課税資産の譲渡等に係る資産又は役務の内容（課税資産の譲渡等が軽減対象資産の譲渡等である場合には，資産の内容及び軽減対象資産の譲渡等である旨）

④ 課税資産の譲渡等の税抜価額又は税込価額を税率ごとに区分して合計した金額及び適用税率

⑤ 税率ごとに区分した消費税額等

⑥ 書類の交付を受ける事業者の氏名又は名称

※ 課税期間の範囲内で一定の期間内に行った課税資産の譲渡等につき適格請求書をまとめて作成する場合には，当該一定の期間を記載することができます。

熊王：例えば，月ごとに請求書を発行する場合には，適格請求書に日々の売上年月日が記載されていなくても，「〇月分」という記載方法で構いません。当たり前のことなんですが，これをQ&Aに明記したということです。

渡辺：あと，忘れてはいけないのが登録番号です。

熊王：もともと税率，税額が入っていれば，あとは登録番号だけ追加すればいい。大騒ぎするような代物ではないんです。

渡辺：現行の領収書，請求書に登録番号を載せて格上げする程度でいけるんですよね。登録番号のハンコを作って押したっていいんです。

熊王：よその国のインボイスはめちゃめちゃ大変らしいんですよ。記載項目が15くらいあって，しかも取引の都度発行するから，事実上の金券です。こんなことを日本でやろうとしたらパニックになっちゃう。

日本型インボイス制度はもっとシンプルです。しかも「適格請求書」というのは法律名なわけですから，インボイスに「適格請求書」と書かなきゃいけないということもない。

渡辺：逆に，名称を問わないので，請求書，納品書，領収書のどれでもいいということなんです。取引先にとってみると，どれを保存するかという問題はあるので，どの書類がインボイスなのかはちゃんと伝えてあげたほうがいいですね。

熊王：いずれにしても，こういった大きな改正が入ったときには，フォーマットを行き当たりばったりで決めるのではなく，早め早めに検討していくべきです。いかに手間をかけずに金をかけずにやるかということです。

大きな改正が入るとですね，ここぞとばかりに，使えもしないようなものを売り込んでくる業者がいますので，慎重に判断しないといけません。十分検討しないと，金をドブに捨てることになりかねないのです。

今渡辺さんが，登録番号はハンコを押してもいいんじゃないかと話してましたけども，そのとおりです。問26には手書きでもいいと書いてあります。手書きはちょっと格好悪いかも……大きなお世話ですね。

（手書きの領収書）

> 問26　当店は，現在，顧客に手書きの領収書を交付しています。
> 　　　適格請求書等保存方式の開始後においても，その手書きの領収書を
> 適格請求書として交付することはできますか。【令和４年４月改訂】

【答】

　手書きの領収書であっても，適格請求書として必要な次の事項が記載されていれば，適格請求書に該当します（新消法57の４①，インボイス通達３－１）。
① 　適格請求書発行事業者の氏名又は名称及び登録番号
② 　課税資産の譲渡等を行った年月日
③ 　課税資産の譲渡等に係る資産又は役務の内容（課税資産の譲渡等が軽減対象資産の譲渡等である場合には，資産の内容及び軽減対象資産の譲渡等である旨）
④ 　課税資産の譲渡等の税抜価額又は税込価額を税率ごとに区分して合計した金額及び適用税率
⑤ 　税率ごとに区分した消費税額等
⑥ 　書類の交付を受ける事業者の氏名又は名称

　なお，適格簡易請求書を交付する場合の記載事項については，問47《適格簡易請求書の記載事項》をご参照ください。

　渡辺：私のクライアントがもらったレシートに，適用税率等がハンコで押されているものもありました。実際にやられている方もいるようです。やはり金をかけずにというのは大事ですよ。

8　書き足しは駄目

　熊王：区分記載請求書では，記載が義務づけられた税率ごとの取引金額や軽減税率の対象となる旨が抜けていたら買手が書き足してもいいということになっていますが，インボイスは駄目なんですね。

　渡辺：駄目です。売手側が再発行するということになります。

　熊王：もし手書きだったら，書き足しちゃってもわからないんじゃないかっ

130 ◆　Ⅲ　適格請求書発行事業者の義務等

て……，そういうこと言っちゃいけないですね（笑）。

　渡辺：筆跡鑑定で偽造インボイスと認定されるような気がします（笑）。い
ずれにせよ，インボイスへの書き足しはできません。

9　適格返還請求書

　熊王：問27に「適格返還請求書」というものがあります。これは，売上げの
返品，値引き，割戻し，売上割引，販売奨励金みたいなものを払ったときに，
売手から買手に発行しなければいけない書類です。

（適格返還請求書の交付義務）

> 問27　返品や値引き等の売上げに係る対価の返還等を行う場合，適格請求
> 　　　書発行事業者は，何か対応が必要ですか。【令和２年９月改訂】

【答】

　適格請求書発行事業者には，課税事業者に返品や値引き等の売上げに係る
対価の返還等を行う場合，適格返還請求書の交付義務が課されています（新
消法57の4③）。

　ただし，適格請求書の交付義務が免除される場合と同様，次の場合には，
適格返還請求書の交付義務が免除されます（新消令70の9③）。

①　3万円未満の公共交通機関（船舶，バス又は鉄道）による旅客の運送

②　出荷者等が卸売市場において行う生鮮食料品等の販売（出荷者から委託
　　を受けた受託者が卸売の業務として行うものに限ります。）

③　生産者が農業協同組合，漁業協同組合又は森林組合等に委託して行う農
　　林水産物の販売（無条件委託方式かつ共同計算方式により生産者を特定せ
　　ずに行うものに限ります。）

④　3万円未満の自動販売機及び自動サービス機により行われる商品の販売等

⑤　郵便切手類のみを対価とする郵便・貨物サービス（郵便ポストに差し出
　　されたものに限ります。）

　なお，適格返還請求書の記載事項については，問49から問51までをご参照
ください。

渡辺：インボイスの場合には，買手側で仕入税額控除の要件になるから発行する意味はわかりやすいのですが，適格返還請求書の発行にはどのような意味がありますか？

熊王：例えば，商品を100万円で売って，買手に100万円分のインボイスを発行する。その後で10万円割戻金を払った場合，売手は，10万円は返還等対価に係る税額ということで税額控除ができます。

一方，買手は，100万円のインボイスを受け取り，その後10万円の割戻金をもらっているわけですから，正味の仕入高は90万円になります。当然，仕入税額控除の対象になるのは90万円だけです。当初のインボイスをもとに計算したら過大控除になるので，売手から買手に返品値引き等があったら適格返還請求書を交付することが義務づけられたということです。

渡辺：買手の過大控除を防ぐために証拠を残すということですね。

熊王：そういうことです。買手に「もらってない」みたいなことを言わせないための措置なのだと思います。

渡辺：ちなみに，売上返還に対する税額控除の要件ではないですよね。

熊王：違います。売手のほうは，売上げに係る対価の返還等をしたら，適格返還請求書を交付していようがいまいが，消費税法38条により税額控除はできることになります。そこは全く別の話です。

渡辺：ちなみに，売上返還に対する税額控除の要件は帳簿への法定事項の記載ということになりますね。

10　記載事項に誤りがあった場合

熊王：問28は，この後電子インボイスのところでお話しするとして，先に問

132 ◆　Ⅲ　適格請求書発行事業者の義務等

29を見ます。

　問29は，記載事項に誤りがあった場合の売手の処理ですが，令和３年７月の改訂で，問76（265頁参照）に買手の処理が追加されています。先ほどもちょっとお話ししましたけれども，区分記載請求書については，税率ごとの取引金額や軽減税率対象の旨が漏れていたら買手が追記をできるということになっていたのですが，インボイスの時代になるとこれができなくなります。

（交付した適格請求書に誤りがあった場合の対応）

> 問29　交付した適格請求書の記載事項に誤りがあった場合，何か対応が必要ですか。【令和３年７月改訂】

【答】

　売手である適格請求書発行事業者は，交付した適格請求書，適格簡易請求書又は適格返還請求書（電磁的記録により提供を行った場合も含みます。）の記載事項に誤りがあったときは，買手である課税事業者に対して，修正した適格請求書，適格簡易請求書又は適格返還請求書を交付しなければなりません（新消法57の４④⑤）。

　なお，買手である課税事業者が作成した一定事項の記載のある仕入明細書等の書類で，売手である適格請求書発行事業者の確認を受けたものについても，仕入税額控除の適用のために保存が必要な請求書等に該当しますので（新消法30⑨二），買手において適格請求書の記載事項の誤りを修正した仕入明細書等を作成し，売手である適格請求書発行事業者に確認を求めることも考えられます。この場合は，売手である適格請求書発行事業者は，改めて修正した適格請求書，適格簡易請求書又は適格返還請求書を交付しなくても差し支えありません。

　買手である課税事業者の対応は，問76《交付を受けた適格請求書に誤りがあった場合の対応》をご参照ください。

　渡辺：売手にはインボイスの再発行を義務づけるとともに，買手は再発行の要求をしなければならないということですね。

熊王：区分記載請求書は，ぬるま湯の期間の暫定措置です。領収書，請求書に買手が書き足していいなんていう取扱いが法律に書いてあること自体がそもそも異常なことだと思います。

渡辺：この取扱いは，ゲスな言い方をすれば「書類を改ざんしていい」と言っているようなものですね。

区分記載請求書には，相手の氏名又は名称，取引年月日，取引内容，取引金額，自己の氏名又は名称は必ず記載しなければなりません。これが基本の記載事項です。これらの記載事項が漏れていたり，「品代」となっていたりするような領収書は，今でも法定書類として認められないことになります。また，今後も当然に認められません。そのあたりがルーズになっている中小事業者は，徐々に指導を強化していかなければいけないように感じています。

熊王：ところで，令和３年７月の改訂では，仕入明細書等についても新たな取扱いが追加されています。買手が，受領したインボイスのミスに気がついた場合，買手自ら内容を修正し，仕入明細書等と同様に売手の確認を受けることにより，インボイスの修正が完了するという取扱いです。

渡辺：この取扱いは，ものすごく画期的だと思いますね。インボイスの修正は売手側しかできないものと思っていましたが，買手側でも修正ができることになります。

例えば，修正を売手側に依頼したにもかかわらず，いつまで経っても売手側が修正してくれないような場合には，この方法が使えます。仕入明細書と同様ですから，「修正後の内容につき○月○日までに連絡がない場合には，確認があったものとします」などの一文を付けて送りつけておけば，その仕入明細書を保存することで修正が完了してしまいます。

熊王：ただ，だらしない取引先などの場合，これが常態化してしまうとそれはそれで困ってしまいますね。買手の事務負担が増えますし，だらしなさを余計に助長してしまうかもしれません。

渡辺：たしかにそうですね。どちらかというと苦肉の策というか，最後の手段という気がしてきました。

134◆ Ⅲ 適格請求書発行事業者の義務等

　熊王：問29について残念なのは，条文番号が未だに間違ったままだというこ
とです。Q&A には「新消法30⑨二」と書いてありますが，これは改正で簡易
インボイスが2号に追加されたことにより，「新消法30⑨三」に変わっていま
す。

　渡辺：同じ条文番号の誤りでも問76のほうは令和4年4月改訂で訂正されて
います。何で問29は直さなかったんでしょう。

　熊王：単純に気がつかなかったというか，直し忘れただけじゃないですか？

　令和3年7月の改訂から令和4年4月の改訂までの間にチマチマとアナウン
スもなしに改訂していたようですが，天下の国税庁の Q&A がこの為体ではお
話になりません。受験専門学校のテキストレベルです。猛省を促したいと思い
ます。

　また，令和3年7月に追加された問30では，修正した適格請求書等の交付方
法として，修正後の書類を再交付する方法のほか，当初交付した書類との関連
性を明らかにした上で，修正事項を明示した書類を交付することもできるとし
ています。

（修正した適格請求書の交付方法）

> 問30　交付した適格請求書等に誤りがあった場合に交付する修正した適格
> 　　　請求書等の交付方法について教えてください。【令和3年7月追加】

【答】
　適格請求書発行事業者が，適格請求書，適格簡易請求書又は適格返還請求
書を交付した場合（電磁的記録により提供を行った場合を含みます。）におい
て，これらの書類の記載事項に誤りがあったときには，これらの書類を交付
した相手方に対して，修正した適格請求書，適格簡易請求書又は適格返還請
求書を交付しなければなりません（新消法57の4④⑤）。
　これらの交付方法は，例えば，
・　誤りがあった事項を修正し，改めて記載事項の全てを記載したものを交
　付する方法

10 記載事項に誤りがあった場合 ◆135

・ 当初に交付したものとの関連性を明らかにし，修正した事項を明示したものを交付する方法

などが考えられます。

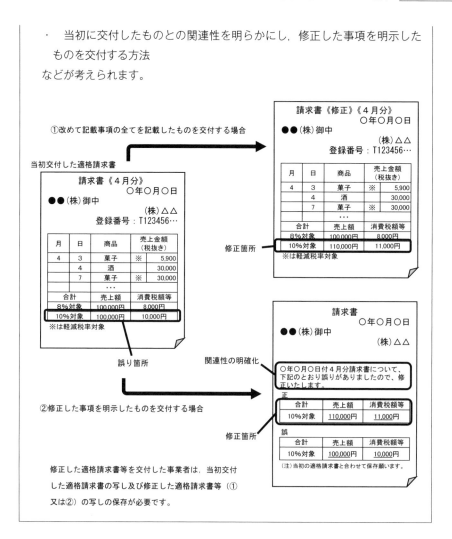

渡辺：インボイスの修正方法として2つの方法が示されています。どちらの方法がいいかは一長一短な気がしますが，いずれにしても必要なものとなりますので，今のうちから様式などを検討しておくといいと思います。

IV

電子インボイス

1 単純ではない中身

熊王：続きまして，問28です。私の大嫌いな電子インボイスなのですが，電子帳簿保存法が令和3年度に改正されました。

基本的にこれと連動しているらしいんだけれども，どうにもよくわからない。メールを送るときにデータを添付するじゃないですか。あんな感じで送ればいいのかなと思ったら，そんな単純なものでもないらしいのです。タイムスタンプを押さなきゃいけないとか，結構お金がかかるとか。電帳法を研究している先生に聞いてみたら，「そんな単純なものじゃない！」とお叱りを受けました。

私はやっぱりアナログ人間なだけあって，どうもこのあたりのことはよくわかりません。渡辺さんは私より10歳若いので，相当お詳しいと思います。問28に絡んで，問53，問66，問67，問69，問81，このあたりが全部電子インボイス関係だと思うので，わかりやすくお話ししていただけますか。

渡辺：ハードルを上げられて逆にしゃべりづらいんですけども（笑）。10歳若いということで，熊王先生よりもちょっとは理解しているつもりでおりますので，お話をさせていただきます。

2 電子帳簿保存法とは何か

渡辺：請求書等の電子データによる提供が消費税法の世界で初めて認められました。今までは紙媒体を前提とした規定しかなかったのですが，インボイス制度につきましては，電子データによるインボイスの提供が新たに認められることになります。

これに伴い，どうしても電帳法との絡みが出てきます。電帳法って一体どういったものなのか，このあたりをまず整理しましょう。

簡単に言うと，電子データを保存する時のルールを定めたのが電帳法と呼ばれるものです。フルネームは「電子計算機を使用して作成する国税関係帳簿書類の保存方法等の特例に関する法律」と言います。

熊王：聞いただけで嫌になりますね。

渡辺：これで毛嫌いされる方も多いですね（笑）。この電帳法ですが、データの発生源により、保存の方法が大きく3つに分かれます。

1つ目は、自己が一貫してコンピューターで作成した請求書や領収書、このオリジナルデータを保存する場合です（図表の「保存方法A」）。専用ソフト、Excel、Word、一太郎、何だっていいんですが、初めからコンピューターで作った請求書等です。

2つ目はスキャンデータの保存です。例えば、手書きで請求書、領収書を発行するとき、控えを保存しておくことになります。あるいは取引先から紙の請求書、領収書をもらってくる。これらの紙媒体の書類をスキャンして、データ化して保存するケースです（図表の「保存方法B」）。

3つ目はいわゆる「電子取引」です。これが電子インボイスに該当してきます。先ほどの2つは、紙媒体でやりとりするケースです。ところが電子データでやりとりする場合には、電子取引に該当しまして、そのデータ自体の保存方法が別途定められているのです（図表の「保存方法C」）。

＜電帳法に定める国税関係書類等の保存方法＞

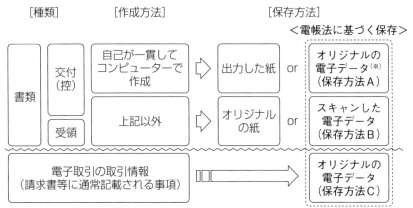

（※）一定の要件を満たす場合には、マイクロフィルムによる保存も可能
（出所）国税庁「電子帳簿保存法一問一答【電子取引関係】」（令和4年6月）問1の図解を一部加筆修正

渡辺：令和3年度の税制改正によって大きく電帳法が変わりました。

例えば，先ほどお話ししたコンピューターで作成したオリジナルデータ（「保存方法A」）やスキャンデータ（「保存方法B」）を保存する場合，改正前は，保存するにあたって事前に税務署長の承認をもらうというルールでした。

ところが改正法により，承認が必要なくなりました。また，それとともに，各保存方法のハードルが下がりました。タイムスタンプを押さなきゃいけないとか，そういった細かい要件はあるんですけども，使いづらいところを撤廃し，導入しやすいようにしたというのが特徴です。

一方で，締めるところは締めています。電帳法に則っていなかったら，そもそも国税の保存すべき書類として認めない。結構厳しいんですね。さらに，電子データにいたずらをした場合は，通常の重加算税にプラス10％負荷をかけるとしています。

ところで，令和3年度の改正で一番のサプライズとなったのが電子取引に関する改正です。改正前の法令では，「原則は電子データのまま保存してください」，「もし無理な場合には，紙にアウトプットして整理して保存することも認めますよ」という形でした。ところが改正法により，紙にアウトプットして保存することが禁止になりました。要は，電子データは電子データのままで保存してくださいということです。

紙にアウトプットする段階で，やはり改ざんが出るんですね。それを防ぐという意味もあります。ここについては，国の強いメッセージといいますか，意図が表れていると思います。

ちょっと話がそれますが，先生，DXってわかりますか？

熊王：デラックス？……マツコ？

渡辺：違います……。Digital Transformation，略してDXです。令和3年は「DX元年」とされていまして，強烈に電子化を推進するということになりました。令和3年度の税制改正でDX投資促進税制が入りました。あとは令和3年度の改正ではありませんが，大手企業の確定申告については電子申告しか認めないことになりました。こういったところも国の強いメッセージの表れだと思います。

3　電帳法改正と消費税

渡辺：ここがややこしいのですが，電帳法は，基本的には所得税，法人税の取扱いを定めています。消費税はどうなんだということですが，実は消費税法には，電子インボイス（電子取引）に関してオリジナル規定があります。

電帳法では，電子データ自体の保存じゃなきゃ認めないということになりましたが，消費税法については，紙にアウトプットして保存してもよいということが，もともと規定されているんです。ですから，二枚舌みたいな感じですが，電帳法の改正にかかわらず，消費税の世界では紙へのアウトプット保存が認められます。

この背景には影響度の違いがあるように思います。所得税，法人税の場合は結局，青色申告の承認がどうなるのかということです。ところが消費税は，青色申告者のみならず白色申告者にも影響が出ますし，小規模事業者から大規模事業者まですべての事業者に影響が出ます。ですから，その影響度合いからして少し緩くしているということじゃないかと思うのです。

熊王：消費税の世界で仕入税額控除が否認されたら青色申告の取消しどころじゃありません。実務というか，現実に配慮してくれていると理解していいですか。

渡辺：そうだと思います。消費税だけは別規定があるということです。

ただ，もし小規模事業者でも使い勝手のいいシステムなどができるのであれば，将来的には消費税も紙媒体での保存が認められなくなるのかもしれません。今後どうなっていくかは，今はまだ何ともわかりません。

熊王：ところで，先ほどの厳しすぎる取扱いに救いの手が差し伸べられたと聞いたのですが？

渡辺：そうなんです。令和3年度改正は，令和4年1月1日からスタートしたわけですが，実務界がやはり追いつかなかったということです。

というのも，令和3年度の改正法案が可決成立したのが令和3年の3月末です。そして，その具体的な取扱いを定めた国税庁の「電子帳簿保存法一問一答

（Q&A）」が改訂されたのが，令和3年7月だったんです。そこから半年後に，中小企業から大企業まで，すべての電子取引について紙へのアウトプット保存を禁止すると……。これは無理だったわけです。

　そこで，実務界が声を上げまして，その声が届いたのか，令和4年度税制改正大綱に宥恕措置というものが載りました。そして，新しい電帳法制度がスタートするはずだった令和4年1月1日の直前，令和3年12月末に電帳法規則が改正されました。

　簡単に言うと，令和5年12月31日までの2年間，紙へのアウトプット保存，要は，従来のやり方で構わないという宥恕措置が入りました。その宥恕措置について，問69の（参考）7行目のなお書以下で説明されていますが，細かいところは後で確認しましょう（154頁参照）。

　熊王：紙でも問題ないんですね。しかし，令和6年から本当にデータ保存の強制は機能するんでしょうか？

　これは，所得税や法人税の世界の話ですよね。中小企業も含めて電子になるのですか？

　渡辺：一問一答などを見ると，「令和6年1月1日から始めますから準備しておいてください」というような書きぶりになっていますが，こればかりはわかりません。その時の状況によるのかなと。

　ただ，法令上は，とにかく電子データでやりとりした場合，売手だったらその提供したオリジナルデータを保存しなさい。買手だったら提供を受けたデータを保存しなさいということです。売手と買手の両方ともに義務づけられます。

　熊王：そんなことできないという下請けが相当いるような気がします。

　渡辺：相手との意思確認，すり合わせも必要だと考えます。今現在出ている話でも，「うちはもう電子化したんで，請求書をデータでくれ」っていう会社があるんです。それに対し，自社の準備が整っていないので，「ちょっと無理です」って断るところもあるようです。

　ただ，電帳法改正をきっかけとして，大手企業などでは半ば強制的にデジタル化に移行する流れになるのではないかと思います。ただ，中小企業の場合に

はちょっと，ワンテンポ，ツーテンポ，スリーテンポ遅れて，実現していくのかなという気がします。

熊王：下請け，孫請けになったら，どんどん規模は小さくなっていくんです。私のイメージだと，大手が電子化したからといって，下請けや孫請けが電子化に付き合うのは難しいです。

今現在だって，請求書すら作れない下請けがいっぱいいるわけですよ。仕方がないから元請けが作ってあげている。現実がそんな状態です。どうなっちゃうんだろう。

渡辺：それは仕入計算書みたいな感じで対応するんじゃないですか。

熊王：いや，仕入計算書ではないんです。ただ作ってあげてる。別に構わないと思いますよ。本人に了解をとってるんだから。

渡辺：だったら逆に電子化しやすいんじゃないですか。「紙じゃなくていい？」と意思確認をすればいいだけですから。

熊王：一人親方みたいなのはどうする？

渡辺：だからまあ，中小に関してはスリーテンポくらい遅くなっていくのが現実だと思います。だからこそ消費税の世界では，仕入税額控除の部分については紙でもいいということなのだと思います。

4　電子インボイスとは何か

渡辺：以上を踏まえて，Q&Aを順番に追っていきます。まず問28は，「適格請求書に係る電磁的記録による提供」です。これが俗に電子インボイスといわれるものです。

（適格請求書に係る電磁的記録による提供）

問28　当社は，請求書を取引先にインターネットを通じて電子データにより提供していますが，この請求書データを適格請求書とすることができますか。【令和3年7月改訂】

144◆ Ⅳ 電子インボイス

【答】

　適格請求書発行事業者は，国内において課税資産の譲渡等を行った場合に，相手方（課税事業者に限ります。）から求められたときは，適格請求書を交付する必要がありますが，交付に代えて，適格請求書に係る電磁的記録を提供することができます（新消法57の4①⑤）。

　したがって，貴社は，請求書データに適格請求書の記載事項を記録して提供することにより，適格請求書の交付に代えることができます。

　ただし，適格請求書発行事業者が提供した電子データを電磁的に保存しようとする場合には一定の要件を満たした状態で保存する必要がありますが，その具体的な内容については，問67《適格請求書に係る電磁的記録を提供した場合の保存方法》をご参照ください。

（参考）　電磁的記録による提供方法としては，光ディスク，磁気テープ等の記録用の媒体による提供のほか，例えば，次の方法があります（インボイス通達3－2）。

①　ＥＤＩ取引^(注) における電子データの提供

②　電子メールによる電子データの提供

③　インターネット上にサイトを設け，そのサイトを通じた電子データの提供

（注）　ＥＤＩ（Electronic Data Interchange）取引とは，異なる企業・組織間で商取引に関連するデータを，通信回線を介してコンピュータ間で交換する取引等をいいます。

　渡辺：特に（参考）を見ていただきたいのですが，例えば，光ディスクとか磁気テープ等の記録用媒体でデータを提供します。「ガワ」といいまして，それ自体は物体なんですけども，記録されたデータを提供することから電子インボイスとなります。

　①は俗にいう「EDI取引」です。例えば受発注システムなど，取引先とのやりとりをシステム内のデータだけで完結させるイメージです。

　②はグッと身近になると思います。先ほど先生もおっしゃっていた，電子メールでデータを提供する場合です。これは手書きで作った請求書でもいいですし，専用ソフト，Word等で作成したデータでもいいんですけども，これを

例えば PDF ファイルに変換して，メールに添付して送る。これが電子取引になっちゃうんです。手書きだと作り方は思いっきりアナログですよ。ただこれをデータ化して送るという行為自体がもう電子取引に該当してしまうのです。中小企業でも当たり前のようにやっていることが対象になってくるということなんです。

あとは③ですが，原稿データを出すときに熊王先生も使っているかと思うのですが，要はインターネット上に宅配ボックスみたいなものがあって，そこにデータを入れます。取引先に鍵（パスワード）を渡しておいて，開けて取り出してもらうというイメージです。

以上が電子インボイスの例示ですが，今はもういろいろなものが，データで飛び交っているという状況です。

熊王：例えば，添付ファイルでデータを送るときなんかでは，タイムスタンプとか，そういったいろいろな要件があって，単純に今まで作ってきた請求書を PDF でポンと送るというわけにはいかないんでしょ？

渡辺：いや，大丈夫です。タイムスタンプは保存時に必要なだけです。送る分には何も制約はないです。ただ，後で説明しますが，先にタイムスタンプを押してから送るというやり方はあります。また，メールで送ることにも特に制約はないです。今までどおり送って構いません。

熊王：タイムスタンプが必要なんですか。日付は請求書に入ってるんだから，それで OK じゃないんですか？

渡辺：あれは改ざん防止なんですよ。その状態を確定させておくという意味で押します。収受印でもありません。

熊王：そういうことですか……。

5　記載事項は紙と同じ

渡辺：次は問53です。電子インボイスの記載事項，記載内容はどうなのかということですが，これに関しては，通常の紙媒体と全く同じと考えてください。

146◆ Ⅳ 電子インボイス

（適格請求書に係る電磁的記録の内容）

> 問53　当社は，書類に代えて，インターネットを利用して電子メールで請求書に係る電磁的記録を提供しています。
>
> 　適格請求書に代えて，適格請求書に係る電磁的記録を提供できるそうですが，この電磁的記録には，どのような内容を記録する必要がありますか。

【答】

　適格請求書発行事業者は，国内において課税資産の譲渡等を行った場合に，相手方（課税事業者に限ります。）から求められたときは適格請求書を交付しなければなりませんが，適格請求書の交付に代えて，適格請求書に係る電磁的記録を提供することができます（新消法57の4①⑤）。

　なお，提供する電磁的記録は，次のとおり適格請求書の記載事項と同じ内容の記録である必要があります。

①　電磁的記録を提供する適格請求書発行事業者の氏名又は名称及び登録番号

②　課税資産の譲渡等を行った年月日

③　課税資産の譲渡等に係る資産又は役務の内容（課税資産の譲渡等が軽減対象資産の譲渡等である場合には，資産の内容及び軽減対象資産の譲渡等である旨）

④　課税資産の譲渡等の税抜価額又は税込価額を税率ごとに区分して合計した金額及び適用税率

⑤　税率ごとに区分した消費税額等

⑥　電磁的記録の提供を受ける事業者の氏名又は名称

　また，電磁的記録による提供方法については，問28《適格請求書に係る電磁的記録による提供》をご参照ください。

　渡辺：例えば，①は「電磁的記録を提供する……」となっていますが，紙媒体だったら単に「紙を提供する……」と読んでいただければいいです。

6 パソコン作成データの保存 ◆147

6　パソコン作成データの保存

　渡辺：続いて問66です。「適格請求書の写しの電磁的記録による保存」ですが，ここから具体的な保存要件が出てきます。

　ちなみに，令和3年7月に改訂されたQ&Aに掲載されている要件は，令和4年1月1日からの改正後の電帳法の内容となっています。令和3年12月31日までの改正前の電帳法の内容については，国税庁のホームページにアップされている「電子帳簿保存法一問一答（Q&A）」で確認してみてください。インボイスQ&Aは改訂前のものが見られないのですが，電帳法Q&Aに関しては旧法と新法の両方のQ&Aがアップされています。

（適格請求書の写しの電磁的記録による保存）

> 問66　当社は，自己の業務システムで作成した適格請求書を出力し，書面で交付しています。
>
> 　適格請求書発行事業者は，交付した適格請求書の写しを保存しなければなりませんが，書面で交付した適格請求書の写しとして，当該システムで作成したデータを保存することも認められますか。【令和3年7月改訂】

【答】

　適格請求書発行事業者には，交付した適格請求書の写しの保存義務があります（新消法57の4⑥）。

　こうした国税に関する法律の規定により保存が義務付けられている書類で，自己が一貫して電子計算機を使用して作成したものについては，電帳法に基づき，電磁的記録による保存をもって書類の保存に代えることができることとされています（電帳法4②）。

　なお，作成したデータでの保存に当たっては，次の要件を満たす必要があります。

①　適格請求書に係る電磁的記録の保存等に併せて，システム関係書類等（システム概要書，システム仕様書，操作説明書，事務処理マニュアル等）の

備付けを行うこと（電帳規2②一，③）

② 適格請求書に係る電磁的記録の保存等をする場所に，その電磁的記録の電子計算機処理の用に供することができる電子計算機，プログラム，ディスプレイ及びプリンタ並びにこれらの操作説明書を備え付け，その電磁的記録をディスプレイの画面及び書面に，整然とした形式及び明瞭な状態で，速やかに出力できるようにしておくこと（電帳規2②二，③）

③ 国税に関する法律の規定による適格請求書に係る電磁的記録の提示若しくは提出の要求に応じることができるようにしておくこと又は適格請求書に係る電磁的記録について，次の要件を満たす検索機能を確保しておくこと（電帳規2②三，③）

・ 取引年月日，その他の日付を検索条件として設定できること
・ 日付に係る記録項目は，その範囲を指定して条件を設定することができること

（参考） 電帳法上の保存方法等については，国税庁ホームページに掲載されている，「電子帳簿保存法取扱通達解説（趣旨説明）」や「電子帳簿保存法（Q&A）」を参考としてください。

渡辺：まず，前提に気をつけていただきたいと思います。

1行目に「当社は，自己の業務システムで作成した適格請求書を出力し，書面で交付しています。」と書いてありますが，これは電子インボイス（電子取引）ではありません。データで送ったら電子インボイスですが，紙媒体で交付した場合には，たとえシステムで作成したインボイスであっても電子インボイスには該当しないのです。

したがって保存方法は変わってきます。139頁の図表の「保存方法A」となります。電子インボイスではありませんから，紙で保存することができます。もしデータのまま保存するということであれば，【答】の①～③が保存要件になるということです。

ざっと見ておきます。①はシステム関係書類を備え付けてくれということです。要は，調査に入って，調べる時に説明書がほしいということです。

②は，その場ですぐ出力して見られる状態を整えておくということです。そ

のために，ディスプレイとかプリンタとかを備え付けておいてくださいということで，ある意味当たり前のことだと思います。

③ですが，税務調査などで電子データをダウンロードできる状態にしておくか，あるいは，取引年月日等を範囲指定できる検索機能を確保しておくことのいずれかが要件となります。

ちなみに，令和3年度改正前の電帳法では，必ず取引年月日等を範囲指定できる検索機能を確保しておくことが要件でしたが，税務調査で電子データのダウンロードができるのであれば，この要件は備えなくていいことになりました。こういった点で，ハードルが下がったと言いますか，利用しやすくなったと言えるでしょう。

7　電子インボイスを提供した場合

渡辺：問67にいきましょう。こちらが電子インボイスを提供した場合の保存要件となります。

（適格請求書に係る電磁的記録を提供した場合の保存方法）

> 問67　当社は，適格請求書の交付に代えて，適格請求書に係る電磁的記録を提供しています。
> 　　提供した電磁的記録については，保存しなければならないとのことですが，どのような方法で保存すればよいですか。【令和3年7月改訂】

【答】

　適格請求書発行事業者は，国内において課税資産の譲渡等を行った場合に，相手方（課税事業者に限ります。）から求められたときは適格請求書を交付しなければなりませんが，適格請求書の交付に代えて，適格請求書に係る電磁的記録を相手方に提供することができます（新消法57の4①⑤）。

　その場合，適格請求書発行事業者は，提供した電磁的記録を
・　電磁的記録のまま，又は
・　紙に印刷して，

その提供した日の属する課税期間の末日の翌日から2月を経過した日から7年間，納税地又はその取引に係る事務所，事業所その他これらに準ずるものの所在地に保存しなければなりません（新消法57の4⑥，新消令70の13①，新消規26の8）。

また，その電磁的記録をそのまま保存しようとするときには，以下の措置を講じる必要があります（新消規26の8①）。

① 次のイからニのいずれかの措置を行うこと

イ 適格請求書に係る電磁的記録を提供する前にタイムスタンプを付し，その電磁的記録を提供すること（電帳規4①一）

ロ 次に掲げる方法のいずれかにより，タイムスタンプを付すとともに，その電磁的記録の保存を行う者又はその者を直接監督する者に関する情報を確認することができるようにしておくこと（電帳規4①二）

・ 適格請求書に係る電磁的記録の提供後，速やかにタイムスタンプを付すこと

・ 適格請求書に係る電磁的記録の提供からタイムスタンプを付すまでの各事務の処理に関する規程を定めている場合において，その業務の処理に係る通常の期間を経過した後，速やかにタイムスタンプを付すこと

ハ 適格請求書に係る電磁的記録の記録事項について，次のいずれかの要件を満たす電子計算機処理システムを使用して適格請求書に係る電磁的記録の提供及びその電磁的記録を保存すること（電帳規4①三）

・ 訂正又は削除を行った場合には，その事実及び内容を確認することができること

・ 訂正又は削除することができないこと

ニ 適格請求書に係る電磁的記録の記録事項について正当な理由がない訂正及び削除の防止に関する事務処理の規程を定め，当該規程に沿った運用を行い，当該電磁的記録の保存に併せて当該規程の備付けを行うこと（電帳規4①四）

② 適格請求書に係る電磁的記録の保存等に併せて，システム概要書の備付けを行うこと（電帳規2②一，4①）

③ 適格請求書に係る電磁的記録の保存等をする場所に，その電磁的記録の電子計算機処理の用に供することができる電子計算機，プログラム，ディ

スプレイ及びプリンタ並びにこれらの操作説明書を備え付け，その電磁的記録をディスプレイの画面及び書面に，整然とした形式及び明瞭な状態で，速やかに出力できるようにしておくこと（電帳規2②二，4①）

④ 適格請求書に係る電磁的記録について，次の要件を満たす検索機能を確保しておくこと（電帳規2⑥六，4①）

※ 国税に関する法律の規定による電磁的記録の提示又は提出の要求に応じることができるようにしているときはⅱ及びⅲの要件が不要となり，その判定期間に係る基準期間における売上高が1,000万円以下の事業者が国税に関する法律の規定による電磁的記録の提示又は提出の要求に応じることができるようにしているときは検索機能の全てが不要となります。

ⅰ 取引年月日その他の日付，取引金額及び取引先を検索条件として設定できること

ⅱ 日付又は金額に係る記録項目については，その範囲を指定して条件を設定することができること

ⅲ 二以上の任意の記録項目を組み合わせて条件を設定できること

他方，適格請求書に係る電磁的記録を紙に印刷して保存しようとするときには，整然とした形式及び明瞭な状態で出力する必要があります（新消規26の8②）。

（参考） 電帳法上の保存方法等については，国税庁ホームページに掲載されている，「電子帳簿保存法取扱通達解説（趣旨説明）」や「電子帳簿保存法（Q＆A）」を参考としてください。

渡辺：まず，【答】にあるとおり，原則は電帳法に定める方法に従って電子データのまま保存します。ただし，消費税オリジナルの取扱いとして，紙に出力して保存することも認められます。その上で【答】の①以降が，電帳法で定める，いわゆる電子取引，電子インボイスの保存要件となります。

①ですが，「イ」から「ニ」までのいずれかの措置を行うということで，全部で4パターンあります。どれか1つの措置で構いません。

例えば「イ」は，タイムスタンプを押して改ざんができない状態にしてから

送ること。

「ロ」は，逆にデータを受け取ってから，業務サイクル経過後速やかにタイムスタンプを押してデータを確定させること。

「ハ」は，システム上，訂正又は削除を行った場合にその記録が残ること，あるいはそもそも訂正削除ができないこと。ちなみに，欧米はこういったものが主流らしいです。

「ニ」は，「事務処理規程を備え付けて，それに従って運用してください」となっていまして，これは先ほどお話しした「電子帳簿保存法一問一答（Q&A）」に事務処理規程の雛形が載っているのですが，意外とハードルが高い印象です。

②は，システム概要書を備え付けておくということで，先ほどの問66と同じようにシステム関係書類の保存要件となります。

③は，見やすいようにディスプレイ画面とかを備え付けておく。これも先ほどの問66で出てきましたね。

④は，検索機能要件です。検索項目は，取引年月日等，取引金額，取引先の3つとなります。そして，これらの項目のうち，日付や金額については範囲指定で検索ができること，あとは2以上の項目の組合せで検索ができることが要件となっています。

あとは少しややこしいんですけど，④の「※」にもあるように，税務調査などですぐにデータのダウンロードに応じることができるような場合には，日付や金額の範囲指定はいらず，また，2以上の項目による組合せ検索機能も不要となります。

また，基準期間における「課税売上高」じゃなくて「売上高」が1,000万円以下の事業者が税務調査においてすぐにデータのダウンロードに応じることができる場合は，④の要件自体が不要となります。

ちなみに，令和3年度改正前の電帳法の場合，検索項目は，取引年月日等，取引金額，その他主要な記録項目となっていました。幅広い検索機能が必要となっていましたが，改正後についてはこれが3項目に限定されました。

また，旧法では，税務調査などですぐにデータのダウンロードに応じられる場合の要件免除規定がありませんでしたが，新法では要件免除規定ができたのも注目すべきところです。

このあたりは，実際に運用を行っていかないとなかなかピンとこないところだと思います。ただ，データを保存するにあたって，そのハードルは少し下がったというところはお伝えしておきたいです。一方で，紙へのアウトプット保存も消費税の場合には引き続き可能です。こんなところを押さえていただきたいです。

熊王：これでハードルが下がってるんですか。聞いてるだけで具合が悪くなってきました。

渡辺：たしかに，中小企業でもデータ保存がしやすくなるようにという配慮はうかがえます。ただ，現実的に小規模事業者には厳しいということが，これを見るとおわかりいただけると思います。

熊王：そもそもできるのかってことなんですよ。

渡辺：わからないです。ただ，国としてはやっぱり大手のほうを先に引っ張りたいという考えはあると思います。遅ればせながら中小が追いつけるかどうかというところでしょうか。

税理士の立場からすると，気になるのは中小ですから，逆にどうやって追いつくんだろうという疑問は拭えません。聞けば聞くほど，難しいところはあるんですが，現状をぜひ知っておいていただければと思います。

熊王：わかりました。

8　紙へのアウトプット保存

渡辺：問69は，これも繰り返しになりますが，提供されたデータの保存方法についてです。

154 ◆ Ⅳ　電子インボイス

（提供された適格請求書に係る電磁的記録の書面による保存）

> 問69　当社は，取引先から請求書を電子データにより提供を受けました。
> これを出力して保存することで，仕入税額控除の要件を満たしますか。
> 　なお，提供を受けた請求書データは，適格請求書の記載事項を満たし
> ています。【令和４年４月改訂】

【答】

　ご質問の請求書の電子データのように，適格請求書に係る電磁的記録による提供を受けた場合であっても，電磁的記録を整然とした形式及び明瞭な状態で出力した書面を保存することで，仕入税額控除の適用に係る請求書等の保存要件を満たします（新消規15の５②）。

（参考）　令和３年度の税制改正により，電帳法において，所得税（源泉徴収に係る所得税を除きます。）及び法人税の保存義務者については，令和４年１月１日以後行う電子取引に係る電磁的記録を書面やマイクロフィルムに出力してその電磁的記録の保存に代えられる措置が廃止されましたので，全ての電子取引の取引情報に係る電磁的記録を一定の要件の下，保存しなければならないこととされました。

　なお，令和４年１月１日から令和５年12月31日までの間に電子取引を行う場合には，授受した電子データについて要件に従って保存をすることができないことについて，納税地等の所轄税務署長がやむを得ない事情があると認め，かつ，保存義務者が税務調査等の際に，税務職員からの求めに応じ，その電子データを整然とした形式及び明瞭な状態で出力した書面の提示又は提出をすることができる場合には，その保存要件にかかわらず電子データの保存が可能となり，また，その電子データの保存に代えてその電子データを出力することにより作成した書面による保存をすることも認められます（この取扱いを受けるに当たり税務署への事前申請等の手続は必要ありません。）。

　また，令和６年１月１日以後に行う電子取引の取引情報については要件に従った電子データの保存が必要ですので，そのために必要な準備をお願いします。

> 電帳法上の保存方法等については，国税庁ホームページに掲載され
> ている，「電子帳簿保存法取扱通達解説（趣旨説明）」や「電子帳簿保
> 存法（Ｑ＆Ａ）」を参考としてください。

　渡辺：売手側から電子インボイスの提供を受けた場合，本来は電子データの
ままで保存しなければなりません。ただし，消費税オリジナルの取扱いとし
て，紙にアウトプットして保存することも認められます。

　ちなみに，先ほどお話しした電帳法に関する宥恕措置の内容が，令和４年４
月改訂によって，問69の（参考）７行目のなお書以下に追加されました。

　やむを得ない事情がある場合については，紙へのアウトプット保存を認め
る。また，本来であれば，改ざん防止，要はもう手を入れられない状態にす
る，そして，税務調査のために検索機能をつけておかなければならないといっ
た電帳法のルールに則って電子データを保存しないと駄目なんですけど，令和
５年12月31日までは，とにかくデータの形で保存しておけばそれで構わないと
いう旨が追加されています。

　熊王：要するに，やむを得ない事情があれば，電子データの保存要件が２年
間は緩和されるということですね。

　令和５年10月からインボイス制度がスタートしますが，もともと電子インボ
イスは，電帳法の要件を満たす電子データの保存が要件だったんだけども，結
論として，令和５年10月からの３か月間は，「中途半端」な電子データでも認
められるということですか？

　渡辺：そう考えていいんでしょうね。

　もうちょっと整理しておきますと，そもそも電帳法は，所得税，法人税の取
扱いを定めた法律で，消費税法には別にオリジナル規定があるということは，
先ほどお話ししたとおりです。ちなみに，電子インボイスは，電子取引と全く
同じだと考えてください。

　電子インボイスをやりとりした場合には，電帳法のルールに則ってデータを
保存するか，初めから紙にアウトプットして紙で保存するか，どちらでもOK

156◆ Ⅳ 電子インボイス

とされています。

　今回，その大元の電帳法が変わったことで，熊王先生がおっしゃったように，令和5年の10月，11月，12月については，ある意味「中途半端」な形での保存もできることになったと解されます。

9　電子インボイスの提供を受けた場合

　渡辺：最後は問81です。これも問67（149頁参照）と全く同じ要件になっています。要は，データによる授受ですので，問67は売手側，問81は買手側のデータ保存要件です。

　なお，令和3年度改正前の電帳法の内容で掲載されていたものが，令和3年7月の改訂で，改正後の電帳法の内容に切り替わっています。

　また，繰り返しになりますが，問67にもあったように，紙に出力しての保存は，消費税の世界では引き続き認められます。

（提供を受けた適格請求書に係る電磁的記録の保存方法）

> 問81　当社は，取引先から，適格請求書の交付に代えて，適格請求書に係る電磁的記録の提供を受けています。仕入税額控除の要件を満たすためには，電磁的記録をどのような方法で保存すればよいですか。【令和3年7月改訂】

【答】

　相手方から適格請求書の交付に代えて，適格請求書に係る電磁的記録による提供を受けた場合，仕入税額控除の適用を受けるためには，その電磁的記録を保存する必要があります（新消法30⑦⑨二）。

　提供を受けた電磁的記録をそのまま保存しようとするときには，以下の措置を講じる必要があります（新消令50①，新消規15の5）。

①　次のイからニのいずれかの措置を行うこと

　イ　タイムスタンプが付された適格請求書に係る電磁的記録を受領すること（受領した者がタイムスタンプを付す必要はありません。）（電帳規4

①一)
ロ　次に掲げる方法のいずれかにより，タイムスタンプを付すとともに，
　その電磁的記録の保存を行う者又はその者を直接監督する者に関する情
　報を確認することができるようにしておくこと（電帳規4①二）
　　・　適格請求書に係る電磁的記録の提供を受けた後，速やかにタイムス
　　　タンプを付すこと
　　・　適格請求書に係る電磁的記録の提供からタイムスタンプを付すまで
　　　の各事務の処理に関する規程を定めている場合において，その業務の
　　　処理に係る通常の期間を経過した後，速やかにタイムスタンプを付す
　　　こと
ハ　適格請求書に係る電磁的記録の記録事項について，次のいずれかの要
　件を満たす電子計算機処理システムを使用して適格請求書に係る電磁的
　記録の受領及びその電磁的記録を保存すること（電帳規4①三）
　　・　訂正又は削除を行った場合には，その事実及び内容を確認すること
　　　ができること
　　・　訂正又は削除することができないこと
ニ　適格請求書に係る電磁的記録の記録事項について正当な理由がない訂
　正及び削除の防止に関する事務処理の規程を定め，当該規程に沿った運
　用を行い，当該電磁的記録の保存に併せて当該規程の備付けを行うこと
　（電帳規4①四）
②　適格請求書に係る電磁的記録の保存等に併せて，システム概要書の備付
　けを行うこと（電帳規2②一，4①）
③　適格請求書に係る電磁的記録の保存等をする場所に，その電磁的記録の
　電子計算機処理の用に供することができる電子計算機，プログラム，ディ
　スプレイ及びプリンタ並びにこれらの操作説明書を備え付け，その電磁的
　記録をディスプレイの画面及び書面に，整然とした形式及び明瞭な状態で，
　速やかに出力できるようにしておくこと（電帳規2②二，4①）
④　適格請求書に係る電磁的記録について，次の要件を満たす検索機能を確
　保しておくこと（電帳規2⑥六，4①）
　　※　国税に関する法律の規定による電磁的記録の提示又は提出の要求に
　　　応じることができるようにしているときはⅱ及びⅲの要件が不要とな

り，その判定期間に係る基準期間における売上高が1,000万円以下の事業者が国税に関する法律の規定による電磁的記録の提示又は提出の要求に応じることができるようにしているときは検索機能の全てが不要となります。

　i　取引年月日その他の日付，取引金額及び取引先を検索条件として設定できること

　ii　日付又は金額に係る記録項目については，その範囲を指定して条件を設定することができること

　iii　二以上の任意の記録項目を組み合わせて条件を設定できること

　他方，提供を受けた適格請求書に係る電磁的記録を紙に印刷して保存しようとするときは，整然とした形式及び明瞭な状態で出力する必要があります（新消規15の5②）。

（参考）　電帳法上の保存方法等については，国税庁ホームページに掲載されている，「電子帳簿保存法取扱通達解説（趣旨説明）」や「電子帳簿保存法（Q＆A）」を参考としてください。

10　今後の情報にも注目

渡辺：聞いていただいてどうですか，先生。

熊王：胸がいっぱいになってしまいました。

渡辺：現実的に厳しいですよね。

熊王：イメージが湧かないです。ただ，これが時代の流れなので仕方ないのかな……。

渡辺：逆の発想でいくと，納税者や税理士が本当に使いやすい仕組みができるのなら，それに越したことはないと思います。うまくいけば業務がかなり楽になるでしょうし。データをそのまま吸い上げて，かなりの精度で会計データを生成するところまでやってもらえる。しかもリーズナブル。こんな楽なことはありません。

　私が知らないだけかもしれませんが，現状，そこまでの機能を備えている万

能なシステムは正直ないのではないでしょうか。だから，税理士会が小規模事業者向けのシステムが整備されるまでインボイス制度の導入に反対する気持ちはわからんではないです。

　小規模事業者をクライアントに抱える，要はわれわれの業務が整うまで，楽になるまでオール電子化は待ってほしい。私も税理士の端くれですから当然それは思います。ただ先生がおっしゃったように，やっぱり時代の流れはあるのかなという気はします。

　熊王：今後もいろいろな情報が出てくるでしょう。

　渡辺：引き続き注意して見ていきましょう。

　熊王：嫌だけどやります（笑）。

　渡辺：だいぶトーンダウンされましたね（笑）。

　熊王：じゃあ電子インボイスはそんなところでいいですかね。これ以上聞いたら頭がウニになってしまいそうだ。

V

交付義務の免除

162◆　Ⅴ　交付義務の免除

1　交通機関の特例と３万円判定

熊王：次は「交付義務の免除」です。

　問32は，インボイスの交付義務が免除される取引ということで，交付が困難な場合はインボイスを交付する必要はないということです。すでに問23（114頁参照）で概要は確認しました。

（適格請求書の交付義務が免除される取引）

> 問32　適格請求書の交付が困難な取引として，交付義務が免除される取引にはどのようなものがありますか。【令和２年９月改訂】

【答】

　適格請求書発行事業者には，国内において課税資産の譲渡等を行った場合に，相手方（課税事業者に限ります。）からの求めに応じて適格請求書の交付義務が課されています（新消法57の４①）。

　ただし，次の取引は，適格請求書発行事業者が行う事業の性質上，適格請求書を交付することが困難なため，適格請求書の交付義務が免除されます（新消令70の９②）。

①　３万円未満の公共交通機関（船舶，バス又は鉄道）による旅客の運送（以下「公共交通機関特例」といいます。）

②　出荷者等が卸売市場において行う生鮮食料品等の販売（出荷者から委託を受けた受託者が卸売の業務として行うものに限ります。）

③　生産者が農業協同組合，漁業協同組合又は森林組合等に委託して行う農林水産物の販売（無条件委託方式かつ共同計算方式により生産者を特定せずに行うものに限ります。）

④　３万円未満の自動販売機及び自動サービス機により行われる商品の販売等（以下「自動販売機特例」といいます。）

⑤　郵便切手類のみを対価とする郵便・貨物サービス（郵便ポストに差し出されたものに限ります。）

1　交通機関の特例と３万円判定　◆163

　熊王：問33は，公共交通機関の特例です。①船舶，②バス，③鉄道・軌道と
なっていまして，インボイスの交付義務が免除されます。
　ところで，飛行機は免除されないんでしょうか？

（公共交通機関特例の対象）

> 問33　公共交通機関特例の対象となる公共交通機関の行う旅客の運送と
> 　　　は，具体的にはどのようなものですか。

【答】
　適格請求書の交付義務が免除される公共交通機関特例の対象となるのは，
３万円未満の公共交通機関による旅客の運送で，次のものをいいます（新消
令70の９②一）。
①　船舶による旅客の運送
　　一般旅客定期航路事業（海上運送法２⑤），人の運送をする貨物定期航路
　事業（同法19の６の２），人の運送をする不定期航路事業（同法20②）（乗
　合旅客の運送をするものに限ります。）として行う旅客の運送（対外航路の
　ものを除きます。）
②　バスによる旅客の運送
　　一般乗合旅客自動車運送事業（道路運送法３一イ）として行う旅客の運送
　　（注）　路線不定期運行（空港アクセスバス等）及び区域運行（旅客の予
　　　　　約等による乗合運行）も対象となります。
③　鉄道・軌道による旅客の運送
　・　鉄道：第一種鉄道事業（鉄道事業法２②），第二種鉄道事業（同法２③）
　　　として行う旅客の運送
　・　軌道（モノレール等）：軌道法第３条に規定する運輸事業として行う旅
　　　客の運送

　渡辺：免除されないですね。私の推測ですが，問33の【答】に列挙されてい
るものを見ると，対象となる取引は，不特定多数の乗合旅客を運送する場合だ
と思うんです。例えば，JRの山手線の利用客にインボイスを出すとなると相

手を確認するのは困難ですし，ものすごい数になる。だから割り切ったんじゃないでしょうか。

航空機の場合であれば，乗合いにはなりますが，個人を特定して予約を入れます。相手が特定されるわけですから，交付を免除する必要はないということではないでしょうか。①の船舶について，特定の人を運送する「特定旅客定期航路事業」が除かれているのも同じ理由じゃないかと思います。

熊王：問34にいきましょう。いわゆる３万円判定です。これは一の取引ごとに見ていくことになっています。例えば，新幹線の切符が１人13,000円で，４人分買うと52,000円ですが，これは13,000円が３万円未満だから免除されるということではなく，４人分で３万円以上だから免除されないということになります。

もっとも，新幹線の切符は，金額を気にしなくても JR がインボイスを発行してくるでしょう。

（公共交通機関特例の３万円未満の判定単位）

> 問34　３万円未満の公共交通機関による旅客の運送かどうかは，どのような単位で判定するのですか。

【答】

　　適格請求書の交付義務が免除される公共交通機関特例の対象となるのは，３万円未満の公共交通機関による旅客の運送です（新消令70の９②一）。

　　この３万円未満の公共交通機関による旅客の運送かどうかは，１回の取引の税込価額が３万円未満かどうかで判定します（インボイス通達３－９）。したがって，１商品（切符１枚）ごとの金額や，月まとめ等の金額で判定することにはなりません。

【具体例】

　　東京・新大阪間の新幹線の大人運賃が13,000円であり，４人分の運送役務の提供を行う場合には，４人分の52,000円で判定することとなります。

1　交通機関の特例と３万円判定　◆165

　渡辺：たしかに，みどりの窓口で買っても，券売機で買っても，金額にかか
わらず領収書はインボイス対応になってくると思います。

　熊王：ところで，券売機で４人分買ったときはどうなりますか？　領収書は
１枚なんでしょうか。自分では１枚しか買ったことがないからわかりません。

　渡辺：私も１枚しか買ったことがないですが，４人分買うと切符は４枚出
て，領収書は１枚じゃないでしょうか。

　熊王：１枚だったら，これはインボイスが必要になるということですね。

　渡辺：いりますね。

　熊王：もし領収書が４枚出るのだったらいらないですか？

　渡辺：いや，駄目じゃないですか。４人分同時に買っているなら一取引で
す。

　熊王：そういうことなのかな。今度２人で買ってみましょう。それで領収書
を……。

　渡辺：熊王先生，買ってもいいですけど，領収書は分けないといけないです
よ。お互い事業者だから（笑）。

　熊王：そうか（笑）。

　問35は特急料金・入場料金についてです。特急料金，急行料金，寝台料金は
特例の対象になるけれども，入場料金と手回品料金は対象にならないというこ
とです。

　入場料金とかは，問33に絡む旅客の運送ではないということをここではっき
りさせたかったんだと思います。

（特急料金・入場料金）

> 問35　特急列車に乗車するために支払う特急料金や駅構内に入場するため
> に支払う入場料金は，公共交通機関特例の対象になりますか。

【答】

　適格請求書の交付義務が免除される公共交通機関特例の対象となるのは，3万円未満の公共交通機関による旅客の運送です（新消令70の9②一）。

　ご質問の特急料金，急行料金及び寝台料金は，旅客の運送に直接的に附帯する対価として，公共交通機関特例の対象となります。

　他方，入場料金や手回品料金は，旅客の運送に直接的に附帯する対価ではありませんので，公共交通機関特例の対象となりません（インボイス通達3－10）。

渡辺：ところで，「手回品料金」ってそもそも何ですか？

熊王：これ，何だろうなと思って調べてみたんだけれども，犬とか猫とかの持込品の料金みたいです。きゃんきゃん鳴いてるなと思って見ると，たまにかごに入れて犬を連れている人がいるでしょ。

渡辺：なるほど。あれっていくらくらいかかるんですか？

熊王：いくらだったけな，二百何十円くらい（令和4年7月現在，1個290円）。

渡辺：そんな安いんですか。

熊王：あと，盲導犬は無料です。

渡辺：そうですよね。

熊王：あと蛇とかは持込禁止です。

渡辺：常識的に駄目ですね（笑）。

2　自販機や自動サービス機

熊王：問36と問37はすでに見ましたので，次は問38の自動販売機及び自動サービス機の範囲です。3万円未満の自動販売機の商品は，インボイスの交付義務が免除されます。コインロッカーやコインランドリーも同様ということになっています。

　それと，令和3年7月改訂によって，ATMの振込手数料などが追加されました。

2　自販機や自動サービス機　◆167

（自動販売機及び自動サービス機の範囲）

問38　3万円未満の自動販売機や自動サービス機による商品の販売等は，
　　適格請求書の交付義務が免除されるそうですが，具体的にはどのような
　　ものが該当しますか。【令和4年4月改訂】

【答】
　適格請求書の交付義務が免除される自動販売機特例の対象となる自動販売
機や自動サービス機とは，代金の受領と資産の譲渡等が自動で行われる機械
装置であって，その機械装置のみで，代金の受領と資産の譲渡等が完結する
ものをいいます（インボイス通達3－11）。
　したがって，例えば，自動販売機による飲食料品の販売のほか，コインロッ
カーやコインランドリー等によるサービス，金融機関のATMによる手数料
を対価とする入出金サービスや振込サービスのように機械装置のみにより代
金の受領と資産の譲渡等が完結するものが該当することとなります。
　なお，小売店内に設置されたセルフレジを通じた販売のように機械装置に
より単に精算が行われているだけのもの，コインパーキングや自動券売機の
ように代金の受領と券類の発行はその機械装置で行われるものの資産の譲渡
等は別途行われるようなもの及びネットバンキングのように機械装置で資産
の譲渡等が行われないものは，自動販売機や自動サービス機による商品の販
売等に含まれません。

　渡辺：ATM手数料が明記されたのは大きいですね。この後出てきますが，
買手側ではインボイスの保存が不要になります。事業者にとって振込手数料の
回数は，年間を通じると馬鹿になりません。
　正直に言いますと，この改訂が出るまでは，利用明細票などを保存するもの
と思っていたんです。言われてみればATMは自動サービス機です。盲点でし
た。
　熊王：ちなみに，セルフレジとか自動券売機のようなものは対象になりませ
ん。それと，ネットバンキングの手数料も対象とならないことが明記されてい
ます。さらに，令和4年4月の改訂では，交付義務免除の対象とならない手数

料の例示としてコインパーキングが新たに追記されています。

　渡辺：コインパーキングについても，どちらの取扱いなんだろうという憶測が飛び交っていたようですから，その取扱いが明記されたのは大きいですね。買手には保存義務が出てきますし，売手のコインパーキング業者については，発券する領収書をインボイス対応に切り替えなければなりません。

VI

交付方法

1 媒介者交付特例と代理交付

熊王：次は適格請求書の交付方法です。

問39は，いわゆる「媒介者交付特例」です。三者間取引となってまして，少しややこしいので【答】の図解を見ながら確認します。

（媒介者交付特例）

問39　当社（委託者）は，取引先（受託者）に商品の販売を委託し，委託販売を行っています。

　これまで，販売した商品の納品書は取引先から購入者に交付していましたが，この納品書を適格請求書として交付することはできますか。

　なお，当社と取引先はいずれも適格請求書発行事業者です。【令和4年4月改訂】

【答】

　適格請求書発行事業者には，課税資産の譲渡等を行った場合，課税事業者からの求めに応じて適格請求書の交付義務が課されています（新消法57の4①）。

　委託販売の場合，購入者に対して課税資産の譲渡等を行っているのは，委託者ですから，本来，委託者が購入者に対して適格請求書を交付しなければなりません。

　このような場合，受託者が委託者を代理して，委託者の氏名又は名称及び登録番号を記載した，委託者の適格請求書を，相手方に交付することも認められます（代理交付）。

　また，次の①及び②の要件を満たすことにより，媒介又は取次ぎを行う者である受託者が，委託者の課税資産の譲渡等について，自己の氏名又は名称及び登録番号を記載した適格請求書又は適格請求書に係る電磁的記録を，委託者に代わって，購入者に交付し，又は提供することができます（以下「媒介者交付特例」といいます。）（新消令70の12①）。

①　委託者及び受託者が適格請求書発行事業者であること

②　委託者が受託者に，自己が適格請求書発行事業者の登録を受けている旨を取引前までに通知していること（通知の方法としては，個々の取引の都度，事前に登録番号を書面等により通知する方法のほか，例えば，基本契約等により委託者の登録番号を記載する方法などがあります（インボイス通達3－7）。）

　なお，媒介者交付特例を適用する場合における受託者の対応及び委託者の対応は，次のとおりです。

【受託者の対応（新消令70の12①③）】

①　交付した適格請求書の写し又は提供した電磁的記録を保存する。

②　交付した適格請求書の写し又は提供した電磁的記録を速やかに委託者に交付又は提供する。

　　（注）　委託者に交付する適格請求書の写しについては，例えば，複数の委託者の商品を販売した場合や，多数の購入者に対して日々適格請求書を交付する場合などで，コピーが大量になるなど，適格請求書の写しそのものを交付することが困難な場合には，適格請求書の写しと相互の関連が明確な，精算書等の書類等を交付することで差し支えありませんが，この場合には，交付した当該精算書等の写しを保存する必要があります（インボイス通達3－8）。

　　　　なお，精算書等の書類等には，適格請求書の記載事項のうち，「課税資産の譲渡等の税抜価額又は税込価額を税率ごとに区分して合計した金額及び適用税率」や「税率ごとに区分した消費税額等」など，委託者の売上税額の計算に必要な一定事項を記載する必要があります。

【委託者の対応（新消令70の12④）】

①　自己が適格請求書発行事業者でなくなった場合，その旨を速やかに受託者に通知する。

②　委託者の課税資産の譲渡等について，受託者が委託者に代わって適格請求書を交付していることから，委託者においても，受託者から交付された適格請求書の写しを保存する。

　したがって，ご質問の場合は，取引先も適格請求書発行事業者ですから，貴社が取引先に自らが適格請求書発行事業者であることを通知することによ

り，取引先が自らの名称及び登録番号を記載した納品書を作成し，貴社の適格請求書として購入者に交付することができます。

なお，貴社は取引先から交付を受けた適格請求書の写しを保存する必要があります。

【媒介者交付特例の取引図】

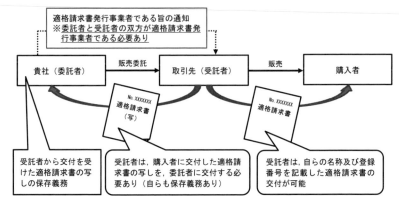

【受託者が委託者に適格請求書の写しに替えて交付する書類（精算書）の記載例】

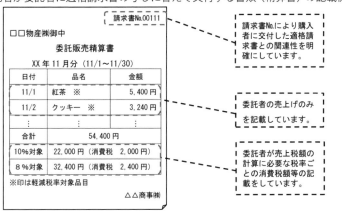

（注） 媒介者交付特例により適格請求書の交付を行う受託者が，自らの課税資産の譲渡等に係る適格請求書の交付も併せて行う場合，自らの課税資産の譲渡等と委託を受けたものを一の適格請求書に記載しても差し支え

ありません。

（参考）　事業者（適格請求書発行事業者に限ります。）が国税徴収法第2条第12号に規定する強制換価手続により，執行機関（同条第13号に規定する執行機関をいいます。）を介して国内において課税資産の譲渡等を行う場合には，当該執行機関は，当該課税資産の譲渡等を受ける他の者に対し，「適格請求書発行事業者の氏名又は名称及び登録番号」の記載に代えて「当該執行機関の名称及び本件特例の適用を受ける旨（「公売特例による適格請求書の交付」など）」を記載した適格請求書又は適格請求書に記載すべき事項に係る電磁的記録を交付し，又は提供することができます（新消令70の12⑤）。

なお，この場合，当該執行機関は，強制換価手続を受ける当該事業者から適格請求書発行事業者の登録を受けている旨の通知を受ける必要はありませんが，交付した適格請求書の写しの保存及び事業者への交付は媒介者交付特例と同様に必要となります（新消令70の12②③⑤⑥）。

また，当該執行機関は，適格請求書発行事業者である必要はありません。

　熊王：例えば，商品の販売委託をする場合，本来なら，一番右側の「購入者」と一番左側の「委託者」の取引だから，委託者は購入者にインボイスを交付しなきゃいけない。しかし，購入者が相対の取引をしているのは真ん中の「受託者」なので，委託者はいちいちインボイスを発行することができない。

　そこで，委託者と受託者が両方とも適格請求書発行事業者の登録をしていて，さらに委託者が「私は登録してますよ」ということを受託者に通知している場合には，受託者が委託者に代わってインボイスを発行できることになっています。

　そして，複数の委託者がいる場合の交付方法が問40で示されています。ここでは，「媒介者交付特例」と「代理交付」という2つのやり方を対にして解説しています。

174◆ Ⅵ 交付方法

（複数の委託者から委託を受けた場合の媒介者交付特例の適用）

問40　当社（受託者）は，複数の取引先（委託者）から委託を受けて，受
　　　託販売を行っています。一の売上先に対して，複数の取引先の商品の販
　　　売を行うことがあり，その場合，媒介者交付特例により，当社が一括し
　　　て適格請求書を交付することは可能でしょうか。【平成30年11月追加】

【答】
　次の①及び②の要件を満たすことにより，媒介又は取次ぎを行う者である
受託者が，委託者の課税資産の譲渡等について，自己（受託者）の氏名又は
名称及び登録番号を記載した適格請求書又は適格請求書に係る電磁的記録を，
委託者に代わって，購入者に交付し，又は提供することができます（新消令
70の12①）。
①　委託者及び受託者が適格請求書発行事業者であること
②　委託者が受託者に，自己が適格請求書発行事業者の登録を受けている旨
　を取引前までに通知していること（通知の方法としては，個々の取引の都
　度，事前に登録番号を書面等により通知する方法のほか，例えば，基本契
　約等により委託者の登録番号を記載する方法などがあります（インボイス
　通達3-7）。）
　この媒介者交付特例の適用により，ご質問のように複数の委託者に係る商
品を一の売上先に販売した場合であっても，1枚の適格請求書により交付を
行うことが可能です。
　この場合，適格請求書の記載事項である課税資産の譲渡等の税抜価額又は
税込価額は，委託者ごとに記載し，消費税額等の端数処理についても委託者
ごとに行うことが原則となります。
　ただし，受託者が交付する適格請求書単位で，複数の委託者の取引を一括
して記載し，消費税額等の端数処理を行うことも差し支えありません。

【媒介者交付特例により各委託者の取引について1枚の適格請求書を交付する場合の記載例】

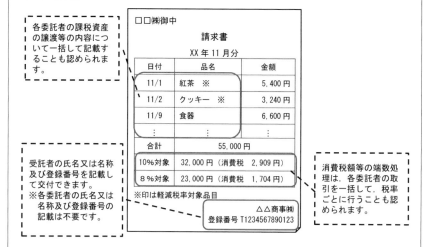

(参考) 複数の委託者の取引を一括して代理交付する場合

　　受託者（代理人）が複数の委託者（被代理人）の取引について代理して適格請求書を交付する場合は，各委託者の氏名又は名称及び登録番号を記載する必要があります。

　　また，複数の委託者の取引を一括して請求書に記載して交付する場合，委託者ごとに課税資産の譲渡等の税抜価額又は税込価額を記載し，消費税額等も委託者ごとに計算し，端数処理を行わなければなりません。

176◆ Ⅵ 交付方法

【代理交付により複数の委託者の取引を記載して交付する場合の記載例】

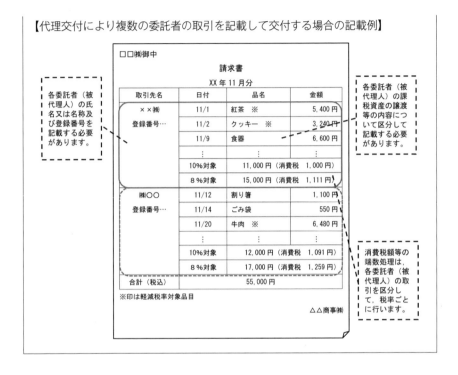

渡辺：代理交付というのは、委託者を代理して受託者がインボイスを交付するものです。ですから、その委託者の名前も入れて交付をしなければいけないので、結構面倒臭いんじゃないかなという気がしています。

熊王：媒介者交付特例を使えば、委託者の名前を書く必要はありません。委託者からの預り品を、自分の商品として、インボイスを発行できます。しかも、問39【答】の図解のすぐ下の注書にもあるように、自分の商品と預り品を区分しないで書類に書いちゃっても構わないとのことです。

実際問題として、代理交付を利用することなどあるんでしょうか？

渡辺：基本的には、媒介者交付特例が圧倒的に使いやすいと思います。ただ、例えば専属の代理店の場合とか、あとは自分のものではない商品やサービスを、自己の名前を伏して、委託者の名前を借りて取引しているケースがあるので、そういうときは代理交付がいいのだろうと思います。

熊王：たしかに，完全に受託者が1対1，専属で売っているような場合は代理交付のほうがいいかもしれませんね。

渡辺：委託者が複数いる場合は，十中八九，媒介者交付特例だと思います。例えば，中古車のオートオークションなんかは，間違いなく売買がたくさんありますので，会場では媒介者交付特例を使ってインボイスを交付する流れになると思います。

熊王：たしかにそうですね。

渡辺：そうすると，委託者も受託者も登録事業者でないといけないことになります。結果として，オークションに参加するにあたっては，免税事業者は，課税事業者となって，適格請求書発行事業者の登録を受ける必要があります。おそらく，登録番号を持っていないと参加資格がなくなるのではないでしょうか。

新規開業なんかの場合ですと，1期目と2期目は基本的に免税事業者となるわけですが，1期目からオークションに参加したい場合には課税事業者とならざるを得ません。従来どおりにはいかないということです。

2　公売特例

熊王：問39に戻りますが，令和4年4月改訂では，令和4年度改正で新設された「公売特例」の内容が，最後の（参考）に追記されています。

渡辺：これは，強制換価手続などが行われた場合の取扱いです。非常にレアケースだと思うんですが，例えば，税金の滞納者が財産を差し押さえられて公売になった場合，買手の立場からすると，その滞納者が売手になるので，財産を買い取ったとしても，売手からインボイスをもらうのは至難の技です。

そこで，間に入った執行機関が，売手であるその滞納者に代わってインボイスを交付できる制度ができたということです。

熊王：原則通りであれば，媒介者交付特例なんですよね？

渡辺：法令上，媒介者交付特例の条文（消令70の12）に追加されましたので，その一部という見方です。ただ，媒介者交付特例ではなく，むしろ代理交

付ではないかと思うんです。

　熊王：媒介者交付特例の場合には，委託者と受託者の両方が登録事業者でなければいけません。一方で公売特例は，受託者に当たる，例えば執行人などは，登録していなくてもいいことになっています。たしかに実際には，代理交付に近いですね。

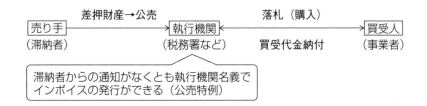

3　滞納者の登録如何をどう確認する？

　熊王：この特例は，滞納者が登録していなければ，もちろん駄目ですね？
　渡辺：駄目です。
　その間に入る執行機関については，登録事業者かどうか問いませんが，あくまでも，売手である滞納者がインボイスを出すことが本質ですから，滞納者は登録事業者でなければ特例は使えません。
　熊王：その滞納者が登録事業者かどうかという事実は，実際に財産を処分する執行人なんかが確認をするということになるんでしょうか？
　渡辺：これも不思議なんですが，媒介者交付特例の場合には，売手である委託者が，受託者に対して，自分が登録事業者であるという通知をしないといけません。
　ところが，公売特例については，その通知義務がないんです。要は，間に入る執行機関が滞納者の登録の状況を調べて把握した上で，インボイスを代わりに発行するという，ちょっと不思議な制度になっています。
　熊王：実際にどうやってやるのかなという感じはしますけれども……。
　渡辺：そもそも，執行機関ってどこまでを指すんでしょうか？

熊王：借金が返せなくてビルを持って行かれたなんてことは，うちの顧問先でもありますけど，この場合には，裁判所が認可して執行人が執行します。

渡辺：執行機関の登録を問わないということは，その執行人の方は，言い方は難しいですが，免税事業者の可能性もあるということなんでしょうね。

熊王：ちなみに，執行人は公証人と同じでしょ？

渡辺：感覚的にはそうだと思うんです。

まずは裁判所が処分を決定して，具体的な処理は執行人が担うというイメージです。

熊王：そして，その執行人が，滞納者の代わりにインボイスを発行するということですね。

4　落札価格は税込み？

熊王：公売にかけられたときの落札価格には，消費税はついてないんでしょうね？

渡辺：どうなんでしょう？

正直見たことがないんですけど，税込みということですよね？

熊王：そんなイメージはあるんですが，ただ私も経験がないもんですから……。

渡辺：例えば，1,000万円で落札して，別途消費税100万円をつけるなんてことはあり得ないでしょうね。

熊王：そう思うんですよ。

そうしたら，買手は，1,000万円を税込みと考えて仕入税額控除ができるということでいいんでしょう。

渡辺：むしろ，買手側の取引の安全のためにこういう制度を創ったんだろうと思います。考えてみると，そうでもなければ買取りなんてできません。

熊王：ただ，滞納者，つまり債務者にしてみると，にっちもさっちも行かずに自分の財産を公売にかけられてしまった場合にも，登録事業者であれば消費税の納税義務がついてきます。消費税は，原因は関係ありませんからね。

そうすると，消費税をもらえないのに納税義務だけついてくることになるの

で，債務者に消費税分くらいはあげてもいいんじゃないかと思ったりもするんだけど，どうもこのあたりのことは経験がないのでよくわかりません。こんな制度があるという程度の理解でいいのかな……。

　もし，とんちんかんなことを言っていたら，こういった事例に詳しい読者の方にぜひお叱りを受けたいと思います。

5　媒介者交付特例と農協特例

　熊王：この媒介者交付特例に絡んで，120頁でもお話しした農協特例をおさらいしましょう。

　免税事業者の生産品でも，農協というフィルターを通して売れば，買手は仕入税額控除ができますが，あくまでもこれは無条件委託方式・共同計算方式に限定されています。

　農協を通じて物を売る場合，違う契約形態の場合もありえます。例えば，メロンのような高級果物は，結構なブランド品であって，「渡辺さん家のメロン」みたいに有名な人が作った物をやたら高く売っていることがあります。そういう高級品を売るときには，農協に委託したほうが，売り範囲が広いからさばきやすい。だから，農協に手数料を払ってでも売ってもらうということがあるわけです。

　ただ，これは共同計算方式ではありません。「そんじょそこらのメロンと一緒にしてもらっちゃ困るんだ。手数料を払うから看板付けて個別に売ってくれ！」と，こうなるわけで，この場合は農協特例が使えない。そうすると，媒介者交付特例を利用することになるわけです。

　渡辺：それこそ代理交付じゃないですか？

　熊王：代理交付でもいいと思うけれども，いずれにしてもこのケースでは，農家が免税の場合は，農協はインボイスの発行ができません。

　渡辺：そうですね。農家が免税の場合は媒介者交付特例はもとより，代理交付も使えません。

　熊王：農家が登録事業者であればどちらの方法も使えます。ただ，代理交付

の場合，農協はどうでしょうか。生産者の名称が入った専用の領収書を用意しておくんでしょうか？

渡辺：そうなるんじゃないですか。それか生産者に領収書を用意して持ち込んでもらうとか。

熊王：「渡辺さん家」の領収書ね。

渡辺：逆に，農協が既存の領収書，定型のフォームを活かすとなると，媒介者交付特例を使って農協の名義でインボイスを発行することになると思います。

熊王：ところで，農協の手数料も地域とか物によって違うみたいです。例えば，私の田舎の山梨はぶどうと桃の生産量が日本一なんです。たまにね，桃は岡山だと思っている人がいるけども，あれは桃太郎に騙されているのであって違うんです。

渡辺：騙したわけじゃないと思います（笑）。

熊王：桃は山梨なんです。それで，地元の先生に聞いてみたら，桃の手数料は結構高い。2割5分くらい引かれちゃう。

渡辺：結構高いですね。

熊王：桃は糖度によって値段が違う。その糖度を計るセンサーが高いから，手数料も高くなるとのことです。

渡辺：ものすごい理屈ですね（笑）。

熊王：聞いてみると，手数料は物と地域によってバラバラ。名古屋のほうには4割くらい引いている農協があるとか。

渡辺：本当ですか!!

熊王：何を扱ってるんでしょうね。あと，手数料の明細書を出してくれない農協もあるとか，いろいろな話があるようです。

渡辺：それ本当に農協なんですか……。

6　精算書での対応

熊王：戻りますが，問39【答】の【受託者の対応】にある注書にも書いてあるように，委託販売というのは，受託者が代わりにインボイスを出したとして

182◆ Ⅵ　交付方法

も，もともとは委託者の取引なので，受託者は発行したインボイスのコピーを委託者に交付しなきゃいけません。ただ，コピーが大量になるなどの事情がある場合には精算書の保存だけでいいということになっています。この「大量」ってどれくらいのことを言うんでしょうか？

渡辺：感覚じゃないですか。

熊王：人によっては5枚で大量と言うこともありますから，はっきりした基準がわかりません。

渡辺：そう考えると，実務上は精算書だけでいいような気がします。

熊王：ただ，最初から精算書だけでいいと言うと，ルーズになってしまうので，建前でこういう書き方をしたんじゃないかなという気はします。まあQ&Aは通達よりも格下なので，ラフな書き方をしているのだろうけども，ちょっと妙な感じはしています。

7　任意組合

熊王：次は問41で，任意組合の取扱いです。いわゆるJV工事みたいなものです。いろいろな建築会社が共同で物を作るような場合，全部の会社がいちいちインボイスを発行していたら収拾がつかない。そこで，組合員のすべてが適格請求書発行事業者であるならば，その代表を決めて，その代表である業務執行組合員がインボイスを交付することができます。

（任意組合等に係る事業の適格請求書の交付）

> 問41　当社は，取引先数社と任意組合であるJVを組成し，建設工事を行っています。このような任意組合により事業を行う場合，取引の相手方に対し，どのように適格請求書を交付すればよいですか。【令和3年7月改訂】

【答】

　民法第667条第１項に規定する組合契約によって成立する組合，投資事業有限責任組合契約に関する法律第２条第２項に規定する投資事業有限責任組合若しくは有限責任事業組合契約に関する法律第２条に規定する有限責任事業組合又は外国の法令に基づいて設立された団体であってこれらの組合に類似するもの（以下「任意組合等」といいます。）が事業として行う課税資産の譲渡等については，その組合員の全てが適格請求書発行事業者であり，民法第670条第３項に規定する業務執行者などの業務執行組合員が，納税地を所轄する税務署長に「任意組合等の組合員の全てが適格請求書発行事業者である旨の届出書」を提出した場合に限り，適格請求書を交付することができます（新消法57の６①，新消令70の14①②）。

　この場合，任意組合等のいずれかの組合員が適格請求書を交付することができ，その写しの保存は，適格請求書を交付した組合員が行うこととなります。

　なお，次の場合に該当することとなったときは，該当することとなった日以後の取引について，適格請求書を交付することができなくなります。

①　適格請求書発行事業者でない新たな組合員を加入させた場合

②　当該任意組合等の組合員のいずれかが適格請求書発行事業者でなくなった場合

　これらの場合に該当することとなったときは，業務執行組合員が速やかに納税地を所轄する税務署長に「任意組合等の組合員が適格請求書発行事業者でなくなった旨等の届出書」を提出しなければなりません（新消法57の６②）。

（参考）　任意組合等の事業に係る適格請求書の記載事項については問61《任意組合が交付する適格請求書の記載事項》をご参照ください。

渡辺：幹事会社が一括して対応しやすいようにするってことですね。

　熊王：そういうことです。ただ，これはあくまでも組合員全員の登録が条件ですので，もし登録していない組合員が新たに入ってきたら，業務執行組合員はインボイスを発行できなくなります。あと，組合員が登録の取りやめなどをした場合にも駄目です。

　これに絡んで，問61が任意組合が発行するインボイスの記載事項です。「氏名又は名称及び登録番号」については，組合員全員を書くのが原則です。

184◆ Ⅵ 交付方法

（任意組合が交付する適格請求書の記載事項）

> 問61　民法上の任意組合（組合員の全てが適格請求書発行事業者であり，
> その旨の届出書を所轄税務署長に提出しています。）の事業として行っ
> た取引について，適格請求書を交付する場合，適格請求書には，組合員
> 全ての「氏名又は名称及び登録番号」を記載する必要がありますか。

【答】

　　任意組合等の事業として行われる取引については，その組合員の全てが適
格請求書発行事業者であり，業務執行組合員が，その旨を記載した届出書に，
当該任意組合等の契約書の写しを添付し，納税地を所轄する税務署長に提出
した場合に限り，適格請求書を交付することができます（新消法57の6①，
新消令70の14①）。

　　この場合，交付する適格請求書に記載する「適格請求書発行事業者の氏名
又は名称及び登録番号」は，原則として組合員全員のものを記載することと
なりますが，次の事項（①及び②）を記載することも認められます（新消令
70の14⑤）。

①　その任意組合等の，いずれかの組合員の「氏名又は名称及び登録番号」（一
　　又は複数の組合員の「氏名又は名称及び登録番号」で差し支えありません。）

②　その任意組合等の名称

　渡辺：そうですね。ただ，組合員全員の名称を記載するとなるといちいち面
倒ですので，そんな場合には幹事会社の名称と任意組合の名称だけでもいいこ
とになっています。

8　共有資産の譲渡

　熊王：問42に戻りまして，共有資産の譲渡です。登録している事業者と登録
していない人が共有で持っている不動産等を売ったときに，さてどうしますか
ということです。

（適格請求書発行事業者とそれ以外の事業者の共有資産の譲渡等）

問42　当社は，適格請求書発行事業者です。適格請求書発行事業者でない事業者と共有している建物を売却することになりましたが，適格請求書はどのように交付すればよいですか。

【答】
　適格請求書発行事業者が適格請求書発行事業者以外の者と資産を共有している場合，その資産の譲渡や貸付けについては，所有者ごとに取引を合理的に区分し，相手方の求めがある場合には，適格請求書発行事業者の所有割合に応じた部分について，適格請求書を交付しなければなりません（インボイス通達3-5）。
　したがって，貴社は，建物の売却代金のうち，貴社の所有割合（例えば持分など）に対応する部分を基礎として，適格請求書を交付することとなります。

熊王：例えば，夫婦で共有している賃貸用住宅などの事業用資産を売ったとします。旦那は別に個人事業をやっていて登録しているけれども，奥さんは専業主婦で住宅家賃収入しかないので登録していない場合，インボイスは当然登録している旦那の分しか出せませんよね。

渡辺：当然そうなります。

熊王：2分の1ずつ持分を持っていたとしたら，例えば，1,000万円で売ったら500万円分のインボイスを旦那が発行することになります。

渡辺：共有名義なので，領収書は共有名義で出して，別にインボイスを作ることになるのでしょうか？

熊王：別々に領収書を発行してみたらどうでしょう。インボイスの登録をしている旦那の領収書と登録してない奥さんの領収書を別々に発行する。買手が事業者だったらそのほうがいいかもしれません。

渡辺：どちらでもいいとは思うんですが，共有なので，領収書は共有名義になるようなイメージがあります。

熊王：相手の希望を聞いてもいいですね。

渡辺：そうですね。「どっちがいいですか」って聞いてみてもいいかもしれません。

熊王：共有となっている賃貸物件が商業用だった場合，今のうちから検討しておかないといけないように思います。夫婦共有となっている商業用賃貸物件について，旦那だけ登録するとなると，旦那の分しかインボイスを発行することができません。店子の消費税計算がいたずらに複雑になることが危惧されますので，妻も登録をして家賃に消費税相当額を上乗せし，堂々と消費税相当額を収受することも検討する必要があるように思われます。

渡辺：ちなみに夫婦ともに登録を行ったとして，商業用賃貸物件の賃貸に伴うインボイスも，売却に伴うインボイスも，所有者ごとに分ける必要はない，共有名義で発行すればいい，ということでいいですか？

熊王：はい。それでいいと思います。

VII

適格請求書の記載事項等

188◆　Ⅶ　適格請求書の記載事項等

1　インボイスの記載事項

　熊王：ここからは「記載事項」になります。問43の【答】にインボイスの記載事項が載っています。繰り返しお話ししてきましたが，新たに区分記載請求書に追加になるのが，①の登録番号と④の適用税率，それから⑤の税率ごとの消費税額です。そんなに大騒ぎするものでもないと思います。

（適格請求書に記載が必要な事項）

　問43　当社は，事業者に対して飲食料品及び日用雑貨の卸売を行っています。軽減税率制度の実施後，買手の仕入税額控除のための請求書等の記載事項を満たすものとして，次の請求書を取引先に交付しています。

　　今後，令和５年10月からの適格請求書等保存方式の開始を踏まえ，適格請求書の記載事項を満たす請求書を取引先に交付したいと考えていますが，どのような対応が必要ですか。【令和４年４月改訂】

請求書

㈱○○御中　　　　　　　　XX 年 11 月 30 日

11 月分 131,200 円（税込）

日付	品名	金額
11/1	小麦粉　※	5,400 円
11/1	牛肉　※	10,800 円
11/2	キッチンペーパー	2,200 円
⋮	⋮	⋮
	合　計	131,200 円
	10%対象	88,000 円
	8％対象	43,200 円

※　軽減税率対象品目

△△商事㈱

【答】

　適格請求書には，次の事項が記載されていることが必要です（区分記載請求書等保存方式における請求書等の記載事項に加え，①，④及び⑤の下線部

分が追加されます。）（新消法57の4①）。
① 適格請求書発行事業者の氏名又は名称及び登録番号
② 課税資産の譲渡等を行った年月日
③ 課税資産の譲渡等に係る資産又は役務の内容（課税資産の譲渡等が軽減対象資産の譲渡等である場合には、資産の内容及び軽減対象資産の譲渡等である旨）
④ 課税資産の譲渡等の税抜価額又は税込価額を税率ごとに区分して合計した金額及び適用税率
⑤ 税率ごとに区分した消費税額等
⑥ 書類の交付を受ける事業者の氏名又は名称

このため、貴社の対応としては、次の記載例のように、適格請求書として必要な事項（上記①、④及び⑤の下線部分）を記載することが必要です。

（注）　上記の記載事項のうち、①の登録番号を記載しないで作成した請求書等は、令和元年10月1日から実施された軽減税率制度における区分記載請求書等として取り扱われます。

【適格請求書の記載例】

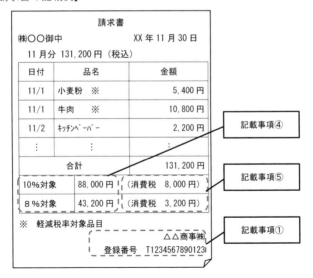

190◆　Ⅶ　適格請求書の記載事項等

（参考）　令和元年10月１日から令和５年９月30日（適格請求書等保存方式の開始前）までの間において，適格請求書として必要な事項が記載されている請求書等については，区分記載請求書等として必要な事項が記載されていることとなります（消法30⑨，28年改正法附則34②）。

（注）　1　区分記載請求書等の記載事項
　　①　書類の作成者の氏名又は名称
　　②　課税資産の譲渡等を行った年月日
　　③　課税資産の譲渡等に係る資産又は役務の内容（課税資産の譲渡等が軽減対象資産の譲渡等である場合には，資産の内容及び軽減対象資産の譲渡等である旨）
　　④　税率ごとに合計した課税資産の譲渡等の税込価額
　　⑤　書類の交付を受ける当該事業者の氏名又は名称

　　2　区分記載請求書等の記載事項のうち，④の「税率ごとに合計した課税資産の譲渡等の税込価額」については，適格請求書等の記載事項である「課税資産の譲渡等の税抜価額を税率ごとに区分して合計した金額」及び「税率ごとに区分した消費税額等」を記載することとして差し支えありません。

○　請求書等保存方式，区分記載請求書等保存方式及び適格請求書等保存方式の請求書等の記載事項の比較（消法30⑨，28年改正法附則34②，新消法57の4①）

請求書等保存方式 （令和元年９月30日まで）	区分記載請求書等保存方式 （令和元年10月１日から 令和５年９月30日までの間）	適格請求書等保存方式 （令和５年10月１日から）
①　書類の作成者の氏名又は名称	①　書類の作成者の氏名又は名称	①　適格請求書発行事業者の氏名又は名称及び登録番号
②　課税資産の譲渡等を行った年月日	②　課税資産の譲渡等を行った年月日	②　課税資産の譲渡等を行った年月日
③　課税資産の譲渡等に係る資産又は役務の内容	③　課税資産の譲渡等に係る資産又は役務の内容（課税資産の譲渡等が軽	③　課税資産の譲渡等に係る資産又は役務の内容（課税資産の譲渡等が軽

	減対象資産の譲渡等である場合には，資産の内容及び軽減対象資産の譲渡等である旨）	減対象資産の譲渡等である場合には，資産の内容及び軽減対象資産の譲渡等である旨）
④ 課税資産の譲渡等の税込価額	④ 税率ごとに合計した課税資産の譲渡等の税込価額	④ 税率ごとに区分した課税資産の譲渡等の税抜価額又は税込価額の合計額及び適用税率
		⑤ 税率ごとに区分した消費税額等
⑤ 書類の交付を受ける当該事業者の氏名又は名称	⑤ 書類の交付を受ける当該事業者の氏名又は名称	⑥ 書類の交付を受ける当該事業者の氏名又は名称

（注） 1　区分記載請求書等保存方式の下では，請求書等保存方式における請求書等の記載事項に下線（実線）部分が追加されています。

　　　 2　適格請求書等保存方式の下では，区分記載請求書等の記載事項に下線（点線）部分が追加・変更されます。

　渡辺：これも繰り返しになりますが，④と⑤は区分記載請求書等保存方式が始まったときに対応済みの事業者が多いように思いますので，実質的には登録番号の記載だけが追加になる事業者が多いと思います。

　ただ，この後確認する問46で出てきますが，消費税額の端数処理についてだけは注意したいです。

　熊王：それはこの後話しましょう。

　それと，請求書等保存方式から区分記載請求書等保存方式，さらにインボイス方式と，順々にバージョンアップしていますが，記載事項の変遷は問43の最後に整理してあります。

2　屋号や取引先コードでも OK

　熊王：問44は「屋号」による記載です。屋号を書いてもいいですかということで，これは問題ないですね。

192◆　Ⅶ　適格請求書の記載事項等

（屋号による記載）

> 問44　現在，当社は，請求書を交付する際に記載する名称について，屋号
> を使用しています。適格請求書に記載する名称も屋号で認められますか。

【答】

　現行，請求書等に記載する名称については，例えば，請求書に電話番号を記載するなどし，請求書を交付する事業者を特定することができる場合，屋号や省略した名称などの記載でも差し支えありません。

　適格請求書に記載する名称についても同様に，例えば，電話番号を記載するなどし，適格請求書を交付する事業者を特定することができれば，屋号や省略した名称などの記載でも差し支えありません。

　渡辺：発行した事業者が特定できればいいわけですから問題ないです。そうすると，個人の場合には，屋号でインボイスを作るなら，登録で屋号も入れておいたほうがいいですね。

　熊王：個人事業者なんかは，自分のフルネームを書いたって何屋なのかわかりません。

　渡辺：そうですね。領収書やレシートなどには「○○商店」とか入れるのが一般的だと思います。

　熊王：私だったら「熊王征秀税理士事務所」と入れないとしっくりこないです。

　渡辺：先生はめずらしいお名前なので「熊王征秀」だけでも通用しそうですけどね（笑）。

　熊王：税理士情報検索サイトで「熊王」を検索したら，私しかヒットしませんでした（笑）。

　さて，問45は，「取引先コード」を書いてもいいかということですが，コード表などと紐づけで確認ができればいいのだと思います。

（記号，番号による適格請求書発行事業者の氏名又は名称及び登録番号の記載）

> 問45　現在，当社は，名称に代えて，取引先と共有する取引先コード（取引先コード表により当社の名称等の情報を共有しています。）を請求書に記載しています。
> 　取引先コードの内容に登録番号を追加することにより，適格請求書の記載事項を満たすことになりますか。

【答】

　適格請求書には，「適格請求書発行事業者の氏名又は名称及び登録番号」の記載が必要となります（新消法57の4①一）。

　登録番号と紐付けて管理されている取引先コード表などを適格請求書発行事業者と相手先の間で共有しており，買手においても取引先コードから登録番号が確認できる場合には，取引先コードの表示により「適格請求書発行事業者の氏名又は名称及び登録番号」の記載があると認められます。したがって，貴社の請求書は，適格請求書の記載事項を満たすことになります（インボイス通達3-3）。

　なお，売手が適格請求書発行事業者でなくなった場合は，速やかに取引先コード表を修正する必要があるほか，事後的な確認を行うために，売手が適格請求書発行事業者である期間が確認できる措置を講じておく必要があります。

　渡辺：マスターに登録して売手と買手で共有化しておけば，それで確認ができますので問題ありません。

3　端数処理のルール

　熊王：問46は，端数処理です。消費税額の端数処理は，1円単位で，切上げ，切捨て，四捨五入のどれでもいいことになっています。普通は切捨てにするでしょうね。

194◆　Ⅶ　適格請求書の記載事項等

（適格請求書に記載する消費税額等の端数処理）

> 問46　適格請求書には，税率ごとに区分した消費税額等の記載が必要となるそうですが，消費税額等を計算する際の1円未満の端数処理はどのように行えばよいですか。【令和3年7月改訂】

【答】

　適格請求書の記載事項である消費税額等に1円未満の端数が生じる場合は，一の適格請求書につき，税率ごとに1回の端数処理を行う必要があります（新消令70の10，インボイス通達3－12）。

　なお，切上げ，切捨て，四捨五入などの端数処理の方法については，任意の方法とすることができます。

（注）　一の適格請求書に記載されている個々の商品ごとに消費税額等を計算し，1円未満の端数処理を行い，その合計額を消費税額等として記載することは認められません。

【一定期間の取引をまとめた請求書を適格請求書として交付する場合の記載例】

請求書

㈱〇〇御中　　　　　　　XX 年 11 月 1 日
10 月分（10/1〜10/31）100,000 円（税込）

日付	品名	金額
10/1	小麦粉　※	5,000 円
10/1	牛肉　※	8,000 円
10/2	キッチンペーパー	2,000 円
：	：	：
合計	100,000 円（消費税 8,416 円）	
10%対象	60,000 円（消費税 5,454 円）	
8％対象	40,000 円（消費税 2,962 円）	

※印は軽減税率対象商品

△△商事㈱

登録番号　T 1234567890123

消費税額等の端数処理は，適格請求書単位で，税率ごとに1回行います。
10%対象：
60,000 円×10/110≒5,454 円
8％対象：
40,000 円×8 /108≒2,962 円
（注）　商品ごとの端数処理は認められません。

渡辺：少なくとも切上げはないでしょう。

熊王：この後出てきますが，売上税額の計算をするときに，特例として積上げ計算があります。インボイスに記載した税額で計算をしますので，切り上げたら損しちゃいます。

渡辺：積上げ計算の場合には，十中八九切捨てにするでしょう。

熊王：十中十ですよ（笑）。それで，注書に書いてあるけれども，端数処理は請求書の発行単位でやります。裏を返せば，個々の商品ごとに端数処理はできない。当たり前の話です。

例えば，リンゴ1箱100個を売ったときは，100個分の金額に，税抜金額なら100分の8，税込金額なら108分の8を掛ける。1個分の金額から8％分を求めて，銭の単位を切り捨てて100倍はできないということです。

渡辺：1個当たりで切捨てすると，その分税額が減りますから，それは認められないということですね。

4　タクシー業・飲食業の憂鬱

熊王：問47は適格簡易請求書，いわゆる簡易インボイスの記載事項ですが，インボイスに比べて2つの点で若干緩和されています。

（適格簡易請求書の記載事項）

問47　当社は，小売業（スーパーマーケット）を営む事業者です。軽減税率制度の実施後，買手の仕入税額控除のための請求書等の記載事項を満たすものとして，次のレシートを取引先に交付しています。

　　　小売業などは，適格請求書の交付に代えて，記載事項を簡易なものとした適格簡易請求書を交付することができるそうですが，その記載事項について教えてください。【令和4年4月改訂】

196 ◆ Ⅶ　適格請求書の記載事項等

```
              スーパー〇〇
               東京都…

  XX 年 11 月 1 日
               領収書

  コーラ※        1 点      ¥108
  ギュウニク※     1 点      ¥972
  ハミガキコ      1 点      ¥330
  合 計                   ¥1,410
  10％対象        1 点      ¥330
  8 ％対象        2 点      ¥1,080
  お預り                   ¥1,500
  お 釣                     ¥90
  ※印は軽減税率対象商品
```

【答】

　　適格請求書等保存方式においては，適格請求書発行事業者が，小売業など不特定かつ多数の者に課税資産の譲渡等を行う一定の事業（適格簡易請求書を交付することができる事業については問24《適格簡易請求書の交付ができる事業》をご参照ください。）を行う場合には，適格請求書に代えて，適格簡易請求書を交付することができます（新消法57の4②，新消令70の11）。

　　適格簡易請求書の記載事項は，適格請求書の記載事項よりも簡易なものとされており，適格請求書の記載事項と比べると，「書類の交付を受ける事業者の氏名又は名称」の記載が不要である点，「税率ごとに区分した消費税額等」又は「適用税率」のいずれか一方の記載で足りる点が異なります。

　　なお，具体的な記載事項は，次のとおりです。

①　適格請求書発行事業者の氏名又は名称及び登録番号

②　課税資産の譲渡等を行った年月日

③　課税資産の譲渡等に係る資産又は役務の内容（課税資産の譲渡等が軽減対象資産の譲渡等である場合には，資産の内容及び軽減対象資産の譲渡等である旨）

④　課税資産の譲渡等の税抜価額又は税込価額を税率ごとに区分して合計した金額

⑤　税率ごとに区分した消費税額等又は適用税率[※]

　※　「税率ごとに区分した消費税額等」と「適用税率」を両方記載することも可能です。

(注) 上記の記載事項のうち、①の登録番号を記載しないで作成したレシートは、令和元年10月1日から令和5年9月30日（適格請求書等保存方式の開始前）までの間における区分記載請求書等に該当します。

(参考) これまでも仕入税額控除の要件として保存が必要な請求書等の記載事項について、小売業など不特定かつ多数の者に課税資産の譲渡等を行う一定の事業に係るものである場合には、請求書等の交付を受ける相手方の氏名又は名称の記載は不要とされています（消法30⑨一）。

【適格簡易請求書の記載例（適用税率のみを記載する場合）】

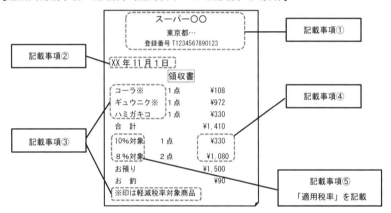

【適格簡易請求書の記載例（税率ごとに区分した消費税額等のみを記載する場合）】

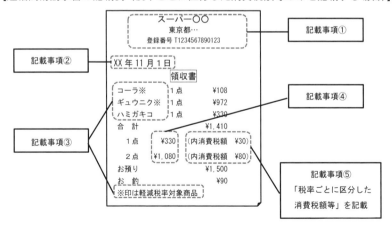

198◆　Ⅶ　適格請求書の記載事項等

○　適格請求書と適格簡易請求書の記載事項の比較（新消法57の4①②）

適格請求書	適格簡易請求書
①　適格請求書発行事業者の氏名又は名称及び登録番号	①　適格請求書発行事業者の氏名又は名称及び登録番号
②　課税資産の譲渡等を行った年月日	②　課税資産の譲渡等を行った年月日
③　課税資産の譲渡等に係る資産又は役務の内容（課税資産の譲渡等が軽減対象資産の譲渡等である場合には，資産の内容及び軽減対象資産の譲渡等である旨）	③　課税資産の譲渡等に係る資産又は役務の内容（課税資産の譲渡等が軽減対象資産の譲渡等である場合には，資産の内容及び軽減対象資産の譲渡等である旨）
④　課税資産の譲渡等の税抜価額又は税込価額を税率ごとに区分して合計した金額及び適用税率	④　課税資産の譲渡等の税抜価額又は税込価額を税率ごとに区分して合計した金額
⑤　税率ごとに区分した<u>消費税額等</u>	⑤　税率ごとに区分した<u>消費税額等又は適用税率</u>
⑥　書類の交付を受ける事業者の氏名又は名称	

（参考）

○　請求書等保存方式，区分記載請求書等保存方式及び適格請求書等保存方式における小売業など不特定かつ多数の者に課税資産の譲渡等を行う一定の事業を行う場合の請求書等の記載事項の比較（消法30⑨，28年改正法附則34②，新消法57の4②）

請求書等保存方式 （令和元年9月30日まで）	区分記載請求書等保存方式 （令和元年10月1日から令和5年9月30日までの間）	適格請求書等保存方式 （令和5年10月1日から） （適格簡易請求書）
①　書類の作成者の氏名又は名称	①　書類の作成者の氏名又は名称	①　適格請求書発行事業者の氏名又は名称及び<u>登録番号</u>
②　課税資産の譲渡等を行った年月日	②　課税資産の譲渡等を行った年月日	②　課税資産の譲渡等を行った年月日
③　課税資産の譲渡等に係る資産又は役務の内容	③　課税資産の譲渡等に係る資産又は役務の内容（課税資産の譲渡等が軽減対象資産の譲渡等である場合には，資産の内容及び<u>軽減対象資産の譲渡等である旨</u>）	③　課税資産の譲渡等に係る資産又は役務の内容（課税資産の譲渡等が軽減対象資産の譲渡等である場合には，資産の内容及び軽減対象資産の譲渡等である旨）

| ④ 課税資産の譲渡等の税込価額 | ④ 税率ごとに合計した課税資産の譲渡等の税込価額 | ④ 課税資産の譲渡等の税抜価額又は税込価額を税率ごとに区分して合計した金額 |
| | | ⑤ 税率ごとに区分した消費税額等又は適用税率 |

(注) 1 区分記載請求書等保存方式の下では，請求書等保存方式における請求書等の記載事項に下線（実線）部分が追加されています。
   2 適格請求書等保存方式の下では，区分記載請求書等の記載事項に下線（点線）部分が追加・変更されます。

熊王：まず，現行制度でもそうですが，小売・飲食・タクシーなどの場合には，レシートの交付を受ける者の名称が省略できることになっています。タクシーに乗ったらレジペーパーみたいなレシートをくれます。あれにタクシーに乗った人の会社名を入れてくれなんて言ったら運転手に怒られます。

だから交付を受ける人，つまり経費の支払者の名称の省略は，区分記載請求書の時代もそうでしたが，インボイスの時代になってからも認められるということです。

渡辺：このあたりもインボイス制度へ移行しやすいようにという配慮を感じますね。

熊王：そしてもう1つが，スタンダードなインボイスであれば税率と消費税額を両方載せなきゃいけないものが，どちらか一方でいいということになっています。取引に応じて考えてもらっていいのだろうと思います。

渡辺：レシートなので，スペース的に両方載せられないということもあると思います。

ところで，例えばスーパーやコンビニは標準税率も軽減税率も両方出てくるので，処理する側からすると両方載せてもらったほうが処理しやすいです。タクシーの領収書は，今は税込金額だけ記載されていて，消費税額や税率は記載されていないようですが，インボイス導入後はどうなるのでしょうか？

熊王：今のタクシーメーターをインボイス導入後も使いたいとなったときに

は，日付と金額とタクシー会社の名称はもともと入っているので，追加するのは登録番号と税率又は消費税額です。金額はもともと丸まっているから，お金をかけずにやろうと思ったら，登録番号と「10％税込」というゴム印を用意して，それをポンと押せばいいのではないでしょうか。

　渡辺：なんかイメージが湧かないです。

　熊王：でも手書きよりは手間がかからない。だって，個人タクシーなんて本当に大変なんですよ。大手のタクシー会社と同じ土俵で戦わなきゃいけないでしょ。免税の個人タクシーは相当いるはずですから，かなり厳しい時代になる。

　それにタクシーを使うほうも大変です。

　渡辺：登録事業者かどうかは，タクシーに乗ってレシートをもらうまでわかりませんからね。それとも乗車前にインボイスをくれるかどうか聞くんでしょうか。

　熊王：会社からも「免税のタクシーには乗るな」という指示が出るかもしれません。だって料金が一緒でインボイスをもらえなかったら損しちゃうでしょ。タクシー業界が何か対策してくるような気がしています。例えば，フロントガラスにシールを貼るとか。

　渡辺：何て書くんですか？

　熊王：わかりやすい目印みたいなもの。

　渡辺：「インボイスタクシー」……。

　熊王：そうですね。シンプルに「T」なんてどうですか。

　だから，われわれもタクシーを拾うときには，迂闊に手を挙げちゃいけない。ジーッと見て，シールが貼ってあるタクシーを狙わなきゃいけない（笑）。

　渡辺：急いでいるときにそんなことやってられないと思います（笑）。

　熊王：とにかく，冗談ではなく何かやってくると思います。というか，タクシー業界は何か考えないと，このままだと大変なことになるような気がします。

　渡辺：呑み屋はどうですか？

　熊王：よく入口に「暴力団お断り」みたいな紙が貼ってありますけど，同じように「インボイスあり☑」なんて，貼られるかもしれません。そういうお店の領収書じゃないと今後サラリーマンは経費で落とせないかもしれません。

渡辺：冷やし中華じゃないですが，「インボイス始めました」のほうがいい
かもしれないです。

熊王：それいいですね（笑）。割り勘ならどんな怪しいお店に行ってもいい
んだけど，会社の経費となるとそうはいかない。なんか世知辛い時代になりそ
うです。

5　価格の統一にはルールなし？

熊王：問48は令和3年7月に追加され，令和4年4月に改訂されています。
例えばコンビニなどでは，税抜金額による決済が主流となっていますが，たば
こを販売する場合には，税込金額による定価販売が義務づけられていますか
ら，結果として問48にあるように，1つのレシートに税抜金額と税込金額が混
在するケースが出てきます。

この場合，消費税額はどのように計算するのかということです。

（税抜価額と税込価額が混在する場合）

> 問48　当社は，小売業（スーパーマーケット）を経営する事業者です。当
> 　　社のレジシステムで買い物客に発行するレシートは，一般の商品は，税
> 　　抜価額を記載していますが，たばこなどの一部の商品は税込価額を記載
> 　　しています。この場合，適格簡易請求書に記載する「課税資産の譲渡等
> 　　の税抜価額又は税込価額を税率ごとに区分して合計した額」及び「税率
> 　　ごとに区分した消費税額等」は，どのように算出すればよいのですか。
> 　　【令和3年7月追加】【令和4年4月改訂】

【答】

　　適格請求書の記載事項である消費税額等に1円未満の端数が生じる場合は，
一の適格請求書につき，税率ごとに1回の端数処理を行う必要があります（新
消令70の10，インボイス通達3-12）。この取扱いについては，適格簡易請
求書に消費税額の記載を行う場合についても同様です。

　　ご質問のように，一の適格簡易請求書において，税抜価額を記載した商品
と税込価額を記載した商品が混在するような場合，いずれかに統一して「課

税資産の譲渡等の税抜価額又は税込価額を税率ごとに区分して合計した額」を記載するとともに，これに基づいて「税率ごとに区分した消費税額等」を算出して記載する必要があります。

なお，税抜価額又は税込価額のいずれかに統一して「課税資産の譲渡等の税抜価額又は税込価額を税率ごとに区分して合計した額」を記載する際における1円未満の端数処理については，「税率ごとに区分した消費税額等」を算出する際の端数処理ではありませんので，この場合にどのように端数処理を行うかについては，事業者の任意となります。

ただし，たばこなど，法令・条例の規定により「税込みの小売定価」が定められている商品や再販売価格維持制度の対象となる商品と，税抜価額で記載するその他の商品を合わせて一の適格簡易請求書に記載する場合については，「税込みの小売定価」を税抜化せず，「税込みの小売定価」を合計した金額及び「税率の異なるごとの税抜価額」を合計した金額を表示し，それぞれを基礎として消費税額等を算出し，算出したそれぞれの金額について端数処理して記載することとしても差し支えありません。

《税抜価格に統一する場合の適格簡易請求書の記載例》

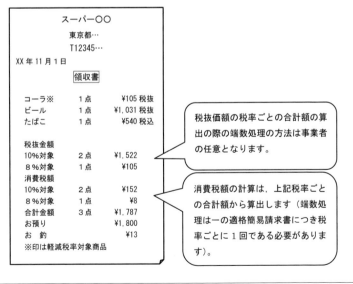

渡辺：法令では，税率ごとの税込金額か税抜金額かどちらか一方から計算するという規定ぶりですから，やはりどちらかに統一してから計算することになるようですね。

熊王：【答】のなお書にある「なお，税抜価額又は税込価額のいずれかに統一して……どのように端数処理を行うかについては，事業者の任意となります。」という部分の意味がイマイチわからないのですが……。

渡辺：おそらく，消費税額を算出する場合にはルールがあるけれども，税抜価額か税込価額に統一する場合には，その計算方法にルールはないということではないでしょうか。

例えば，問48の例では，たばこ1点540円ですが，もう1つ別の銘柄のたばこ530円を買ったとしましょう。この場合，別々に110分の100を乗じて税抜処理してもいいし，その合計額1,070円に110分の100を乗じて税抜処理してもいいということではないでしょうか。

熊王：なるほど，それで間違いなさそうです。すでにレシートの計算システムを作ってしまっている事業者もあるでしょうから，確認のためにこの問を載せたんでしょう。

渡辺：ただ一方で，令和4年4月改訂で追記された最後のただし書では，たばこのように「税込みの小売定価」が定められている商品などについては，あえて税抜価額に統一して表示する必要はない旨が示されました。

「税込みの小売定価」と「税抜きの小売定価」の合計額を別々に表示して消費税額等を算出し，それぞれで端数処理をした上で表示をすることも認められるようです。

熊王：たばこの値段は公定価格で値引販売が禁止されているわけですから，ある意味当然のことかもしれません。お行儀よく税込定価が決まっているものを無理矢理税抜きにしてレシートに表示させることに無理があったんだと思います。

どうでもいいことですが，たばこ屋さんが問屋から受領する請求書には，あらかじめ小売価格（定価）と原価（問屋の売値）が記載されています。たばこ

204 ◆ Ⅶ　適格請求書の記載事項等

屋さんに聞いてみると，銘柄関係なく昔から利益率は11％で変わらないそうです（笑）。

6　返還インボイスに記載する年月日

　熊王：問49は適格返還請求書の記載事項です。簡易インボイスと非常によく似ていますね。ちょっと違うのは，対価の返還を行う年月日，つまり返品，値引きなどの年月日を記載するところです。これは一定期間をまとめて書くことができます。

（適格返還請求書の記載事項）

　問49　適格返還請求書の記載事項について教えてください。

【答】

　適格請求書発行事業者には，課税事業者に売上げに係る対価の返還等を行う場合，適格返還請求書を交付する義務が課されています（新消法57の4③）。

　適格返還請求書の記載事項は，次のとおりです。

① 　適格請求書発行事業者の氏名又は名称及び登録番号

② 　売上げに係る対価の返還等を行う年月日及びその売上げに係る対価の返還等の基となった課税資産の譲渡等を行った年月日（適格請求書を交付した売上げに係るものについては，課税期間の範囲で一定の期間の記載で差し支えありません。）

③ 　売上げに係る対価の返還等の基となる課税資産の譲渡等に係る資産又は役務の内容（売上げに係る対価の返還等の基となる課税資産の譲渡等が軽減対象資産の譲渡等である場合には，資産の内容及び軽減対象資産の譲渡等である旨）

④ 　売上げに係る対価の返還等の税抜価額又は税込価額を税率ごとに区分して合計した金額

⑤ 　売上げに係る対価の返還等の金額に係る消費税額等又は適用税率

【適格返還請求書の記載例】

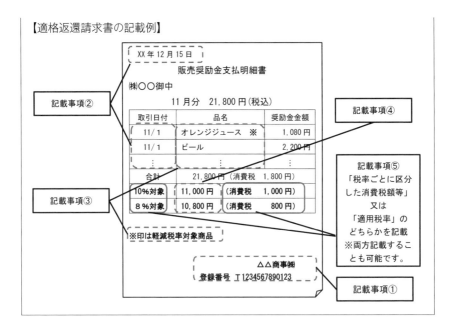

熊王：それで，問50の「……例えば，10月中に返品を受けた商品は，前月である9月中に販売したものの返品として処理している場合……」というくだりですが，これは税率切替時のQ&Aにもありましたね。

（売上げに係る対価の返還等の基となった課税資産の譲渡等を行った年月日の記載）

問50　適格返還請求書には，「売上げに係る対価の返還等の基となった課税資産の譲渡等を行った年月日」を記載する必要があるとのことですが，日々，商品の返品が行われているため，個々の商品について正確な販売年月日を把握することが困難です。そのため，例えば，10月中に返品を受けた商品は，前月である9月中に販売したものの返品として処理している場合には「9月末日」を，同商品について最後に販売したものの返品として処理している場合には「最終販売年月日」を，それぞれ「売上げに係る対価の返還等の基となった課税資産の譲渡等を行った年月日」として記載することも認められるでしょうか。【令和元年7月追加】

【答】

　適格請求書発行事業者には，課税事業者に対して売上げに係る対価の返還等を行う場合，適格返還請求書を交付する義務が課されており，適格返還請求書には，「売上げに係る対価の返還等の基となった課税資産の譲渡等を行った年月日」を記載することとされています（新消法57の4③）。

　この点，「売上げに係る対価の返還等の基となった課税資産の譲渡等を行った年月日」は，課税期間の範囲内で一定の期間の記載で差し支えありませんので，例えば，月単位や「○月〜△月分」といった記載も認められることとなります。

　他方，返品等の処理を合理的な方法により継続して行っているのであれば，当該返品等の処理に基づき合理的と認められる年月日を記載することとしても差し支えありませんので，ご質問のように「前月末日」や「最終販売年月日」を「売上げに係る対価の返還等の基となった課税資産の譲渡等を行った年月日」として記載することも，そのような処理が合理的な方法として継続して行われているのであれば，認められることとなります。

　なお，その年月日が，適格請求書発行事業者の登録前の期間に属するものであるときは，適格返還請求書の交付義務はありません（インボイス通達3－14）。

　渡辺：ありました。たしか税率に関する経過措置Q&Aの基本編だったかな（「平成31年（2019年）10月1日以後に行われる資産の譲渡等に適用される消費税率等に関する経過措置の取扱いQ&A【基本的な考え方編】」問4）。

　小売業なんかだと，返品された商品をいつ売ったかなんて把握できません。そこで，例えば，令和元年の10月に税率が切り替わったから，令和元年10月の返品は全部9月分のものと考えて，8％で処理することを認めていました。

　熊王：これと似たようなイメージで，適格返還請求書に書く日付も，例えば，「○月○日〜○月○日分」みたいに月単位で書いても構わないし，前月末日とか，最終販売年月日等と，ラフに書いても構わないということです。

　渡辺：要は，常識的な範囲で記載しておけばいいということですね。でも実際，この書類を作るとなると結構大変です。記載項目が多くて，それなりにセ

7 返還インボイスの雛形いろいろ ◆207

ンスのいいものを作らないといけないように思います。そうすると，発行をサ
ボる事業者も出てきてしまうかもしれません。

熊王：ただ，問27（130頁参照）でもお話ししたように，この書類の発行を
義務づけておかないと，買手の仕入税額控除がおかしくなっちゃうので，発行
しないわけにはいかないだろうと思います。でも意外にこの書類のことは知ら
れてないですよね。

渡辺：「何ですかそれ？」っていう人もいます。インボイスや仕入計算書
は，今現在流通している，ベースとなる書類がありますけど，返還インボイス
にはそれがないですからね。そう考えると，返還インボイスの様式は本気で作
らないといけないかもしれません。

熊王：ただ，この後出てくる販売奨励金なんていうのは，今でも明細書は発
行しているわけだから，これを代用していくような感じで考えてもいいのかも
しれません。

7　返還インボイスの雛形いろいろ

熊王：その一例が問51かな。適格請求書と適格返還請求書を一の書類で交付
する場合として載っています。

（適格請求書と適格返還請求書を一の書類で交付する場合）

問51　当社は，事業者に対して食料品及び日用雑貨の卸売を行っていま
す。取引先と販売奨励金に係る契約を締結しており，一定の商品を対象
として，取引高に応じて，取引先に販売奨励金を支払うこととしていま
す。

また，販売奨励金の精算に当たっては，当月分の請求書において，当
月分の請求金額から前月分の販売奨励金の金額を控除する形式で行って
います。適格請求書等保存方式においては，請求書の記載についてどの
ような対応が必要ですか。【令和2年9月改訂】

208 ◆ Ⅶ　適格請求書の記載事項等

【答】

　ご質問の販売奨励金は，貴社の売上げに係る対価の返還等に該当します。
したがって，貴社は，取引先に対し，課税資産の譲渡等と売上げに係る対価
の返還等を行っていることから，取引先に対し，適格請求書と適格返還請求
書を交付する義務があります。

　この場合において，貴社が交付する請求書に，適格請求書と適格返還請求書
それぞれに必要な記載事項を記載して1枚の書類で交付することも可能です。

　具体的には，当月販売した商品について，適格請求書として必要な事項を
記載するとともに，前月分の販売奨励金について，適格返還請求書として必
要な事項を記載すれば，1枚の請求書を交付することで差し支えありません。

　また，継続して，課税資産の譲渡等の対価の額から売上げに係る対価の返
還等の金額を控除した金額及びその金額に基づき計算した消費税額等を税率
ごとに請求書等に記載することで，適格請求書に記載すべき「課税資産の譲
渡等の税抜価額又は税込価額を税率ごとに区分して合計した金額」及び「税
率ごとに区分した消費税額等」と適格返還請求書に記載すべき「売上げに係
る対価の返還等の税抜価額又は税込価額を税率ごとに区分して合計した金額」
及び「売上げに係る対価の返還等の金額に係る消費税額等」の記載を満たす
こともできます（インボイス通達3－16）。

（注）　この場合，課税資産の譲渡等の金額から売上げに係る対価の返還等の
　　　金額を控除した金額に基づく消費税額等の計算については，税率ごとに
　　　1回の端数処理となります。

【課税資産の譲渡等の金額と対価の返還等の金額をそれぞれ記載する場合】

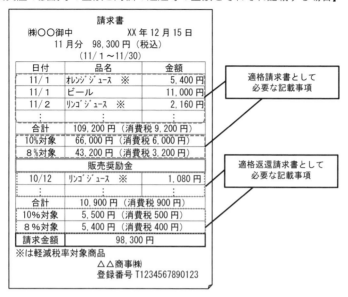

【対価の返還等を控除した後の金額を記載する場合の記載例】

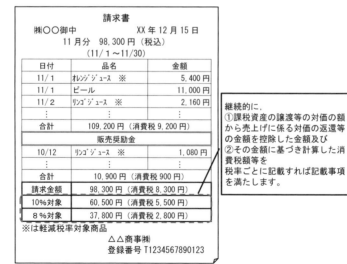

210◆　Ⅶ　適格請求書の記載事項等

　熊王：例えば販売奨励金は，前の月にいくら買ってくれたらいくらバックしますとか，何個買ってくれたらいくらバックしますとか，そういう決まりが多いわけです。聞いてみると，請求書とセットになっているケースも多いらしいです。

　渡辺：であれば，現在ある書類をそのまま使えそうですね。

　熊王：そうです。例えば，11月分の請求書に10月分の販売奨励金の内容を一緒に載せます。それで，請求金額と販売奨励金の金額をそれぞれ載せちゃうのが【答】の上の図解のパターン，相殺して載せちゃうのが下の図解のパターンです。

　渡辺：適格返還請求書を単品で作ってもいいけれども，やはり一番大事なのは，今使っている書類を，手間と金をかけずになるべくなら活かすということでしたね。これはぜひ参考にしたいです。

　熊王：販売奨励金に絡んで，問52は，販売奨励金を受け取る側が販売奨励金の請求書を交付するケースです。後で確認しますが，仕入計算書に非常によく似ています。販売奨励金は，はじめから取決めがあるから，買ったほうがいくらもらえるかわかるわけですね。先月いくら買ったから今月いくらもらえるかが，あらかじめわかっています。

　そういった場合，販売奨励金をもらう買手がその明細書や請求書を作って，販売奨励金を払う売手側に送ることもできます。本来，適格返還請求書は売手から買手に発行するのですが，買手が先回りして「俺はこれだけもらえるんだからよこせ」と言って出すこともできるということです。

（販売奨励金等の請求書）

　問52　当社は，販売促進の目的で，一定の商品を対象として，取引高に応じて，取引先（当社の売上先）に販売奨励金を支払うこととしています。
　　販売奨励金の精算に当たっては，取引先から交付される奨励金請求書に基づき支払い，消費税については，売上げに係る対価の返還等として

処理しています。この場合，適格請求書等保存方式においては，当社から取引先に対して，改めて，適格返還請求書を交付する必要がありますか。【平成30年11月追加】

【答】

　ご質問の販売奨励金は，貴社の売上げに係る対価の返還等に該当します（基通14－1－2）ので，貴社は，取引先に対し，適格返還請求書を交付する義務があります（新消法57の4③）。

　適格返還請求書の記載事項は，次のとおりです。

① 　適格請求書発行事業者の氏名又は名称及び登録番号

② 　売上げに係る対価の返還等を行う年月日及びその売上げに係る対価の返還等の基となった課税資産の譲渡等を行った年月日（適格請求書を交付した売上げに係るものについては，課税期間の範囲で一定の期間の記載で差し支えありません。）

③ 　売上げに係る対価の返還等の基となる課税資産の譲渡等に係る資産又は役務の内容（売上げに係る対価の返還等の基となる課税資産の譲渡等が軽減対象資産の譲渡等である場合には，資産の内容及び軽減対象資産の譲渡等である旨）

④ 　売上げに係る対価の返還等の税抜価額又は税込価額を税率ごとに区分して合計した金額

⑤ 　売上げに係る対価の返還等の金額に係る税率ごとに区分した消費税額等又は適用税率

　ご質問の場合，取引先が作成する書類である奨励金請求書に販売奨励金に関する適格返還請求書として必要な事項が記載されていれば，貴社と相手方との間で，貴社の売上げに係る対価の返還等の内容について記載された書類が共有されていますので，貴社は，改めて，適格返還請求書を交付しなくても差し支えありません。

【適格返還請求書として必要な事項が記載された販売奨励金に係る請求書の記載例】

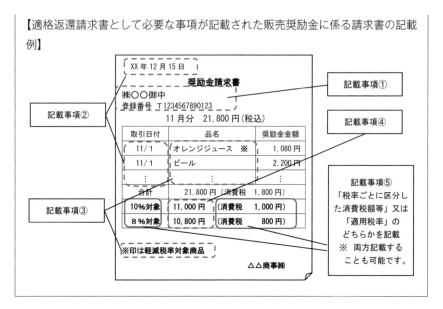

渡辺：これいいですよね。逆に言うと，「販売奨励金が欲しかったら自分で書類を作れ」ということかもしれません。

熊王：そういう意味合いもあるかもしれません。ただし，売手側と買手側が相互に了解して情報が共有されていることが前提となります。

渡辺：逆にこのやり方のほうが間違いがないような気がします。もらうほうは忘れずにきっちりとやるでしょうから，この方法は検討する価値がありそうです。

8 合わせ技一本！

熊王：問53はすでに見ましたので，問54です。「まとめ請求」ということで，これも実務に相当に配慮してくれています。

物販業なんかの場合，納品の都度，納品書を出して，請求書は1か月分まとめて出します。

8　合わせ技一本！　◆213

（一定期間の取引をまとめた請求書の交付）

問54　当社は，取引の都度，取引先に商品名を記載した納品書を交付するとともに，請求については１か月分をまとめて，請求書を交付しています。軽減税率制度の実施後，以下のように，請求書において，１か月分の取引に係る納品書番号を記載した上で，税率ごとの税込金額の合計額を記載しています。令和５年10月からは，請求書を適格請求書として交付しようと考えていますが，どのような対応が必要ですか。【令和２年９月改訂】

請求書	
㈱○○御中	XX 年 11 月 1 日
10 月分（10/ 1 ～10/31）	
109,200 円（税込）	
納品書番号	金額
No.0011	11,960 円
No.0012	7,640 円
No.0013	9,800 円
⋮	⋮
合　計	109,200 円
10％対象	66,000 円
8 ％対象	43,200 円
	△△商事㈱

納品No.0013　　　納品書
㈱○○御中　　　　　　　　△△商事㈱

納品No.0012　　　納品書
㈱○○御中　　　　　　　　△△商事㈱

納品No.0011　　　納品書	
㈱○○御中　　　　　　　　△△商事㈱	
下記の商品を納品いたします。	
XX 年 10 月 1 日	
品名	金額
牛肉　※	5,400 円
じゃがいも　※	2,160 円
割り箸	1,100 円
ビール	3,300 円
合計	11,960 円
※印は軽減税率対象商品	

【答】
　適格請求書とは，次の事項が記載された請求書，納品書等の書類をいいますが，一の書類のみで全ての記載事項を満たす必要はなく，交付された複数の書類相互の関連が明確であり，適格請求書の交付対象となる取引内容を正確に認識できる方法（例えば，請求書に納品書番号を記載するなど）で交付されていれば，その複数の書類の全体により適格請求書の記載事項を満たすことになります（インボイス通達３－１）。
①　適格請求書発行事業者の氏名又は名称及び登録番号
②　課税資産の譲渡等を行った年月日
③　課税資産の譲渡等に係る資産又は役務の内容（課税資産の譲渡等が軽減対象資産の譲渡等である場合には，資産の内容及び軽減対象資産の譲渡等

である旨）
④ 課税資産の譲渡等の税抜価額又は税込価額を税率ごとに区分して合計した金額及び適用税率
⑤ 税率ごとに区分した消費税額等
⑥ 適格請求書の交付を受ける事業者の氏名又は名称

したがって、ご質問の場合、次の対応が考えられます。

1 請求書に適格請求書として必要な事項を全て記載する場合
　適格請求書として必要な事項を全て記載することにより、請求書の交付のみをもって、適格請求書の交付義務を果たすことができます。この場合、納品書の様式を変更していただく必要はありません。

【適格請求書として必要な記載事項を全て請求書に記載する場合の記載例】

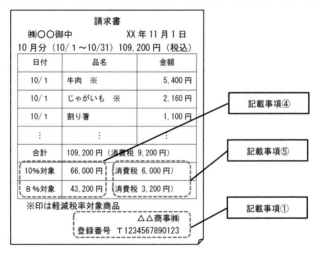

2 請求書のみでは適格請求書の記載事項が不足するため、納品書で不足する記載事項を補完する場合
　請求書に、登録番号、税率ごとに区分した消費税額等及び適用税率を記載するとともに、日々の取引の内容（軽減税率の対象である旨を含みます。）については、納品書に記載することにより、2種類の書類で適格請求書の

記載事項を満たすことができます。

　したがって，この場合，請求書と納品書を交付することにより，適格請求書の交付義務を果たすことができます。

【請求書に不足する適格請求書の記載事項を納品書で補完する場合の記載例】

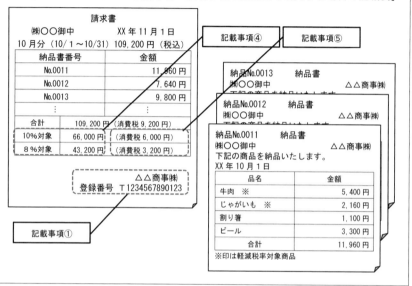

渡辺：これは非常に多いパターンですね。

熊王：そうすると，納品書のほうには，例えば品名とか金額，税額なんかが書いてあるんだけれども，これをもう1回，1か月分まとめて出す請求書にくっつけたら大変なので，請求書には納品書番号と金額だけを書くことになります。

　理屈の上では，登録番号を書く請求書のほうに税率や税額とかを全部書かなきゃいけないわけですが，このように，2つの書類のどちらかに書いてあればいい，2つ並べてみて必要事項が全部書いてあればそれで要件充足ということになります。

渡辺：柔道で言ったら合わせ技一本というところでしょうか。これが認められることによって，実務上は劇的にやりやすくなったと思います。今現在使われている書類をインボイス対応に移行しやすくなったのではないでしょうか。

216 ◆ Ⅶ 適格請求書の記載事項等

熊王：そのあたりの記載例が【答】の1，2に書いてあります。

渡辺：記載例2のパターンですと，保存する側からすると，売手もそうなんですが，納品書と請求書を全部保存しろってことですよね。かなりかさばりそうです。

熊王：たしかに。

渡辺：そうすると記載例1のスタイルでしょうか。全部請求書に固めてしまうやり方です。

熊王：ただ，売手にしてみると，今まで使ってきた書類を活かしたいわけだから，記載例2がいいかもしれない。新しいフォーマットにするかは交渉次第ですよ。

渡辺：やはり，そのあたりのすり合わせは必要だということですね。「これでいいですか」と確認する。あとは，お互いにかさばるのが嫌だったら，思い切って電子化するという選択肢もあります。

熊王：そうですね。

渡辺：いずれにせよ，このようなすり合わせは極力制度開始前までにしておきたいものです。

9　書類ごとの端数処理

熊王：問54に絡んで，問55は複数書類をインボイスとする場合の端数処理です。

（複数書類で適格請求書の記載事項を満たす場合の消費税額等の端数処理）

問55　当社は，商品の納品の都度，取引先に納品書を交付しており，そこには，当社の名称，商品名，納品書ごとの合計金額を記載しています。令和5年10月から，納品書に税率ごとに区分して合計した税込価額，適用税率と納品書ごとに計算した消費税額等の記載を追加するとともに，請求書に登録番号の記載を追加すれば，納品書と請求書を合わせて適格請求書の記載事項を満たすことになりますか。また，その場合，端数処理はどのように行えばよいでしょうか。【平成30年11月追加】【令

9 書類ごとの端数処理 ◆217

和4年4月改訂】

【答】

適格請求書とは，必要な事項が記載された請求書，納品書等の書類をいいますが，一の書類のみで全ての記載事項を満たす必要はなく，交付された複数の書類相互の関連が明確であり，適格請求書の交付対象となる取引内容を正確に認識できる方法（例えば，請求書に納品書番号を記載する方法など）で交付されていれば，これら複数の書類に記載された事項により適格請求書の記載事項を満たすことができます（インボイス通達３－１）。

このため，ご質問のように納品書に「課税資産の譲渡等の税抜価額又は税込価額を税率ごとに区分して合計した金額及び適用税率」及び「税率ごとに区分した消費税額等」の記載を追加するとともに，「登録番号」を請求書に記載した場合は，納品書と請求書を合わせて適格請求書の記載事項を満たすこととなります。

この場合，納品書に「税率ごとに区分した消費税額等」を記載するため，納品書につき税率ごとに１回の端数処理を行うこととなります。

請求書	
㈱○○御中　　　　　XX年11月1日	
10月分（10/1～10/31）	
109,200円（税込）	
納品書番号	金額
No.0011	12,800円
No.0012	5,460円
No.0013	5,480円
：	：
合　計	109,200円

△△商事㈱
登録番号 T1234567890123

納品No.0013　　納品書
㈱○○御中　　　　　　　△△商事㈱

納品No.0012　　納品書
㈱○○御中　　　　　　　△△商事㈱

納品No.0011　　納品書
㈱○○御中　　　　　　　△△商事㈱
下記の商品を納品いたします。
XX年10月1日

品名	金額
牛肉　　※	5,400円
じゃがいも　※	2,300円
割り箸	1,100円
ビール	4,000円
合計	12,800円
10%対象	5,100円（消費税464円）
8%対象	7,700円（消費税570円）

※印は軽減税率対象商品

「税率ごとに区分した消費税額等」
※端数処理は納品書につき税率ごとに１回

（参考）
　この場合，請求書に「税率ごとの消費税額等」の記載は不要ですが，納品書に記載した消費税額等の合計額を記載しても差し支えありません。
　例）合計　109,200円（消費税8％：3,200円／10％：6,000円）
　　　合計　109,200円（消費税9,200円）　等
　なお，当該消費税額等の合計額については，法令上において記載を求める適格請求書の記載事項としての消費税額等にはなりませんのでご留意ください。

熊王：今お話ししたように，納品書と請求書を並べて要件を満たすなら，これでインボイスとして認められます。納品書をもとに税額を計算している場合，請求書には税額は書かなくていいということです。この場合に，納品書ごとの端数処理はできるということでいいですか？

渡辺：交付する書類ごとに端数処理をするのであれば問題ないです。ここでのポイントは，税率ごとの消費税額をどちらの書類に載せるかということです。消費税額を載せるほうで端数処理をすればいいです。

逆に，請求書に全部消費税をまとめておいて，請求書上で端数処理もアリってことです。要は，フォームによって端数処理の仕方が変わるということですね。

積上げ計算をするなら納品書ベースで切捨てにしたほうがいいですか？

熊王：そうですね。ただ，それで利になるとしても，1か月で31回です。

渡辺：塵も積もれば……という諺もあります。

熊王：31円です。年間でいくら？　400円弱くらいかな（笑）。

渡辺：馬鹿にしちゃいけません（笑）。

熊王：単品ごとの端数処理だったら大きいけどね（笑）。

渡辺：節税というよりも，移行のしやすさでフォームは決めたほうがよさそうです。

熊王：あと，令和4年4月改訂で，【答】の図解の下にある（参考）に，なお書が追加されました。納品書をインボイスとする場合でも請求書に消費税額等を記載してもよいということになっています。ただし，これは記載事項としての消費税額等ではないということが，なお書で念押しされました。

ただ，下手にこんなことをQ&Aに書くと余計混乱するような気がしています。

渡辺：買手の立場からすると，請求書ベースで仕入れを計上するケースが多いのではないでしょうか。そうすると，請求書フォームに消費税額を記載してほしいという取引先からのニーズはあるように思います。ただ，この場合にも，積上げ計算のベースとなるのは，各納品書に記載されている消費税額なんですよ，ということなんでしょう。

10　外貨建取引

　熊王：令和4年4月改訂で，問56に「外貨建取引における適格請求書の記載事項」が追加されました。

　今まではっきりしたQ&Aがなかったんですが，この問の内容はわかりやすいですね。

　渡辺：非常に整理されていますよね。図解に例示もつけてもらって，すごくわかりやすいです。

　ちなみに，この問の前提は，国内取引をドルで決済しているということでいいですか。国外取引については不課税取引となるため，そもそもインボイスの交付義務はありません。

　熊王：それでいいと思います。日本国内での取引であってもドルで決済するということもありえますから。

　具体的に見ていきます。外貨を円換算するとき，所得税や法人税では仲値（TTM）を使います。

　その際，消費税の計算方法として，税込金額から換算するやり方と税抜金額から換算するやり方，それと，換算してから税率を掛けるか税率を掛けてから換算するかの順番があります。

　このやり方と順番はどうでもいいんだけれども，端数処理に気をつけてくださいと書いてあります。

　渡辺：面白いのは，消費税だけは円換算が必要で，それ以外の項目は外貨でもいいということになっているんですね。

　積上げ計算をするので，消費税だけは円換算をしておかないといけないということでしょうか。

　熊王：外貨で書かれていたら困ります。

　渡辺：それはそうですよね。インボイスをもらった時と実際に決済した時のレートが違う可能性もあるわけですからね。これで，売手と買手の消費税額がズレることはなくなるわけです。

(外貨建取引における適格請求書の記載事項)

問56 当社は，米ドル建てにより取引を行っており，当該取引に係る資産の譲渡等の対価の額については，法人税における処理と同様に取引を行った日の対顧客直物電信売相場（TTS）と対顧客直物電信買相場（TTB）の仲値（TTM）により円換算を行っています。このような外貨建取引に係る適格請求書は，どのように記載すればよいですか。【令和4年4月追加】

【答】

　米ドルなどの外貨建てによる取引であっても，適格請求書に記載が必要な事項は問43《適格請求書に記載が必要な事項》と同様ですが，「税率の異なるごとに区分した消費税額等」を除き，記載事項を外国語や外貨により記載しても問題ありません。

　しかし，外貨建てによる取引であっても，「税率の異なるごとに区分した消費税額等」については，円換算した金額を記載する必要があります。

　具体的には，以下のいずれかの計算方法により，円換算して「税率の異なるごとに区分した消費税額等」を算出することとなります。

1　税率ごとに区分して合計した対価の額（外貨税抜）を円換算後，消費税額等を算出する方法

2　税率ごとに区分して合計した対価の額（外貨税込）を円換算後，消費税額等を算出する方法

3 税率ごとに区分して合計した対価の額（外貨税抜）から計算過程の消費税額等（外貨）を算出後，円換算する方法

4 税率ごとに区分して合計した対価の額（外貨税込）から計算過程の消費税額等（外貨）を算出後，円換算する方法

(注) 1 消費税額等の算出に係る円換算の方法は，資産の譲渡等の対価の額の円換算の方法（基通10－1－7）と同様，所得税又は法人税の課税所得金額の計算において外貨建ての取引に係る売上金額その他の収入金額を円換算する際の取扱いの例により行うこととなります。
　　 2 税率ごとに区分した対価の額を円換算する際，端数処理を行うかどうかは事業者の任意となります。なお，ここでの端数処理は，税率ごとに区分した対価の額の計算であり，適格請求書の記載事項としての「消費税額等」の端数処理には該当しません。
　　 3 消費税額等の端数処理は，「1円未満」の端数が生じた場合に行うものであるため，計算過程の外貨建ての消費税額等を算出する際に，端数処理を行うことはできません。

222◆ Ⅶ　適格請求書の記載事項等

【税率ごとに区分して合計した対価の額（外貨税抜）を円換算後，消費税額
等を算出する場合（上記1による場合）の記載例】

（TTM：115.21円）

Description	Taxable amount	Tax amount	JPY Tax Amount
Beef *	$189	$15.12	—
Wood chopsticks	$23	$2.3	—
Fish *	$150	$12	—
Spoon	$31	$3.1	—
Reduced　tax rate（8%）	$339	$27.12	¥3,124
Standard tax rate（10%）	$54	$5.4	¥622

×TTM　×適用税率

Reduced tax rate（8%）

　$339 × 115.21 = 39,056.19 → 39,056円（税率ごとに区分した対
　　　　　　　　　　　　　　　　　　　価の額【円換算後】）

　39,056円 × 8% = 3,124.48 → 3,124円（消費税額等）

Standard tax rate（10%）

　$54 × 115.21 = 6,221.34 → 6,221円（税率ごとに区分した対価の
　　　　　　　　　　　　　　　　　　　額【円換算後】）

　6,221円 × 10% = 622.1 → 622円（消費税額等）

　※　外貨建てのTax amountは，インボイスの記載事項として求められ
　るものではなく，参考として記載するものとなります。

11　一括値引き

　熊王：問57は「一括値引き」です。顧客が割引券を使ったらどうするかとい
うことですが，標準税率と軽減税率がある場合は，割引券による値引額を按分
するんです。これは区分記載請求書の時代と同じです。

（一括値引きがある場合の適格簡易請求書の記載）

> 問57　当社は，小売業（スーパーマーケット）を営む事業者です。当社では，飲食料品と飲食料品以外のものを同時に販売した際に，合計金額（税込み）から1,000円の値引きができる割引券を発行しています。
> 　令和5年10月から，顧客が割引券を使用し，値引きを行った場合，当社が発行するレシートには，どのような記載が必要となりますか。【平成30年11月追加】

【答】

　飲食料品と飲食料品以外の資産を同時に譲渡し，割引券等の利用により，その合計額から一括して値引きを行う場合，税率ごとに区分した値引き後の課税資産の譲渡等の対価の額に対してそれぞれ消費税が課されることとなります。

　そのため，適格簡易請求書であるレシート等における「課税資産の譲渡等の税抜価額又は税込価額を税率ごとに区分して合計した金額」は，値引き後のものを明らかにする必要があります。

　なお，税率ごとに区分された値引き前の課税資産の譲渡等の税抜価額又は税込価額と税率ごとに区分された値引額がレシート等において明らかとなっている場合は，これらにより値引き後の課税資産の譲渡等の税抜価額又は税込価額を税率ごとに区分して合計した金額が確認できるため，このような場合であっても，値引き後の「課税資産の譲渡等の税抜価額又は税込価額を税率ごとに区分して合計した金額」が明らかにされているものとして取り扱われます。

　また，レシート等に記載する「消費税額等」については，値引き後の「課税資産の譲渡等の税抜価額又は税込価額を税率ごとに区分して合計した金額」から計算することとなります。

　ご質問の場合，レシートの記載方法としては次のようなものがあります。

（参考）　顧客が割引券等を利用したことにより，同時に行った資産の譲渡等を対象として一括して対価の額の値引きが行われており，その資産の譲渡等に係る適用税率ごとの値引額又は値引き後の税抜価額又は税込

価額を税率ごとに区分して合計した金額が明らかでないときは、割引券等による値引額をその資産の譲渡等に係る価額の比率によりあん分し、適用税率ごとの値引額を区分し、値引き後の税抜価額又は税込価額を税率ごとに区分して合計した金額を算出することとされています。

その資産の譲渡等に際して顧客へ交付する領収書等の書類により適用税率ごとの値引額又は値引き後の税抜価額又は税込価額を税率ごとに区分して合計した金額が確認できるときは、その資産の譲渡等に係る値引額又は値引き後の税抜価額又は税込価額の合計額が、適用税率ごとに合理的に区分されているものに該当することとされています。

したがって、例えば、軽減税率の適用対象とならない課税資産の譲渡等の税抜価額又は税込価額からのみ値引きしたとしても、値引額又は値引き後の税抜価額又は税込価額を税率ごとに区分して合計した金額が領収書等の書類により確認できるときは、適用税率ごとに合理的に区分されているものに該当します。

(例) 雑貨3,300円（税込み）、牛肉2,160円（税込み）を販売した場合

【値引き後の「税込価額を税率ごとに区分して合計した金額」を記載する方法】

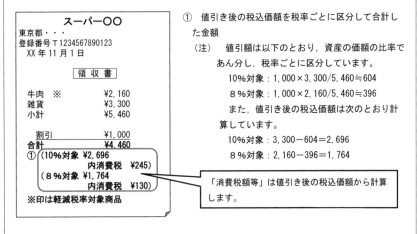

11　一括値引き　◆225

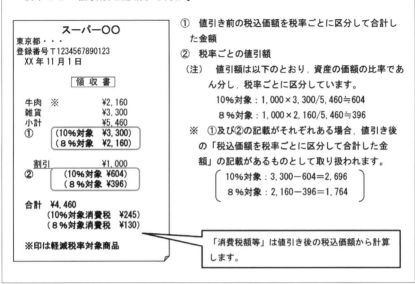

　渡辺：ちなみに値引額は対価の返還に該当しますか？

　熊王：いや，即時値引きだから違うでしょ。

　渡辺：そういうことでいいんですよね。あくまでも値引き後の金額が課税標準のベースになって，買手側では課税仕入れの対価になるということです。だから，値引いた後の金額をレシートに載せないと計算できないことになります。

　熊王：こんなもので適格返還請求書なんて出したら大変です。

　渡辺：ちなみにこれは，どちらか一方から引くってことでもいいんですよね？

　熊王：それでも構わないです。税率ごとに値引いた後の金額が示せればいいわけだから問題ないです。

　ところで，最近は対象商品を指定した割引券のほうが多いみたいです。

　これは石井幸子先生から聞いたのですが，今はQ&Aの事例みたいに全体から引くといった割引券ってあまりないらしいですね。あらかじめ割り引く商品

を限定しているそうです。

　渡辺：紐づけしているということですか。

　熊王：「商品○○の割引券」という感じらしいです。

　渡辺：そうであれば按分という概念はなくなりますね。

　熊王：それが狙いのような気がします。

　渡辺：按分計算となるとシステム設定なんかが大変でしょうから，やり方としては非常に賢いと思います。

　熊王：軽減税率やインボイス制度の導入にあたり，事業者はいろいろと工夫しているように感じます。

12　端数値引き

　熊王：令和４年４月改訂で，問58に端数値引きの取扱いが新設されました。出精値引きとも言いますが，「端数を値引きしますよ」なんてことはよくあるわけでありまして，われわれがこの後に行く居酒屋でも出精値引きしています。

　渡辺：ゴチになります！

　熊王：それはともかくとして，この売上げに係る対価の返還をどうするのか。これも本当に細かい話だけれども，法律上はその基となる売上げに係る内容を記載することになっています。でも，何に対する値引きなんてことは考えずにボンと端数を値引くんだから，書きようがありません。

　渡辺：おっしゃるとおりです。

　熊王：だから，これは書かなくていいという，当たり前のことが追加されたのかなと思います。

　渡辺：Q&Aの【答】の１つ目の図解を見ると，これはバツしていい，これもバツしていいと，ものすごく丁寧に書かれています（228頁参照）。でも，結論だけ言ってしまうと，シンプルですね。

　熊王：丸めて値引きを書けばいい。ただそれだけですよ。

　渡辺：よく建設業の職人さんがこういう請求書を出します。でも，職人さん

がいちいち細かく書けないから，端数の値引きだけ書いておけばそれでいいということで，そのあたりの実情に配慮してくれたのだろうという気がしています。

　熊王：現実は，こうしないと回らないですよ。よかったという感じです。

（端数値引きがある場合の適格請求書の記載）

> 問58　当社は，事業者に対して食料品などの卸売を行っています。取引先に対する請求に際して，当該請求金額の合計額の端数を値引きすることがあるのですが（いわゆる「出精値引き」），適格請求書等保存方式においては，請求書の記載についてどのような対応が必要ですか。【令和4年4月追加】

【答】

　ご質問のように課税資産の譲渡等の対価の額の端数を値引きする場合，値引きの時期が課税資産の譲渡等を行う前か後かで以下のように対応が分けられます。

①　既に行った課税資産の譲渡等の対価の額に係る値引きである場合，売上げに係る対価の返還等として処理する

②　これから行う課税資産の譲渡等の対価の額に係る値引きである場合，課税資産の譲渡等の対価の額から直接減額して処理する

　なお，値引きの時期が課税資産の譲渡等を行う前か後かについて厳密な区分が困難である場合は，①と②のいずれの処理を行っても差し支えありません。

1　売上げに係る対価の返還等として処理する方法（上記①）

　既に行った課税資産の譲渡等の対価の額の端数の値引きである場合，当該課税資産の譲渡等に対する値引きについては適格返還請求書を交付することとなりますが，適格請求書と適格返還請求書のそれぞれの記載事項を満たして一の書類で記載することもできます。

　この場合，貴社が行う出精値引きは既に行った個々の取引のいずれかに対して値引きを行う性質のものではなく，その請求全体に対して値引きを行うものであるため，適格返還請求書の記載事項である「売上げに係る対

価の返還等の基となる課税資産の譲渡等に係る資産又は役務の内容」は，適格請求書の記載事項である「課税資産の譲渡等に係る資産又は役務の内容」と同一となることから，記載する必要はありません。

　また，例えば，標準税率の取引のみを行っているなど，取引に係る適用税率が単一である場合，適格返還請求書の記載事項である売上げに係る対価の返還等の金額に係る「適用税率」に関しても同様に，適格請求書の記載事項である「適用税率」とは別に記載する必要はありません。

　なお，適格返還請求書は，売上げに係る対価の返還等の金額に係る消費税額等又は適用税率のいずれか一方のみの記載が求められている（両方記載することも可能です。）ことから，適用税率を記載した場合は，「売上げに係る対価の返還等の金額に係る消費税額等」の記載を省略することができます。

　貴社が帳簿に記載する「売上げに係る対価の返還等に係る課税資産の譲渡等に係る資産又は役務の内容」については，端数値引きによる対価の返還等であることが明らかな記載であれば問題ありません。

【売上げに係る対価の返還等として処理する際に交付すべき適格請求書と適格返還請求書を一の書類で交付する場合の記載例】

2 課税資産の譲渡等の対価の額から直接減額して処理する方法（上記②）

　これから行う課税資産の譲渡等の値引きである場合，課税資産の譲渡等の対価の額から直接減額して処理することとなりますので，適格請求書には，値引き後の対価の額に係る消費税額等の記載が必要となります。

　また，標準税率及び軽減税率対象の取引を同時に行う場合の出精値引きについては，当該出精値引額をその資産の譲渡等の価額の比率によりあん分し，適用税率ごとに区分する必要があります。

　なお，この場合において，例えば，標準税率対象のものからのみ値引きを行うとしても値引額又は値引き後の対価の額が明らかとなっていれば，合理的に区分されているものに該当します（軽減通達15）。軽減対象資産の譲渡等とそれ以外の資産の譲渡等を一括して値引きする場合の適格簡易請求書の記載方法については，問57《一括値引きがある場合の適格簡易請求書の記載》をご参照ください。

【課税資産の譲渡等の対価の額から直接減額して処理する場合の記載例】

請求書

㈱○○御中　　　　　　　　　　　　　　　　XX 年 11 月 1 日

No	日付	品名	金額
1	10/1	オレンジジュース※	100 円
2	10/1	キッチンペーパー	1,000 円
3	10/1	リンゴジュース※	300 円
⋮	⋮	⋮	⋮

10%対象	税抜 5,200 円	消費税額 520 円
8%対象	税抜 5,100 円	消費税額 408 円

総計	11,228 円
出精値引き	▲228 円
値引き後総計	11,000 円

10%対象	税抜 5,096 円	消費税額 509 円
8%対象	税抜 4,996 円	消費税額 399 円

※印は軽減税率対象商品

　　　　　　　　　　　　　　△△商事㈱
　　　　　　　　　　　登録番号 T1234567890123

「出精値引き」額を合理的に区分

（資産の譲渡等の税抜価額の比率で按分）

《10%対象》

228 円 × 5,200 / (5,200 + 5,100)

≒ 115 円（税込値引額）

(5,200 + 520 円) − 115 円 = 5,605 円（値引き後の税込対価の額）

5,605 円 × 10/110 ≒ 509 円（値引き後の対価に係る消費税額）

5,605 円 − 509 円 = 5,096 円（値引き後の税抜対価の額）

《8%対象》

228 円 × 5,100 / (5,200 + 5,100)

≒ 113 円（税込値引額）

(5,100 + 408 円) − 113 円 = 5,395 円

（値引き後の税込対価の額）

5,395 円 × 8/108 ≒ 399 円（値引き後の対価に係る消費税額）

5,395 円 − 399 円 = 4,996 円（値引き後の税抜対価の額）

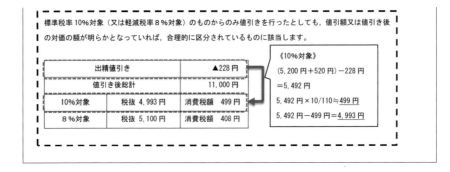

13 書面と電子データによる組合せ

熊王：問59は書面と電子データの組合せによる適格請求書の発行です。問54（213頁参照）で渡辺さんも触れていましたが，納品書と請求書を合わせてインボイスとする場合，どうしても書類がかさばります。このような場合には，納品書に記載すべき内容を電子データでやりとりしてしまうということも認められます。

（書面と電磁的記録による適格請求書の交付）

問59　当社は，ＥＤＩ取引を行っており，受発注や納品などの日々の取引については，取引先と電磁的記録を交換することにより行っています。ただし，請求書については，月まとめで，書面により取引先に交付しています。

　　請求書を適格請求書とするために，請求書には，以下のように登録番号等の記載を行い，日々の取引の明細については，電磁的記録である請求明細（税率ごとに分けて作成します。）を参照しようと考えています。

　　このような場合であっても，適格請求書を交付したことになりますか。

（注）　ＥＤＩ（Electronic Data Interchange）取引とは，異なる企業・組織間で商取引に関連するデータを，通信回線を介してコンピュータ間で交換する取引等をいいます。

○ 請求書（書面で交付）　　○ 請求明細（電磁的記録で提供）

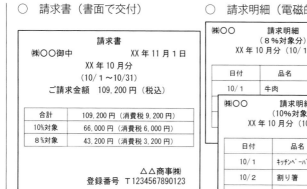
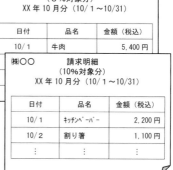

【答】

　適格請求書とは，次の事項が記載された請求書，納品書等の書類をいいますが，一の書類のみで全ての記載事項を満たす必要はなく，書類相互（書類と電磁的記録）の関連が明確であり，適格請求書の交付対象となる取引内容を正確に認識できる方法で交付されていれば，複数の書類や，書類と電磁的記録の全体により，適格請求書の記載事項を満たすことになります。

① 適格請求書発行事業者の氏名又は名称及び登録番号
② 課税資産の譲渡等を行った年月日
③ 課税資産の譲渡等に係る資産又は役務の内容（当該課税資産の譲渡等が軽減税率の対象となるものであれば，その内容及び軽減税率の対象である旨）
④ 課税資産の譲渡等の税抜価額又は税込価額を税率ごとに区分して合計した金額及び適用税率
⑤ 税率ごとに区分した消費税額等
⑥ 適格請求書の交付を受ける事業者の氏名又は名称

　したがって，ご質問の場合，課税資産の譲渡等の内容（軽減税率の対象である旨を含みます。）を含む請求明細に係る電磁的記録を提供した上で，それ以外の記載事項のある月まとめの請求書を交付することで，これら全体により，適格請求書の記載事項を満たすことになります。

　なお，請求明細に係る電磁的記録については，提供した適格請求書に係る電磁的記録と同様の措置等を行い，保存する必要があります。提供した適格

232 ◆ Ⅶ　適格請求書の記載事項等

> 　請求書に係る電磁的記録の保存方法については，問67《適格請求書に係る電磁的記録を提供した場合の保存方法》をご参照ください。

　渡辺：これも繰り返しになるかもしれませんが，取引先との間で従来からこのようなやり方を行っていればいいのですが，新たにデジタル化をするといった場合には，事前に取引先とすり合わせが必要となりますね。しかも，制度が開始する前までに準備しておきたいです。

14　軽減税率対象商品がない場合

　熊王：問60は，「軽減税率の適用対象となる商品がない」，つまり，全部標準税率の場合です。問11（70頁参照）でも同じような内容が出てきましたが，非常に中途半端な問と答でしたので，ここで再確認します。

（軽減税率の適用対象となる商品がない場合）

> 問60　当社は，日用雑貨の卸売を行う事業者です。当社では，軽減税率の適用対象となる商品の販売がありません。軽減税率制度の実施後，買手の仕入税額控除のための請求書等の記載事項を満たすものとして，次の請求書を取引先に交付しています。
> 　当社が交付する請求書を適格請求書とするためには，記載内容にどのような変更が必要でしょうか。【平成30年11月追加】【令和２年９月改訂】

請求書

㈱○○御中　　　　　　　XX年11月30日
11月分 88,000円（税込）

日付	品名	金額
11/2	コップ	5,500円
11/3	花瓶	4,400円
⋮	⋮	⋮
合計		88,000円

△△商事㈱

【答】
　適格請求書の記載事項は，次のとおりです（区分記載請求書等保存方式における請求書等の記載事項に加え，①，④及び⑤の下線部分が追加されます。）（新消法57の4①）。
① 　適格請求書発行事業者の氏名又は名称及び<u>登録番号</u>
② 　課税資産の譲渡等を行った年月日
③ 　課税資産の譲渡等に係る資産又は役務の内容（課税資産の譲渡等が軽減対象資産の譲渡等である場合には，資産の内容及び軽減対象資産の譲渡等である旨）
④ 　<u>課税資産の譲渡等の税抜価額又は税込価額を税率ごとに区分して合計した金額</u>及び<u>適用税率</u>
⑤ 　<u>税率ごとに区分した消費税額等</u>
⑥ 　書類の交付を受ける事業者の氏名又は名称
　このため，貴社の対応としては，次の記載例のように，適格請求書として必要な事項（上記①，④及び⑤の下線部分）を記載することが必要です。
　ご質問のように，販売する商品が軽減税率の適用対象とならないもののみであれば，「軽減対象資産の譲渡等である旨」の記載は不要であり，これまでと同様に課税資産の譲渡等の対価の額（税込価格）の記載があれば，結果として「課税資産の譲渡等の税抜価額又は税込価額を税率ごとに区分して合計した金額」の記載があるものとなります。
　なお，適用税率（10%）や消費税額等の記載が必要となる点には，ご留意ください。

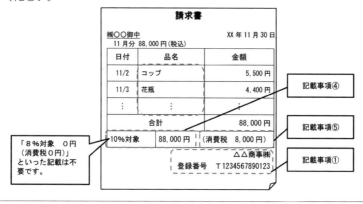

234 ◆　Ⅶ　適格請求書の記載事項等

渡辺：繰り返しになりますが，インボイスは，当然出してくださいってことですね。

熊王：そういうことです。「記載内容にどのような変更が必要でしょうか」って，当然，登録番号と税率と税額は必要になります。

区分記載請求書への切替時は，標準税率だけの場合だと何も変わらなかったわけですが，適格請求書になると，新たな記載が必要になりますという説明なのだろうと思います。

渡辺：区分記載請求書の取扱いの延長で，そのままでいいんだろうと勘違いする人も，もしかするといるかもしれません。一応の注意喚起なのだと思います。

15　令和5年10月1日をまたぐ請求書

熊王：問61，62はすでに見ました。次の問63が，令和4年4月改訂で新設された令和5年10月1日をまたぐ請求書の取扱いです。

インボイス制度が始まる令和5年10月1日をまたぐ請求書について，例えば，15日締めの請求書をどうやって出すかという問です。

整理すると，令和5年10月1日から登録する場合には，9月の16日から30日までの分は，従来通りインボイスなしで仕入税額控除ができます。

その上で，10月の1日から15日までの分も当然控除ができますが，9月分と10月分を原則分けてくださいと書かれているけども，全部控除できるから，分ける必要はありますか？

渡辺：分けなくてもいいです。

ただ，一緒くたに扱うと，積上げ計算のときに支障が出ます。

熊王：だから，積上げ計算をやるときは，当然分けるということでしょうね。

渡辺：積上げ計算を考慮しないのであれば，1本でも構いません。

熊王：もし登録が令和5年10月2日以後になるような場合，例えば，令和6年1月1日から登録する場合の15日締めの請求はどうなりますか？

渡辺：これは，分けなきゃ駄目でしょうね。

熊王：令和5年12月の16日から31日までの分はインボイスがないから原則と

して控除ができない。

渡辺：経過措置で8割の控除になります。

熊王：令和6年1月の1日から15日までの分は，全額控除OKです。

渡辺：そのためには，両者を分けておかないと駄目です。

熊王：この場合の請求書は，1枚に，わかるように書いておけばいいんでしょうか？

渡辺：現実問題として，登録日をまたぐ請求は1回限りです。そのためだけに別のフォームを作るなんてことは，あり得ないと思うんです。請求書を2枚に分けるのが現実的な対応かなという気がしています。

熊王：たしかに，サイズ的なことを考えてもそのとおりですね。

いずれにしても，ちゃんと分けておく必要があります。そうしないと，買手側がわかりません。

渡辺：実際には，令和5年10月1日から少し遅れて登録というケースも出てくると思うんです。例えば，令和5年10月3日の登録といったケースが出てくるでしょう。

熊王：申請が間に合わず，さらに，令和5年10月1日から登録を受けるための「困難な事情」を書き忘れて，登録が数日ズレてしまったようなケースですね。

渡辺：そんなときには，問63の1つ目の図解のイメージで言えば，区分が3つ必要だと思うんです。

熊王：例えば，15日締めで，令和5年10月3日に登録したとすると，9月の16日から30日までの分は，従来通り控除ができます。

渡辺：インボイスなしでOKの時代なので，100％控除ができます。

熊王：次の10月の1日から2日までの分は，経過措置で8割の控除。

そして，10月の3日から15日までの分は全額控除できることになる。これは面倒くさいですね。

渡辺：実際にはどう処理するんでしょうか。請求書を3枚に分けますか？

そう考えると，もう間違いなく令和5年10月1日に登録しないと駄目だと思うんですよ。

熊王：そうですね。ギリギリで動いているとこういうことが出てくるので，やはり早めの準備が肝心です。

（登録日である令和5年10月1日をまたぐ請求書の記載事項）

問63　当社は，令和5年10月1日に適格請求書発行事業者の登録を受ける予定です。当社は，売上げの請求書について，毎月15日締めとしています。適格請求書等保存方式が開始する令和5年10月1日をまたぐ令和5年9月16日から10月15日までの期間に係る請求書の記載についてどのような対応が必要ですか。【令和4年4月追加】

【答】

　適格請求書発行事業者には，登録日以後の取引について，相手方（課税事業者に限ります。）の求めに応じ，適格請求書を交付する義務があります。

　登録日をまたぐ一定の期間の取引に係る請求書については，登録日以後の課税資産の譲渡等について適格請求書を交付することとなるため，課税資産の譲渡等の対価の額や税率ごとに区分した消費税額等の記載に当たっては，登録日前の課税資産の譲渡等に係るものと登録日以後の課税資産の譲渡等に係るものとに区分するなどの対応が必要となります。

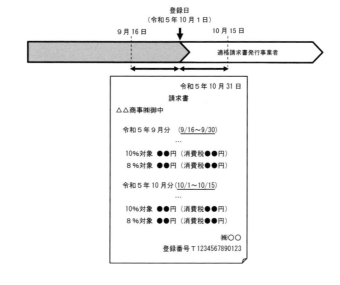

15 令和5年10月1日をまたぐ請求書 ◆237

　ただし，ご質問のように，登録日が令和5年10月1日（適格請求書等保存方式の開始日）である場合については，買手において登録日前後の課税仕入れがいずれも仕入税額控除の対象となることから，登録日をまたぐ請求書を適格請求書とするときは，登録日前後の課税資産の譲渡等（令和5年9月16日から30日までの期間と令和5年10月1日から15日までの期間）を区分することなく請求書に記載して交付することも認められます。
（参考）　売上税額の計算について，交付する適格請求書に令和5年10月1日以後（10月1日から15日までの期間）に係る課税資産の譲渡等の対価の額や税率ごとに区分した消費税額等を記載していない場合，売上税額の「積上げ計算」ができないことから，「割戻し計算」を行う必要があります（売上税額の「積上げ計算」を行う場合は令和5年9月30日以前と令和5年10月1日以後を区分して記載するなどの対応が必要となります。）。
　　　また，この場合，請求書の交付を受けた相手方においては，令和5年9月30日以前の課税仕入れについては区分記載請求書，令和5年10月1日以後の課税仕入れについては適格請求書として取り扱われますが，令和5年10月1日以後の課税仕入れについて「積上げ計算」を行う場合など，その区分が必要である場合は，取引事実等に基づき金額を合理的に区分して計算するか，売手に同日以後分の適格請求書の交付を求めるなどの対応を行うこととなります。

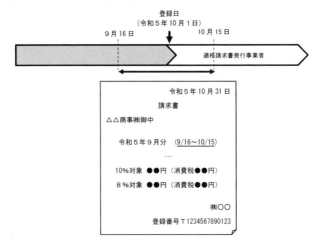

238 ◆ Ⅶ　適格請求書の記載事項等

　　（注）1　令和5年10月2日以後に登録を受ける場合は，令和5年10月1日
　　　　　　から登録日前までに行った課税資産の譲渡等について適格請求書を交
　　　　　　付することはできないことから，この場合の登録日をまたぐ請求書
　　　　　　は，登録日前後の課税資産の譲渡等を区分して請求書等に記載するな
　　　　　　ど，登録日以後の課税資産の譲渡等についてのみ適格請求書を交付す
　　　　　　る対応が必要となります。
　　　　　2　登録日前後の課税資産の譲渡等を区分して請求書等に記載する場合
　　　　　　で登録日以後の課税資産の譲渡等が明確に区分できないときは，例え
　　　　　　ば，継続的に役務の提供が行われ，一定の期間において検針等に基づ
　　　　　　き対価の額が確定する取引について検針等の対象となる日数等により
　　　　　　対価の額を区分するなど，取引事実等に基づいて合理的に区分するこ
　　　　　　ととなります。

16　写しの範囲

　熊王：次は「適格請求書等の写しの保存」です。

　まず，問64が適格請求書の写しの範囲です。売手は写しの保存が義務づけら
れているということで，これもインボイスの時代に初めてできる規定です。た
だ，今までも請求書は保存しているのだろうと思います。

（適格請求書等の写しの範囲）

　問64　適格請求書発行事業者は，交付した適格請求書の写しの保存が義務
　　　付けられるとのことですが，「交付した適格請求書の写し」とは，交付
　　　した書類を複写したものでなければならないのですか。【令和元年7月
　　　追加】

【答】

　適格請求書発行事業者には，交付した適格請求書の写し及び提供した適格
請求書に係る電磁的記録の保存義務があります（新消法57の4⑥）。

17 写しの保存期間 ◆239

　「交付した適格請求書の写し」とは，交付した書類そのものを複写したものに限らず，その適格請求書の記載事項が確認できる程度の記載がされているものもこれに含まれますので，例えば，適格簡易請求書に係るレジのジャーナル，複数の適格請求書の記載事項に係る一覧表や明細表などの保存があれば足りることとなります。

※　自己が一貫して電子計算機を使用して作成した適格請求書については，その写しを電磁的記録により保存することも認められます。詳しくは，問66《適格請求書の写しの電磁的記録による保存》をご参照ください。また，適格請求書に係る電磁的記録を提供した場合の保存については，問67《適格請求書に係る電磁的記録を提供した場合の保存方法》をご参照ください。

　渡辺：そうですね。今までも基本的には請求書などの控えは保存しているはずですから，これを改めて法令化したというイメージでしょうか。

　熊王：ただ，小売業なんかの場合には，領収書の「耳」しかないというお店はありますからね。写しの保存の義務づけにはそれなりに意味があると思います。

　それで，写しは，お客さんに渡したものと同じものを保存しなきゃいけないわけではないとのことです。レジのジャーナルでも構わない。Excel等で管理しても構わないとなっています。

　渡辺：それと，この後出てきますが，積上げ計算をするにあたっては，写しの保存が必要条件であるということには注意したいです。

17　写しの保存期間

　熊王：問65は，写しの保存期間です。こちらは，従来からある書類等の保存期間の規定と変わりません。

　渡辺：原則として，確定申告期限から7年間保存です。

240 ◆　Ⅶ　適格請求書の記載事項等

（適格請求書の写しの保存期間等）

　問65　交付した適格請求書の写しや提供した適格請求書に係る電磁的記録
　　について，何年間保存が必要ですか。

【答】

　　適格請求書発行事業者には，交付した適格請求書の写し及び提供した適格
請求書に係る電磁的記録の保存義務があります（新消法57の4⑥）。

　　この適格請求書の写しや電磁的記録については，交付した日又は提供した
日の属する課税期間の末日の翌日から2月を経過した日から7年間，納税地
又はその取引に係る事務所，事業所その他これらに準ずるものの所在地に保
存しなければなりません（新消令70の13①）。

（参考）　仕入税額控除の要件として保存すべき請求書等についても，同様で
　　す（新消令50①）。

Ⅷ

仕入税額控除の要件

242 ◆ Ⅷ　仕入税額控除の要件

1　総　論

熊王：問66，67は見てますので，次は問68です。ここは農協特例のところで
も確認したのですが，もう1回簡単に整理しておきます。

（仕入税額控除の要件）

問68　適格請求書等保存方式の下での仕入税額控除の要件を教えてくださ
い。【令和4年4月改訂】

【答】

　適格請求書等保存方式の下では，一定の事項が記載された帳簿及び請求書
等の保存が仕入税額控除の要件とされます（新消法30⑦）。

　保存すべき請求書等には，適格請求書のほか，次の書類等も含まれます（新
消法30⑨）。

イ　適格簡易請求書

ロ　適格請求書又は適格簡易請求書の記載事項に係る電磁的記録

ハ　適格請求書の記載事項が記載された仕入明細書，仕入計算書その他これ
に類する書類（課税仕入れの相手方において課税資産の譲渡等に該当する
もので，相手方の確認を受けたものに限ります。）（書類に記載すべき事項
に係る電磁的記録を含みます。）

ニ　次の取引について，媒介又は取次ぎに係る業務を行う者が作成する一定
の書類（書類に記載すべき事項に係る電磁的記録を含みます。）

　・　卸売市場において出荷者から委託を受けて卸売の業務として行われる
生鮮食料品等の販売

　・　農業協同組合，漁業協同組合又は森林組合等が生産者（組合員等）か
ら委託を受けて行う農林水産物の販売（無条件委託方式かつ共同計算方
式によるものに限ります。）

　なお，請求書等の交付を受けることが困難であるなどの理由により，次の
取引については，一定の事項を記載した帳簿のみの保存で仕入税額控除が認め
られます（新消法30⑦，新消令49①，新消規15の4）。

① 公共交通機関特例の対象として適格請求書の交付義務が免除される3万円未満の公共交通機関による旅客の運送

② 適格簡易請求書の記載事項（取引年月日を除きます。）が記載されている入場券等が使用の際に回収される取引（①に該当するものを除きます。）

③ 古物営業を営む者の適格請求書発行事業者でない者からの古物（古物営業を営む者の棚卸資産に該当するものに限ります。）の購入

④ 質屋を営む者の適格請求書発行事業者でない者からの質物（質屋を営む者の棚卸資産に該当するものに限ります。）の取得

⑤ 宅地建物取引業を営む者の適格請求書発行事業者でない者からの建物（宅地建物取引業を営む者の棚卸資産に該当するものに限ります。）の購入

⑥ 適格請求書発行事業者でない者からの再生資源及び再生部品（購入者の棚卸資産に該当するものに限ります。）の購入

⑦ 適格請求書の交付義務が免除される3万円未満の自動販売機及び自動サービス機からの商品の購入等

⑧ 適格請求書の交付義務が免除される郵便切手類のみを対価とする郵便・貨物サービス（郵便ポストに差し出されたものに限ります。）

⑨ 従業員等に支給する通常必要と認められる出張旅費等（出張旅費，宿泊費，日当及び通勤手当）

熊王：仕入税額控除の要件としては，法定帳簿と法定書類の両方の保存が必要です。帳簿の記載要件は区分記載請求書時代と変わりません。

書類はインボイス，簡易インボイス，あと仕入明細書，仕入計算書。詳しくは後で確認します。それからイ・ロ・ハ・ニのニで，農協，漁協などが発行する書類。以上が法定書類ということになっています。

それと，なお書以降の，インボイスの保存が不要なケースについては，この後の問で個別に見ていきます。

渡辺：先に確認しておきたいのですが，現行の区分記載請求書等保存方式では，税込3万円未満の少額取引と，請求書等の交付が受けられないやむを得ない理由がある場合には，請求書等の保存が不要でした。インボイス制度では，この取扱いは廃止ということなんですね？

熊王：廃止です。金額要件がなくなっちゃいます。

渡辺：簡単に言うと，たとえ1本100円のボールペンでもインボイスがないと仕入税額控除ができない，という理解でよろしいですか？

熊王：そういうことです。

渡辺：その上で，なお書の①から⑨のケースは，インボイスの保存が不要ということですから，特例中の特例という取扱いですね。

熊王：クレジットカードで買い物したものを経費にしているような場合は，領収書を出してもらう。ネットで注文したときなんかは請求書や納品書などを出力する。

クライアントに今のうちからそういう癖をつけさせないと，令和5年になってからいきなり「やれ！」と言ったってできません。だから，定期的に叱ってあげる。それでちょうどいいくらいだと思います。準備が100％です。

2　仕入明細書・仕入計算書

熊王：問69はやりましたので，問70と問71の仕入明細書です。

まず，仕入明細書，仕入計算書というものについて，ちょっと確認をします。図解を見てください。

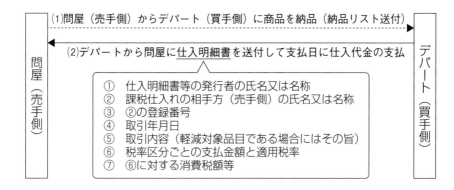

熊王：一番わかりやすいのがデパートの消化仕入れだと思います。デパートに並んでいる商品は，デパートが仕入れた商品じゃないんです。問屋に納品さ

せて並べただけなんです。客が来て商品を買っていくと，デパートは売れた商品だけ問屋から買ってあげるという，こういう殿様商売をしている。なんで問屋は文句を言わないのかということですが，問屋にしてみれば一流デパートに納品できるだけでステータスなんです。だから，昔からこういう商売がまかり通っているわけです。

本来，請求書というのは，売手である問屋から買手であるデパートに発行すべきものです。しかし消化仕入れの場合には，問屋は，納品リストは持っているけれども，今月何を買ってくれるかということは，買手であるデパートから報告が来ないとわからない。このとき，デパートから問屋に発行する書類を「仕入明細書」と言うんです。

書類の流れが逆だから認めないというわけにはいきません。そこで，昔から必要事項が記載してあれば法定書類ということで認めてきたわけで，インボイスの時代になってもこれが認められるということです。

渡辺：当たり前のことですが，相手方の確認を受けたものに限られます。買手が勝手に作ったものは当然に無効となります。

確認の方法として，取引の都度確認をとるのがベストではありますが，現実問題として，毎回確認というわけにもいきません。そこで，問70の【答】にもあるように「○月○日までに誤りのある旨の通知がない場合には記載内容のとおり確認があったものとします」と書面に記載しておく，あるいは契約書で謳っておくことも可能となっています。

（仕入明細書の相手方への確認）

> 問70　当社は，現在，自ら作成した仕入明細書を相手方の確認を受けた上で請求書等として保存しています。適格請求書等保存方式の下でも仕入明細書を保存することによって，仕入税額控除のための請求書等の保存要件を満たすそうですが，相手方への確認は，どのように行えばよいですか。【令和2年9月改訂】

246◆　Ⅷ　仕入税額控除の要件

【答】

　仕入税額控除の適用を受けるための請求書等に該当する仕入明細書等は，相手方の確認を受けたものに限られます（新消法30⑨三，インボイス通達4－6）。この相手方の確認を受ける方法としては，例えば，

①　仕入明細書等の記載内容を，通信回線等を通じて相手方の端末機に出力し，確認の通信を受けた上で，自己の端末機から出力したもの

②　仕入明細書等に記載すべき事項に係る電磁的記録につきインターネットや電子メールなどを通じて課税仕入れの相手方へ提供し，相手方から確認の通知等を受けたもの

③　仕入明細書等の写しを相手方に交付し，又は仕入明細書等の記載内容に係る電磁的記録を相手方に提供した後，一定期間内に誤りのある旨の連絡がない場合には記載内容のとおり確認があったものとする基本契約等を締結した場合におけるその一定期間を経たもの

があります。

　なお，③については，

・　仕入明細書等に「送付後一定期間内に誤りのある旨の連絡がない場合には記載内容のとおり確認があったものとする」旨の通知文書等を添付して相手方に送付し，又は提供し，了承を得る。

・　仕入明細書等又は仕入明細書等の記載内容に係る電磁的記録に「送付後一定期間内に誤りのある旨の連絡がない場合には記載内容のとおり確認があったものとする」といった文言を記載し，又は記録し，相手方の了承を得る。

といったように，仕入明細書等の記載事項が相手方に示され，その内容が確認されている実態にあることが明らかであれば，相手方の確認を受けたものとなります。

（参考）　区分記載請求書等保存方式においても，仕入れを行った者が作成する仕入明細書等の書類で，一定事項が記載されており，相手方の確認を受けたものについては，仕入税額控除のために保存が必要な請求書等に該当します。

　　　　　ただし，適格請求書等保存方式における仕入明細書等と区分記載請求書等保存方式における仕入明細書等の記載事項は異なりますので，ご注意ください。

2　仕入明細書・仕入計算書　◆247

○　仕入明細書等の記載事項の比較（消法30⑨二，28年改正法附則34②，新消令49④）

請求書等保存方式 （令和元年9月30日まで）	区分記載請求書等保存方式 （令和元年10月1日から 令和5年9月30日までの間）	適格請求書等保存方式 （令和5年10月1日から）
①　書類の作成者の氏名又は名称	①　書類の作成者の氏名又は名称	①　書類の作成者の氏名又は名称
②　課税仕入れの相手方の氏名又は名称	②　課税仕入れの相手方の氏名又は名称	②　課税仕入れの相手方の氏名又は名称及び登録番号
③　課税仕入れを行った年月日	③　課税仕入れを行った年月日	③　課税仕入れを行った年月日
④　課税仕入れに係る資産又は役務の内容	④　課税仕入れに係る資産又は役務の内容（課税仕入れが他の者から受けた軽減対象資産の譲渡等に係るものである場合には，資産の内容及び軽減対象資産の譲渡等に係るものである旨）	④　課税仕入れに係る資産又は役務の内容（課税仕入れが他の者から受けた軽減対象資産の譲渡等に係るものである場合には，資産の内容及び軽減対象資産の譲渡等に係るものである旨）
⑤　課税仕入れに係る支払対価の額	⑤　税率ごとに合計した課税仕入れに係る支払対価の額	⑤　税率ごとに合計した課税仕入れに係る支払対価の額及び適用税率
		⑥　税率ごとに区分した消費税額等

（注）1　区分記載請求書等保存方式の下では，請求書等保存方式における仕入明細書等の記載事項に下線（実線）部分が追加されています。

　　　2　適格請求書等保存方式の下では，区分記載請求書等保存方式における仕入明細書等の記載事項に下線部分（点線）が追加されます。

熊王：それと気をつけなきゃいけないのは，問71にもあるように，買手であるデパートから売手である問屋に書類を発行しますが，仕入計算書に書く登録番号は，デパートのものではありません。あくまでも売手は問屋なわけだから，売手である問屋の登録番号を書かなければいけないことになっています。

248◆ Ⅷ 仕入税額控除の要件

（仕入明細書等の記載事項）

問71　当店は，食料品及び日用雑貨の小売を行っています。軽減税率制度の実施後，仕入先への代金の支払に当たり，以下のような仕入明細書を作成し，仕入先の確認を受け，保存しています。

　令和５年10月１日からは，適格請求書等保存方式における請求書等としての記載事項を満たすためには，仕入明細書について，どのような対応が必要ですか。【令和４年４月改訂】

仕入明細書

㈱〇〇御中		ＸＸ年11月30日
		△△商店㈱

11月分　131,200円（税込）

日付	品名	金額
11/1	いちご　※	5,400円
11/2	牛肉　　※	10,800円
11/2	キッチンペーパー	2,200円
⋮	⋮	⋮
支払金額合計（税込）		131,200円
10％対象		88,000円
8％対象		43,200円

※印は軽減税率対象商品

【答】

　区分記載請求書等保存方式においても，仕入側が作成した一定事項の記載のある仕入明細書等の書類で，相手方の確認を受けたものについては，仕入税額控除の要件として保存すべき請求書等に該当します（消法30⑨二）。

　適格請求書等保存方式の下でも同様に仕入明細書等による仕入税額控除は可能ですが，課税仕入れの相手方において課税資産の譲渡等に該当するものであり，次の事項が記載されていることが必要となります（区分記載請求書等保存方式における仕入明細書の記載事項に加え，②，⑤及び⑥の下線部分が追加されています。）（新消法30⑨三，新消令49④）。

①　仕入明細書の作成者の氏名又は名称

②　課税仕入れの相手方の氏名又は名称及び<u>登録番号</u>

③　課税仕入れを行った年月日

④ 課税仕入れに係る資産又は役務の内容（課税仕入れが他の者から受けた軽減対象資産の譲渡等に係るものである場合には，資産の内容及び軽減対象資産の譲渡等に係るものである旨）
⑤ 税率ごとに合計した課税仕入れに係る支払対価の額及び適用税率
⑥ 税率ごとに区分した消費税額等
（注） 上記の記載事項のうち，②の登録番号を記載しないで作成した仕入明細書は，令和元年10月1日から令和5年9月30日（適格請求書等保存方式の開始前）までの間における区分記載請求書等として取り扱われます。

【仕入明細書の記載例】

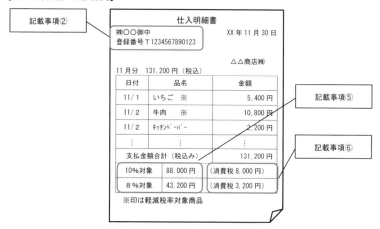

（参考） 仕入明細書等の電磁的記録による保存

　　　　仕入税額控除の要件として保存が必要な請求書等には，上記①から⑥までの記載事項に係る電磁的記録も含まれます（新消令49⑦）。

　　　　したがって，上記①から⑥までの記載事項を記録した電磁的記録を保存することで，仕入税額控除のための請求書等の保存要件を満たします。

　　　　なお，仕入明細書等の電磁的記録の保存方法は，提供を受けた適格請求書に係る電磁的記録の保存方法と同様となります（新消令50①，新消規15の5）。この電磁的記録の保存方法については，問81《提供を受けた適格請求書に係る電磁的記録の保存方法》をご参照ください。

渡辺：これは特に注意しておかないといけないと思うんですが，制度開始前に，売手側の登録番号を調べ上げておかないといけないということですね。じゃないとスタートが切れない。特に取引先が多い事業者の場合には，早めに準備を進める必要がありそうです。

熊王：最初はちょっと大変かもしれません。

渡辺：登録番号の確認もそうなんですが，そもそも登録の有無の確認もあります。ただ，最初にしっかりと確認をしておかないと大手の場合などは後で収拾がつかなくなります。先生がおっしゃるように，とにかく準備が重要です。

3　支払通知書 vs. 請求書

熊王：今は消化仕入れに限らず，仕入明細書，仕入計算書が増えているみたいです。

渡辺：そうですね。大手の場合だと，仕入先が数百社，数千社という場合もあります。そうすると，売手側から請求書をもらうんですが，管理の問題からして，いちいち全部見ていられないそうです。

そこで，例えば月末締めで仕入れを認識して，相手方の締日に関係なく，逆に支払通知書を送るんです。送った上でその通知書どおりに支払う。だからある意味，売手の請求書は無視しています。捨てはしないけれども，買手が作った支払通知書に基づいて支払をして仕入れを認識することになります。

このとき，何も言われなければ，売手は自分が発行した請求書をインボイスにします。ところが，買手は管理のしやすさからして，自分が出した支払通知書をインボイスにしたい。どっちが正しいんでしょうか？

熊王：どっちも正しいのでしょう。だから，すり合わせをしておかなければいけませんね。

渡辺：ですよね。どちらの書類を採用するのかということで，売手と買手で攻防があると思います。

熊王：たぶん立場的に買手のほうが強いんでしょう。

渡辺：では支払通知書ですか。

熊王：売手の請求書と買手の支払通知書の金額がズレてることはないのかな？

渡辺：先ほども言いましたが、締日が違えば当然にズレちゃいますし、例えば認識の違いで、売手が出荷基準、買手が検収基準っていうことであれば、同じ締日であってもズレることはあると思います。だから売手は、自分のところの請求書をインボイスにしたいってことになると思うんです。でもまあ、立場で決まるのかな。

熊王：たぶん買手の支払通知書でいくでしょう。文句なんて言えないんです。

それと、これは問71【答】の（参考）にも書いてありますが、このとき送る仕入明細書等は、いわゆる電子データでもいいことになっています。これも当然だと思います。

渡辺：そうすると、電子取引になりますので、やはり電帳法に基づく保存方法を考えないといけないです。

熊王：そうですね。面倒臭いなぁ……。

4　令和4年度改正

熊王：ところで、令和4年度改正では、仕入明細書を利用した家事用資産の仕入税額控除を認めないこととしました。

法律の変え方は至ってシンプルです。

本来であれば、売手から買手に向かってインボイスを発行します。買手は、インボイスがなければ仕入税額控除ができません。

ところが、買手が、売手の確認を受けて仕入明細書を発行した場合には、自分が発行した仕入明細書を法定資料、つまりインボイスと同等のものとして仕入税額控除することが認められます。

渡辺：例えば、売手が個人事業者で、その家事用資産を売る場合、売手がインボイスを発行しようにも家事用資産だから発行などできません。

ところが、買手が、確信犯的に売手とつるんで、その家事用資産について仕入明細書を発行し、これに売手の登録番号や必要事項を書いておけば、旧法の下では仕入税額控除ができてしまいました。そこで、これを防止したということですね。

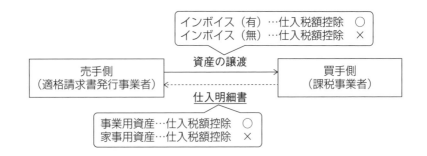

5 古物商特例との違いは？

熊王：理屈はわかるんだけれども，この改正は何かモヤッとしているというか，わかるようなわからないような感じがするんです。

例えば，中古自動車を買う場合，非登録事業者から買ったときにはインボイスなしで仕入税額控除ができます。逆に，登録事業者から買ったときにはインボイスが必要ですよね？

渡辺：法令上は，必要となります（283頁の問84参照）。

ただ，今回の改正について言えば，たとえその売手の個人事業者が登録事業者であっても，家事用資産の場合はインボイスを交付できません。登録事業者だから古物商特例も使えない。結果として，仕入税額控除はできないことになります。

熊王：非登録事業者から買った中古自動車はインボイスなしでも控除できる。でも，登録事業者から，買替えで下取りした場合にはインボイスがなければいけない……。

こんなことは気にしないで，中古自動車なんかはすべて控除を認めちゃえばスッキリしていいんじゃないかと思います。

渡辺：先生がおっしゃるとおりに割り切れれば一番楽なんですけどね。

6 ディーラーによる買取書の追加事項

熊王：ところで，実際に，ディーラーが中古車を下取りする場合や新車を売

る場合には，法定費用なんかが細かく書いてある売買契約書があって，その契約書の中に下取金額が書いてあります。今後は，中古自動車の買取りでは，ディーラーが発行するこの売買契約書が，仕入明細書と同じような役目をすることになるような気がしています。

渡辺：実務上，そういう対応になるでしょうね。例えば，同じ車でも，自社の商品であれば当然にインボイスを用意すると思うんです。ところが，固定資産として使っている車については，通常の企業はおそらくインボイスを作らないと思います。

熊王：作らないですよ。インボイスは，言われたときだけ発行すればいいんだから，下取りに出すときに発行するわけがありません。

渡辺：そうすると，買手のディーラー側であらかじめ契約書を作っておいて，買い取る段階で「登録事業者ですか？」と聞くのが現実的ですね。

熊王：その契約書に，登録番号の記入欄が追加されるんでしょうか？

あと，われわれのような個人事業者の場合であれば，事業専用割合の記入欄も必要になります。

渡辺：たしかにそういった欄を作っておくと便利ですね。

熊王：むしろ，それがないと仕入税額控除できません。例えば，10万円で下取りに出して，私が9割事業用としていれば，9割が相手の課税仕入れになります。そのため，おそらく事業専用割合の記入欄もできるでしょう。

ちなみに，もし下取りに出す側が登録番号を書き忘れると……，買手側は全部控除できちゃう？

渡辺：非登録事業者だと考えるってことですよね。そう割り切っちゃうんでしょうか……。

ただ，登録事業者かどうかを必ず聞くようにすればいいですし，もし登録番号を覚えていなければ，後で聞いて買手で記入してもいいと思います。

熊王：売手が会社であれば聞くと思いますが，私のような個人事業者の場合には，どうでしょう？

渡辺：すべての買取りについて，相手先を非登録事業者と割り切って仕入税

額控除することはできないわけですから，法人だろうが個人だろうが1件ずつ聞いていくしかないと思います。

　熊王：同業者でポルシェみたいな高級車を乗り回してる人がいますよね。中には，9割減価償却していて，税務署から否認されちゃったなんてとんでもない輩もいます。そういった100％家事用資産である車を下取りしてもらうときは，家事用資産だから，仕入税額控除が……。

　渡辺：できないですね。

　その場合，事業専用割合ゼロと書くんでしょうか。ゼロであれば控除できないということになります。

　熊王：その一方で，売手が登録番号を書き忘れたら，古物商特例で100％控除できることになる？

　渡辺：だから，1件ずつ聞いていくしかないんです。もちろん，売手が告知してくれなかったら，買手としてはわかりませんが……。

　熊王：しかし，同じ中古のポルシェの下取りでも，売手がサラリーマンだったら100％控除OKですよね。

　渡辺：それはOKです。

　熊王：……なんか解せないんだけど。

　渡辺：ある程度，割り切ってやっていくしかないと思います。

　熊王：そういうことですかね。

　渡辺：うちのクライアントにも中古車の買取業者がいますけど，そこまで徹底した説明は厳しいかもしれません。

　せっかくお聞きしたので，せめて買取シートに登録番号と事業専用割合の記入欄を作ってもらおうと思います。

　熊王：業界で動かないんですかね？

　渡辺：中古車の買取シートの様式があるんで，その雛形がちょっと変わるんじゃないかと思います。

　熊王：私のところには，去年から今年にかけて建築業界，不動産管理業界そのほか普段あまりお付き合いのない業界団体などから講演の依頼が立て続けに

きています。不動産管理業者のほうは，管理しているオーナーの指導で大変みたいです。

　免税の不動産賃貸業者が，駐車場なんかの消費税をもらっていいのかとか，消費税をもらうために登録したほうがいいのかとか，このあたりの指導は始めていないとまずいですね。

　渡辺：そういった業界の方々に理解してもらわないと，インボイス制度は機能しません。本当に，頑張ってもらうしかないと思っています。

　熊王：中古車のディーラーにも同じことが言えるのかなと思います。まあ，われわれが知らないだけで，すでに動いているかもしれません。

　渡辺：販売会社で，統一した雛形を使っているでしょうから，トヨタや日産といった大きなディーラーさんは動いているんじゃないでしょうか。

　熊王：古物商特例（問84）については後でもう1度確認しておきましょう。

7　書面と電子データの組合せ

　熊王：問72ですが，取引明細に一部電子データが入っていたらどうなるかということです。取引明細を取引の都度電子で送っておいて，支払通知書を紙で送るケースかな。

（書面と電磁的記録を合わせた仕入明細書）

　問72　当社は，ＥＤＩ取引を行っており，取引先と電磁的記録を交換することにより，日々の受発注などを行っています。また，決済に当たっては，取引先から請求書が交付されず，当社から取引先に，月まとめで支払通知書を書面で交付しています（いわゆる請求レス取引）。

　　支払通知書には相手方の登録番号等の記載を行いますが，日々の取引の明細については，取引先から提供される電磁的記録である取引明細（税率ごとに分けて作成されています。）を参照しようと考えています。

　　このような場合，相手方の確認を受けた上で，書面の支払通知書と取引明細の電磁的記録を合わせて保存することで，仕入税額控除の要件である仕入明細書の保存があることとなりますか。【令和2年9月改訂】

（注）　ＥＤＩ（Electronic Data Interchange）取引とは，異なる企業・組織間で商取引に関連するデータを，通信回線を介してコンピュータ間で交換する取引等をいいます。

○　支払通知書（書面で交付）　　○　取引明細（電磁的記録で提供）

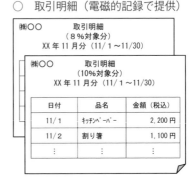

【答】

　相手方から確認を受けた仕入明細書を仕入税額控除の要件として保存すべき請求書等とするには，次の事項が記載されていることが必要です（区分記載請求書等保存方式における仕入明細書の記載事項に加え，次の②，⑤及び⑥の下線部分が追加されました。）（新消法30⑨三，新消令49④）。また，保存すべき請求書等には仕入明細書に係る電磁的記録も含まれます（新消令49⑤）。

①　仕入明細書の作成者の氏名又は名称
②　課税仕入れの相手方の氏名又は名称及び登録番号
③　課税仕入れを行った年月日
④　課税仕入れに係る資産又は役務の内容（課税仕入れが他の者から受けた軽減対象資産の譲渡等に係るものである場合には，資産の内容及び軽減対象資産の譲渡等に係るものである旨）
⑤　税率ごとに合計した課税仕入れに係る支払対価の額及び適用税率
⑥　税率ごとに区分した消費税額等

　なお，保存が必要な請求書等の記載事項は，一の書類だけで記載事項を満たす必要はなく，複数の書類や，書類と電磁的記録について，これらの書類（書類と電磁的記録）相互の関連が明確であり，適格請求書の交付対象となる取引内容を正確に認識できる方法で交付されていれば，その複数の書類や電

磁的記録の全体により適格請求書の記載事項を満たすことができます。

　したがって，ご質問の場合，課税資産の譲渡等の内容（軽減税率の対象である旨を含みます。）を記録した取引明細に係る電磁的記録と書面で作成する支払通知書の全体により，請求書等の記載事項を満たすため，貴社は，書面で作成した支払通知書と取引明細に係る電磁的記録を合わせて保存することで，仕入税額控除のための請求書等の保存要件を満たすこととなります。

　また，取引明細に係る電磁的記録の保存方法は，提供を受けた適格請求書に係る電磁的記録の保存方法と同様となります（新消令50①，新消規15の5）。この電磁的記録の保存方法については，問81《提供を受けた適格請求書に係る電磁的記録の保存方法》をご参照ください。

渡辺：最後の締めだけ紙媒体ってことですね。

熊王：それも認められますよということです。これも問59（230頁参照）で確認した納品書と請求書のケースと同じ理屈ですね。

渡辺：合わせ技一本で OK ということです。

8　税抜金額の記載でも OK

熊王：それから問73で，仕入明細書に記載する支払対価の額に関する取扱いです。支払対価の額というと，法令上は税込金額となっていますが，インボイスには税抜きの取引金額を書くこともできます。じゃあ仕入明細書は駄目なのかという疑問に対する回答です。

（仕入明細書に記載する課税仕入れに係る支払対価の額）

問73　適格請求書等保存方式の下では，記載事項を満たす仕入明細書には，「税率ごとに合計した課税仕入れに係る支払対価の額」と「税率ごとに区分した消費税額等」の記載が必要とのことですが，税抜きの仕入金額と消費税額等を記載することで，必要な記載事項を満たすことになりますか。【平成30年11月追加】

【答】

　適格請求書等保存方式の下で，仕入税額控除の要件として保存すべき仕入明細書には，次の事項が記載されていることが必要です（新消法30⑨三，新消令49④）。

① 　仕入明細書の作成者の氏名又は名称

② 　課税仕入れの相手方の氏名又は名称及び登録番号

③ 　課税仕入れを行った年月日

④ 　課税仕入れに係る資産又は役務の内容（課税仕入れが他の者から受けた軽減対象資産の譲渡等に係るものである場合には，資産の内容及び軽減対象資産の譲渡等に係るものである旨）

⑤ 　税率ごとに合計した課税仕入れに係る支払対価の額及び適用税率

⑥ 　税率ごとに区分した消費税額等

　ご質問の「税率ごとに合計した課税仕入れに係る支払対価の額」については，税込金額となりますが，税率ごとに区分した仕入金額の税抜きの合計額及び税率ごとに区分した消費税額等を記載することで，その記載があるものとして取り扱われます。

　渡辺：仕入明細書についても，税抜金額と消費税額を記載しておけば，税込金額として取り扱うということですが，これはQ&Aにしか定めがありません。結局はQ&Aのほうが偉いんですね。

　熊王：Q&Aで法律を無視して認めるということですが，まあいいと思います。杓子定規に「これは必ず税込金額を書いてください」なんて言ったら，実務が混乱します。

9　仕入明細書と返還インボイスの組合せ

　熊王：問74は，仕入明細書に適格返還請求書の内容を一緒に書いたらどうかということですが，これも構わないですね。全く問題ない。

9 仕入明細書と返還インボイスの組合せ ◆259

（仕入明細書において対価の返還等について記載した場合）

問74　当社は，食品及び日用雑貨の販売を行う事業者です。当社の商品販売売上げに関しては，請求書の交付をすることなく，相手方から交付される次の支払通知書に基づき支払を受けています。また，返品があった場合には，支払通知書にその内容等が記載されていますが，こうした場合であっても，適格請求書等保存方式においては，改めて，適格返還請求書を交付する必要がありますか。

　　なお，相手方は，仕入税額控除の適用を受けるために，支払通知書を保存しています。【平成30年11月追加】【令和４年４月改訂】

支払通知書

㈱○○御中　　　　　　　　　　　XX 年 11 月 30 日
（送付後一定期間内に連絡がない場合、確認があったものといたします。）

△△商店㈱

11 月分　129,020 円（税込）

日付	品名	金額
11/1	いちご　※	5,400 円
11/2	牛肉　　※	10,800 円
11/2	キッチンペーパー	2,200 円
⋮	⋮	⋮
	合計金額	131,200 円
	10%対象	88,000 円
	8％対象	43,200 円
11/12	クッキー【返品】(XX 年 10 月仕入分) ※	▲1,080 円
11/12	割り箸【返品】(XX 年９月仕入分)	▲1,100 円
	返品合計金額	▲2,180 円
	10%対象	▲1,100 円
	8％対象	▲1,080 円
	支払金額合計（税込）	129,020 円

※印は軽減税率対象商品

【答】

　　適格請求書発行事業者には，課税事業者に返品や値引き等の売上げに係る対価の返還等を行う場合，適格返還請求書の交付義務が課されています（新消法57の４③）。

　　適格返還請求書の記載事項は，次のとおりです。

① 適格請求書発行事業者の氏名又は名称及び登録番号
② 売上げに係る対価の返還等を行う年月日及びその売上げに係る対価の返還等の基となった課税資産の譲渡等を行った年月日（適格請求書を交付した売上げに係るものについては，課税期間の範囲で一定の期間の記載で差し支えありません。）
③ 売上げに係る対価の返還等の基となる課税資産の譲渡等に係る資産又は役務の内容（売上げに係る対価の返還等の基となる課税資産の譲渡等が軽減対象資産の譲渡等である場合には，資産の内容及び軽減対象資産の譲渡等である旨）
④ 売上げに係る対価の返還等の税抜価額又は税込価額を税率ごとに区分して合計した金額
⑤ 売上げに係る対価の返還等の金額に係る税率ごとに区分した消費税額等又は適用税率

また，課税仕入れの相手方において課税資産の譲渡等に該当する場合において，仕入側が作成した次の記載事項のある仕入明細書等の書類で，相手方の確認を受けたものについては，仕入税額控除の要件として保存すべき請求書等に該当します（新消法30⑨三，新消令49④）。
① 仕入明細書の作成者の氏名又は名称
② 課税仕入れの相手方の氏名又は名称及び登録番号
③ 課税仕入れを行った年月日
④ 課税仕入れに係る資産又は役務の内容（課税仕入れが他の者から受けた軽減対象資産の譲渡等に係るものである場合には，資産の内容及び軽減対象資産の譲渡等に係るものである旨）
⑤ 税率ごとに合計した課税仕入れに係る支払対価の額及び適用税率
⑥ 税率ごとに区分した消費税額等

ご質問の場合，相手方が仕入税額控除のために作成・保存している支払通知書に，返品に関する適格返還請求書として必要な事項が記載されていれば，貴社と相手方の間で，貴社の売上げに係る対価の返還等の内容について確認されていますので，貴社は，改めて適格返還請求書を交付しなくても差し支えありません。

なお，支払通知書に適格返還請求書として必要な事項を合わせて記載する場合に，事業者ごとに継続して，課税仕入れに係る支払対価の額から売上げに係る対価の返還等の金額を控除した金額及びその金額に基づき計算した消費税額等を税率ごとに支払通知書に記載することで，仕入明細書に記載すべき「税率ごとに合計した課税仕入れに係る支払対価の額」及び「税率ごとに区分した消費税額等」と適格返還請求書に記載すべき「売上げに係る対価の返還等の税抜価額又は税込価額を税率ごとに区分して合計した金額」及び「売上げに係る対価の返還等の金額に係る税率ごとに区分した消費税額等」の記載を満たすこともできます。

【仕入明細書に適格返還請求書の記載事項を合わせて記載する場合の記載例】

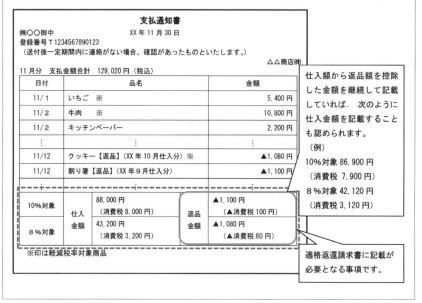

渡辺：いろいろな組合せがあるけれども，これだけ駄目というほうが不自然です。とにかく日本型インボイスは使い勝手がいいということです。

10　インボイスと仕入明細書の組合せ

熊王：問75ですが，これがちょっと変わっていまして，適格請求書と仕入明細書を一の書類で交付する場合の雛形です。仕入商品については仕入明細書で対応し，当社が行った商品の配送について，配送料を仕入先に請求します。

　この場合，本来であれば，配送料のインボイスを別途発行して，仕入明細書は商品の仕入明細だけで処理したほうがわかりやすいわけですが，これを1枚にしちゃっても構わないということです。

（適格請求書と仕入明細書を一の書類で交付する場合）

> 問75　当社は，現在，自ら作成した仕入明細書を相手方の確認を受けた上で請求書等として保存しています。仕入明細書には，当社が行った商品の配送について，配送料として記載し，仕入金額から控除しており，これは，当社の売上げとして計上しています。この場合，仕入明細書とは別にその配送料に係る適格請求書を相手方に交付しなければならないのでしょうか。【平成30年11月追加】【令和2年9月改訂】

仕入明細書

㈱〇〇御中　　　　　　　XX年11月30日
　　　　　　　　　　　　　△△商店㈱

11月分　127,900円（税込）

日付	品名	金額
11/1	いちご　※	5,400円
11/2	牛肉　※	10,800円
11/2	キッチンペーパー	2,200円
⋮	⋮	⋮
仕入金額合計（税込）		131,200円
10%対象		88,000円
8%対象		43,200円
控除金額	11月分配送料	3,300円
支払金額合計（税込）		127,900円

※印は軽減税率対象商品

【答】

　適格請求書発行事業者には，国内において課税資産の譲渡等を行った場合に，相手方（課税事業者に限ります。）からの求めに応じて適格請求書を交付する義務が課されています（新消法57の4①）。

　ご質問の場合，貴社が行う配送（課税資産の譲渡等）の対価として収受する配送料については，別途，相手方の求めに応じて適格請求書を交付する義務があります。このため，配送料に係る適格請求書を仕入明細書とは別に交付する，又は仕入明細書に合わせて配送料に係る適格請求書の記載事項を1枚の書類で交付するといった方法により対応する必要があります。

　なお，仕入明細書と適格請求書の記載事項は，それぞれ次のとおりです。

1　仕入明細書の記載事項（新消令49④）

①　仕入明細書の作成者の氏名又は名称

②　課税仕入れの相手方の氏名又は名称及び登録番号

③　課税仕入れを行った年月日

④　課税仕入れに係る資産又は役務の内容（課税仕入れが他の者から受けた軽減対象資産の譲渡等に係るものである場合には，資産の内容及び軽減対象資産の譲渡等に係るものである旨）

⑤　税率ごとに合計した課税仕入れに係る支払対価の額及び適用税率

⑥　税率ごとに区分した消費税額等

2　適格請求書の記載事項

㋑　適格請求書発行事業者の氏名又は名称及び登録番号

㋺　課税資産の譲渡等を行った年月日

㋩　課税資産の譲渡等に係る資産又は役務の内容（課税資産の譲渡等が軽減対象資産の譲渡等である場合には，資産の内容及び軽減対象資産の譲渡等である旨）

㋥　課税資産の譲渡等の税抜価額又は税込価額を税率ごとに区分して合計した金額及び適用税率

㋭　税率ごとに区分した消費税額等

㋬　書類の交付を受ける事業者の氏名又は名称

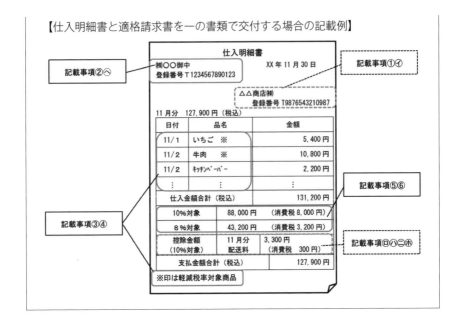

渡辺：ここまでくると何でもありですね。

熊王：ただね，これでやると気持ち悪いんですよ。結局，仕入明細書には相手の登録番号を，インボイスには自分の登録番号を書かなきゃいけない。1枚にまとめると，【答】の雛形にもあるように，自分と相手の登録番号を両方書くことになります。

渡辺：くさやの干物じゃないけど慣れでしょうね。1度雛形を作ってしばらくしたら，違和感はなくなると思います。

熊王：毎月発行するんだったら，2枚出すよりはいいかもしれない。気持ち悪かったら別々にすればいいということでしょうか。

渡辺：自分はそんなに違和感はないですが，売りと買いが同時に出る場合には，こういうやり方もあるという例示として確認しておきましょう。

11　インボイスの修正

熊王：問76は，令和3年7月の改訂で新たに追加されました。

問29（132頁参照）ですでに確認したとおりですが，誤った適格請求書は買手で追加や修正をすることができません。

ただし，修正仕入明細書を買手が作成し，売手の確認を受けるという修正方法は認められます。

（交付を受けた適格請求書に誤りがあった場合の対応）

問76　記載事項に誤りがある適格請求書の交付を受けた事業者が，その課税仕入れについて仕入税額控除の適用に係る請求書等の保存要件を満たすために必要となる対応について教えてください。【令和3年7月追加】

【答】

買手である課税事業者は，交付を受けた適格請求書又は適格簡易請求書（電磁的記録により提供を受けた場合も含みます。）の記載事項に誤りがあったときは，売手である適格請求書発行事業者に対して修正した適格請求書又は適格簡易請求書の交付を求め，その交付を受けることにより，修正した適格請求書又は適格簡易請求書を保存する必要があります（自ら追記や修正を行うことはできません。）。

なお，買手である課税事業者が作成した一定事項の記載のある仕入明細書等の書類で，売手である適格請求書発行事業者の確認を受けたものについても，仕入税額控除の適用のために保存が必要な請求書等に該当しますので（新消法30⑨三），買手において適格請求書の記載事項の誤りを修正した仕入明細書等を作成し，売手である適格請求書発行事業者の確認を受けた上で，その仕入明細書等を保存することもできます。

売手である適格請求書発行事業者の対応は，問29《交付した適格請求書に誤りがあった場合の対応》を，仕入明細書等の記載事項については，問71《仕入明細書等の記載事項》をご参照ください。

12　立替金

　熊王：問77の前に問78を見ましょう。「立替金」ですが，これはよく出てくると思います。【答】の図解を見てください。例えば，当社が「Ａ社」で，いろいろな経費を取引先である「Ｂ社」に立て替えてもらった場合，当然，立替金を精算するわけですね。実際の負担者はＡ社だから，Ａ社の経費にできるんだけれども，そのときのインボイスに記載されている宛名は立替えをしたＢ社となっています。

　そうすると，このままでは記載要件を満たさないのではないかということですが，あくまでも立替えなので，Ａ社の名前がないというだけの理由で駄目というわけにはいきません。

（立替金）

> 問78　当社は，取引先のＢ社に経費を立て替えてもらう場合があります。
> 　この場合，経費の支払先であるＣ社から交付される適格請求書には立替払をしたＢ社の名称が記載されますが，Ｂ社からこの適格請求書を受領し，保存しておけば，仕入税額控除のための請求書等の保存要件を満たすこととなりますか。【令和４年４月改訂】

【答】
　貴社が，Ｃ社から立替払をしたＢ社宛に交付された適格請求書をＢ社からそのまま受領したとしても，これをもって，Ｃ社から貴社に交付された適格請求書とすることはできません。

　ご質問の場合において，立替払を行ったＢ社から，立替金精算書等の交付を受けるなどにより，経費の支払先であるＣ社から行った課税仕入れが貴社のものであることが明らかにされている場合には，その適格請求書及び立替金精算書等の書類の保存をもって，貴社は，Ｃ社からの課税仕入れに係る請求書等の保存要件を満たすこととなります（インボイス通達４−２）。

　また，この場合，立替払を行うＢ社が適格請求書発行事業者以外の事業者であっても，Ｃ社が適格請求書発行事業者であれば，仕入税額控除を行うこ

とができます。

　なお，立替払の内容が，請求書等の交付を受けることが困難であるなどの理由により，一定の事項を記載した帳簿のみの保存で仕入税額控除が認められる課税仕入れに該当することが確認できた場合，貴社は，一定の事項を記載した帳簿を保存することにより仕入税額控除を行うことができます。この場合，適格請求書及び立替金精算書等の保存は不要となります。

　帳簿のみの保存で仕入税額控除が認められる課税仕入れについては，問82《帳簿のみの保存で仕入税額控除が認められる場合》を，帳簿の記載事項については，問88《帳簿のみの保存で仕入税額控除が認められる場合の帳簿への一定の記載事項》をご参照ください。

【立替金の取引図】

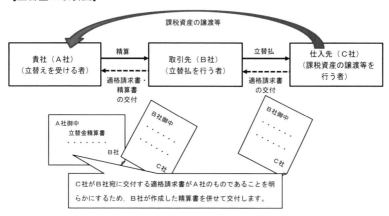

（参考）　A社を含む複数者分の経費を一括してB社が立替払している場合，原則として，B社はC社から受領した適格請求書をコピーし，経費の支払先であるC社から行った課税仕入れがA社及び各社のものであることを明らかにするために，B社が作成した精算書を添えるなどし，A社を含む立替えを受けた者に交付する必要があります。

　　　　しかしながら，立替えを受けた者に交付する適格請求書のコピーが大量となるなどの事情により，立替払を行ったB社が，コピーを交付することが困難なときは，B社がC社から交付を受けた適格請求書を保存し，

立替金精算書を交付することにより，Ａ社はＢ社が作成した（立替えを受けた者の負担額が記載されている）立替金精算書の保存をもって，仕入税額控除を行うことができます。

ただし，この場合，立替払を行った取引先のＢ社は，その立替金が仕入税額控除可能なものか（すなわち，適格請求書発行事業者からの仕入れか，適格請求書発行事業者以外の者からの仕入れか）を明らかにし，また，適用税率ごとに区分するなど，Ａ社が仕入税額控除を受けるに当たっての必要な事項を立替金精算書に記載しなければなりません。

なお，仕入税額控除の要件として保存が必要な帳簿には，課税仕入れの相手方の氏名又は名称の記載が必要となりますし，適格請求書のコピーにより，その仕入れ（経費）が適格請求書発行事業者から受けたものか否かを確認できなくなるため，立替払を行ったＢ社とＡ社の間で，課税仕入れの相手方の氏名又は名称及び登録番号を確認できるようにしておく必要があります。

ただし，これらの事項について，別途，書面等で通知する場合のほか，継続的な取引に係る契約書等で，別途明らかにされているなどの場合には，精算書において明らかにしていなくても差し支えありません。

渡辺：そうですね。そこで，Ｂ社からインボイスの原本と宛名がＡ社となっている立替金精算書を受け取り，これらを保存することで仕入税額控除が認められることになります。2つの書類を保存することで，支払内容と支払者が一致するわけです。

ちなみに，真ん中のＢ社はあくまでも立替払いをしているだけなので，登録しているかどうかは関係がありません。

熊王：それと【答】の（参考）にもありますが，Ｂ社が複数者の経費を一括して立替払いしているようなケースでは，問39（170頁参照）で確認した媒介者交付特例のときと同じように，コピーが大量になるときには，精算書だけでいいことになっています。

渡辺：ところで，この問78については令和4年4月改訂で，【答】のなお書が追記されています。

13 振込手数料 ◆269

　後で確認しますが，3万円未満の旅費などについてはインボイスがなくても帳簿の記載だけで仕入税額控除が認められます。そこで，従業員が立替払いした旅費などについては，帳簿に法定事項を記載することにより，インボイスや精算書の保存を省略できることになっています。

13　振込手数料

　渡辺：これとはちょっと違うケースなのですが，例えば，売上代金を請求したら，先方が振込のときに振込手数料を差し引いてくることが結構ありますよね。

　このとき，売手側で手数料を負担する取決めをしていたとします。この場合の処理としては，売手側が手数料相当額の売上値引を行ったという考え方，あとは，手数料自体は買手側に払ってもらうけども，売手側での課税仕入れになるという2つの考え方があると思うんです。この場合，書類がないとどうなりますか？

　熊王：理屈の上では取引を立証する書類がないと駄目だと思います。

　渡辺：1つ目のケースだと，返還インボイスを売手側が出さないといけません。そして，2つ目の課税仕入れとして処理する場合には，立替払いになると思うんです。だから，買手側（振込者）から銀行振込の際の利用明細票と精算書を送ってもらわなくちゃいけません。

　ATMの場合には，振込手数料は3万円未満でしょうから，問38（167頁参照）でも確認したように，利用明細票は不要となります。

　熊王：いずれにしても，そんなものをいちいち送ってもらえないから，精算書でいいということになるんでしょう。

　渡辺：ただ，振込手数料くらいでいちいち買手は精算書を発行してくれないと思うんですよ。売手が請求書にあらかじめ返還インボイス，つまり振込手数料の内容を記載して発行するほうがまだ現実的な気がするんです。

　熊王：どちらの方法を取るにせよ，3万円未満の金額基準がなくなるので，取引を立証する書類のやりとりといった商習慣をつけなきゃいけないと思います。

270 ◆ Ⅷ　仕入税額控除の要件

渡辺：それと実務では，売手と約束もしてないのに勝手に手数料を引いてく
るとか，売掛金から差し引く振込手数料が220円なのに，440円とかに水増しし
た手数料を差し引いて振り込んでくる会社とかがありますね。水増しして差し
引かれた手数料なるものは，そもそもが値引きでもないし手数料の立替金でも
ありません。これは悪しき商慣習です。この機会に，振込手数料についてはど
ちらが負担するのかも，きちんと取り決めたほうがいいと思います。

熊王：全くもって同感です。

14　JV における立替え

熊王：問78と同じような感じで，1つ戻って問77ですが，ここまで何回か出
てきた任意組合の話です。

任意組合，例えば JV を組んで，基本的に大元になる執行組合員が外注費と
かいろいろな経費を負担して，事実上，他の組合員の分を立て替えています。
だから，これも同じように精算書で仕入税額控除ができるということです。

（任意組合の構成員が保存しなければならない請求書等）

> 問77　当社は，取引先数社と任意組合を組成し，イベントを行っていま
> す。現行，仕入先から交付される請求書等は，幹事会社が保管し，当社
> を含めた構成員は，幹事会社から精算書の交付を受けています。
> 　適格請求書等保存方式においては，構成員である当社も仕入先から適
> 格請求書の交付を受け，保存する必要がありますか。

【答】
　適格請求書等保存方式の下では，適格請求書など請求書等の保存が仕入税
額控除の要件となります（新消法30⑦⑨）。
　任意組合の共同事業として課税仕入れを行った場合に，幹事会社が課税仕
入れの名義人となっている等の事由により各構成員の持分に応じた適格請求
書の交付を受けることができないときにおいて，幹事会社が仕入先から交付
を受けた適格請求書のコピーに各構成員の出資金等の割合に応じた課税仕入

れに係る対価の額の配分内容を記載したものは，貴社及びその他の構成員における仕入税額控除のために保存が必要な請求書等に該当するものとして取り扱われますので，その保存をもって，仕入税額控除のための請求書等の保存要件を満たすことになります。

　また，任意組合の構成員に交付する適格請求書のコピーが大量となる等の事情により，立替払を行った幹事会社が，コピーを交付することが困難なときは，幹事会社が仕入先から交付を受けた適格請求書を保存し，精算書を交付することにより，貴社は幹事会社が作成した（立替えを受けた構成員の負担額が記載されている）精算書の保存をもって，仕入税額控除を行うことができます（インボイス通達4－2）。

　この場合，幹事会社は，精算書に記載されている仕入れ（経費）について，仕入税額控除が可能なものか（すなわち，適格請求書発行事業者からの仕入れか，適格請求書発行事業者以外の者からの仕入れか）を明らかにし，また，適用税率ごとに区分するなど，各構成員が仕入税額控除を受けるに当たっての必要な事項を記載しておく必要があります。

　なお，仕入税額控除の要件として保存が必要な帳簿には，課税仕入れの相手方の氏名又は名称の記載が必要となりますし，適格請求書のコピーにより，その仕入れ（経費）が適格請求書発行事業者から受けたものか否かを確認できなくなるため，幹事会社と構成員の間で，課税仕入れの相手方の氏名又は名称及び登録番号を確認できるようにしておく必要があります。

　ただし，これらの事項について，別途，書面等で通知する場合のほか，継続的な取引に係る契約書等で，別途明らかにされている等の場合には，精算書において明らかにしていなくても差し支えありません。

15　口座振替・口座振込による家賃の支払

　熊王：問79は口座振替，口座振込による家賃の支払です。これは非常にありがたいというか，合理的です。大家も毎月店子にインボイスを出すのは大変なので，契約書に登録番号などの必要事項が記載されていれば，日付と金額は通帳のほうで確認ができるので，契約書と通帳の保管でインボイスに代用することができるということです。

（口座振替・口座振込による家賃の支払）

> 問79　当社は，事務所を賃借しており，口座振替により家賃を支払っています。不動産賃貸契約書は作成していますが，請求書や領収書の交付は受けておらず，家賃の支払の記録としては，銀行の通帳に口座振替の記録が残るだけです。このような契約書の締結後に口座振替等により代金を支払い，請求書や領収書の交付を受けない取引の場合，請求書等の保存要件を満たすためにはどうすればよいですか。【令和4年4月改訂】

【答】

　通常，契約書に基づき代金決済が行われ，取引の都度，請求書や領収書が交付されない取引であっても，仕入税額控除を受けるためには，原則として，適格請求書の保存が必要です。

　この点，適格請求書は，一定期間の取引をまとめて交付することもできますので，相手方（貸主）から一定期間の賃借料についての適格請求書の交付を受け，それを保存することによる対応も可能です。

　なお，適格請求書として必要な記載事項は，一の書類だけで全てが記載されている必要はなく，複数の書類で記載事項を満たせば，それらの書類全体で適格請求書の記載事項を満たすことになりますので，契約書に適格請求書として必要な記載事項の一部が記載されており，実際に取引を行った事実を客観的に示す書類とともに保存しておけば，仕入税額控除の要件を満たすこととなります。

　ご質問の場合には，適格請求書の記載事項の一部（例えば，課税資産の譲渡等の年月日以外の事項）が記載された契約書とともに通帳（課税資産の譲渡等の年月日の事実を示すもの）を併せて保存することにより，仕入税額控除の要件を満たすこととなります。

　また，口座振込により家賃を支払う場合も，適格請求書の記載事項の一部が記載された契約書とともに，銀行が発行した振込金受取書を保存することにより，請求書等の保存があるものとして，仕入税額控除の要件を満たすこととなります。

　なお，このように取引の都度，請求書等が交付されない取引について，取引の中途で取引の相手方（貸主）が適格請求書発行事業者でなくなる場合も

想定され，その旨の連絡がない場合には貴社（借主）はその事実を把握することは困難となります（適格請求書発行事業者以外の者に支払う取引対価の額については，原則として，仕入税額控除を行うことはできません。）。そのため，必要に応じ，「国税庁適格請求書発行事業者公表サイト」で相手方が適格請求書発行事業者か否かを確認してください。

（参考）　令和5年9月30日以前からの契約について

令和5年9月30日以前からの契約について，契約書に登録番号等の適格請求書として必要な事項の記載が不足している場合には，別途，登録番号等の記載が不足していた事項の通知を受け，契約書とともに保存していれば差し支えありません。

渡辺：ここまでくると本当に何でもありという気がしますが，実務上は，本当にありがたいです。

熊王：基本的には契約書に登録番号等を書いて巻き直すことになると思うんだけれども，これって結構大変じゃないですか？

渡辺：追加の書類を発行することで対応できることになっています。覚書でも何でも，最初の契約書と紐づけした書類を保存していればOKです。

熊王：【答】の下のほうに書いてありますが，大家が契約期間の中途で登録事業者ではなくなった場合等には，当然，仕入税額控除はできないことになります。これは結局店子に確認責任があることになるのでしょうか。

渡辺：そういうことになりますね。

熊王：しょっちゅう「まだ大丈夫か，まだ大丈夫か」とチェックを入れなければいけない。

渡辺：確認するとしても，1年に1回くらいじゃないでしょうか。

熊王：ここから先はモラルの問題でしょう。登録をやめるのであれば，大家は「私は取り消しましたよ」と通知して，もし消費税をもらっていたのなら，消費税分の家賃を下げるというのが，礼儀じゃないかと思います。

渡辺：それと，家賃は継続的に発生するものなので，制度開始前に大家さんが登録するのか確認しておかないと，そもそもが危ないと思うんです。まずは

274◆ Ⅷ 仕入税額控除の要件

大家さんの登録の確認が必要です。

熊王：家賃が大きくなるようなデカい物件もありますからね。

渡辺：その上で，大家さんが登録しないってことになったら，当然，家賃の値下げ交渉は行ってもいいんですよね？

熊王：いいでしょうね。大家が登録するということであれば，Q&Aの簡便法によるのか，あるいはインボイスの発行があるのかを事前に確認しておく必要があります。

渡辺：ただ，大家さんと直接やりとりすることはあまりないような気がします。

熊王：もし間に管理会社が入っているなら，そこが全部やるべきです。それが管理会社の仕事です。

渡辺：そこくらい頑張れということですね。とにかく，制度開始の前に準備しておかないといけないように思います。

16　見積インボイス

熊王：問80です。まず，【答】の①ですが，「見積額が記載された適格請求書」というのが，そもそもあるのかという気がします。

（見積額が記載された適格請求書の保存等）

> 問80　当社では，水道光熱費など検針等に一定期間を要し，課税仕入れを行った課税期間の末日までに支払対価の額が確定しない課税仕入れについては，対価の額を見積もることにより仕入税額控除を行っています。適格請求書等保存方式の下においては，このような見積額による仕入税額控除の取扱いはどのようになりますか。【令和元年7月追加】

【答】

　ご質問のように，課税期間の末日までにその支払対価の額が確定せず，見積額で仕入税額控除を行う場合の取扱いについては，以下のとおりとなります。

　なお，以下①②のいずれの場合も，その後確定した対価の額が見積額と異なるときは，その差額を，その確定した日の属する課税期間における課税仕

入れに係る支払対価の額に加算し，又は当該課税仕入れに係る支払対価の額から控除することとなります。

① 見積額が記載された適格請求書の交付を受ける場合

　取引の相手方から見積額が記載された適格請求書の交付を受ける場合，これを保存することで見積額による仕入税額控除が認められます[注]1。

　その後，確定額が見積額と異なる場合には，確定額が記載された適格請求書（対価の額を修正した適格請求書）の交付を受けた上で，これを保存する必要があります。

② 見積額が記載された適格請求書の交付を受けられない場合

　見積額が記載された適格請求書の交付を受けられない場合であっても，電気・ガス・水道水の供給のような適格請求書発行事業者から継続して行われる取引[注]2については，見積額が記載された適格請求書や仕入明細書の保存がなくとも，その後，金額が確定したときに交付される適格請求書を保存することを条件として，課税仕入れを行う事業者が課税期間の末日の現況により適正に見積もった金額で，仕入税額控除を行うこととして差し支えありません。

(注)　1　見積額を記載した仕入明細書を自ら作成し，相手方の確認を受けた場合は，これを保存することで見積額による仕入税額控除が認められます。確定額が見積額と異なる場合の取扱いは，上記と同様です。

　　　2　このほか，例えば，機械等の保守点検，弁護士の顧問契約のように契約等に基づき継続的に課税資産の譲渡等が行われ，金額が確定した際に適格請求書の交付を受ける蓋然性の高い取引がこれに該当します。

渡辺：いまいちピンとこないですね。

熊王：骨董品なんかだとあるんでしょうか。例えば，値段の決定がつかずに，500万円から800万円の間で調整していて，買手は500万円までは払うと言ってるけど，売手のほうは800万円欲しいと言っている。そのまま金額の確定前に決算になっちゃったんで，「500万円以上は確定だからとりあえず見積額500万円でインボイスを発行し，後日改めて相談しましょう」みたいな感じでしょうか。

渡辺：そういうケースなんでしょうか……。だとしたらものすごいレアケースです。

熊王：これは対価未確定と同じ理屈で，見積計上して，あとは確定した時に加減算してくださいということです。いずれにせよインボイスがなきゃ駄目でしょう。見積りで構わないからインボイスを発行させろということです。

渡辺：しつこいですが，あんまりピンとこないです（笑）。

熊王：②のほうが現実的かもしれません。例えば，電気代の検量日が毎月10日だとした場合，翌月分として請求される10日から月末までの期間分を日割按分で計上することがありますが，当然，このような処理も認められます。

渡辺：決算までには確定のインボイスによって金額を確定することができます。ですから，見積額のインボイスがなかったとしても，請求額の範囲で期末までの利用料を見積計上して構わないということですね。

IX

帳簿のみで
仕入税額控除できる場合

278◆　Ⅸ　帳簿のみで仕入税額控除できる場合

1　農協特例は本当に要注意!!

熊王：問81は確認しましたので問82にいきましょう。今度は帳簿のみの保存で仕入税額控除が認められる，つまりインボイスなしで OK なケースです。取引が列挙されていますが，個別の Q&A もあるので，順番に見ていきます。

（帳簿のみの保存で仕入税額控除が認められる場合）

> 問82　適格請求書等保存方式の下では，帳簿及び請求書等の保存が仕入税額控除の要件ですが，一定の事項を記載した帳簿のみの保存で仕入税額控除の要件を満たすのは，どのような場合ですか。

【答】

　適格請求書等保存方式の下では，帳簿及び請求書等の保存が仕入税額控除の要件とされます（新消法30⑦）。

　ただし，請求書等の交付を受けることが困難であるなどの理由により，次の取引については，一定の事項を記載した帳簿のみの保存で仕入税額控除が認められます（新消令49①，新消規15の4）。

①　適格請求書の交付義務が免除される3万円未満の公共交通機関による旅客の運送

②　適格簡易請求書の記載事項（取引年月日を除きます。）が記載されている入場券等が使用の際に回収される取引（①に該当するものを除きます。）

③　古物営業を営む者の適格請求書発行事業者でない者からの古物（古物営業を営む者の棚卸資産に該当するものに限ります。）の購入

④　質屋を営む者の適格請求書発行事業者でない者からの質物（質屋を営む者の棚卸資産に該当するものに限ります。）の取得

⑤　宅地建物取引業を営む者の適格請求書発行事業者でない者からの建物（宅地建物取引業を営む者の棚卸資産に該当するものに限ります。）の購入

⑥　適格請求書発行事業者でない者からの再生資源及び再生部品（購入者の棚卸資産に該当するものに限ります。）の購入

⑦　適格請求書の交付義務が免除される3万円未満の自動販売機及び自動サービス機からの商品の購入等

1　農協特例は本当に要注意‼　◆279

⑧　適格請求書の交付義務が免除される郵便切手類のみを対価とする郵便・貨物サービス（郵便ポストに差し出されたものに限ります。）

⑨　従業員等に支給する通常必要と認められる出張旅費等（出張旅費，宿泊費，日当及び通勤手当）

　熊王：まず，①が3万円未満の公共交通料金で，まさに売手のほうと対になっているものです。売手はインボイスを交付しなくていいことになっているので，買手はインボイスなしでも当然に控除ができることになります。

　基本的にインボイスは売手と買手が対になっています。だからもう1回蒸し返しますが，農協特例みたいなものがある意味特殊なケースなのです。

　渡辺：相当に気に入らないみたいですね。

　熊王：気に入らないというか，自分が勘違いしていたものだからすごく不愉快なんです。Q&Aにコメントすら書いてないこと自体が失礼じゃないかと思ってます。もっとも，買手にしてみれば農協から発行されるインボイスがあれば控除ができるので，解説の必要なしと割り切ったのでしょう。

　ただ，繰り返しますが，われわれ税理士の立場にしてみれば，免税事業者の登録の選択という重大な課題があるのです。あんな複雑怪奇な法令を読んで理解しなさいと言われても無理なんです。だから，知らない，理解してない，勘違いしている税理士がたくさんいるんです。

　渡辺：問39（170頁参照）で確認した媒介者交付特例なんかを中途半端に知っていると，勘違いする危険性があります。媒介者交付特例を受けるために農家さんが課税選択しなきゃいけないという勘違いをするかもしれないから怖いですね。

　熊王：中途半端にという言い方は失礼だけども，そこそこ知っている方とかは要注意です。

　渡辺：そこそこ知っているというのもあまり変わらないですよ（笑）。

　熊王：媒介者交付特例とはちょっと違うのですが，こういう話があります。とある支部で，クライアントに漁師がいる先生がいました。その漁師は漁業協

280 ◆ Ⅸ　帳簿のみで仕入税額控除できる場合

同組合に魚を卸している免税事業者なのだそうです。その先生が，「今度から
登録しないと魚を買ってもらえなくなるかもしれないから検討しなきゃいけま
せんよ」って言ったそうです。

　このアドバイス自体は，誤りではないのですが，無条件委託方式・共同計算
方式による販売であれば，免税事業者のままでいいわけです。だからここは慎
重に判断しないと怖いところです。

2　乗車券の回収

　熊王：公共交通料金については問83に書かれています。3万円未満だったら帳
簿の保存のみでOK，3万円以上だったらインボイスがいりますということです。

（公共交通機関による旅客の運送）

> 問83　取引先への移動に際し，券売機で乗車券を購入し，公共交通機関で
> ある鉄道を利用した場合に，仕入税額控除の要件として請求書等の保存
> は必要ですか。

【答】
　適格請求書の交付義務が免除される3万円未満の公共交通機関による旅客
の運送については，一定の事項を記載した帳簿のみの保存で仕入税額控除が
認められます（新消法30⑦，新消令49①一イ，70の9②一）。
　一方，3万円以上の公共交通機関を利用した場合には，その利用に係る適
格請求書の保存が仕入税額控除の要件となりますので，ご留意ください。
　ただし，この場合であっても，公共交通機関である鉄道事業者から適格簡
易請求書の記載事項（取引年月日を除きます。）を記載した乗車券の交付を受
け，その乗車券が回収される場合は，一定の事項を記載した帳簿のみの保存
で仕入税額控除が認められます（新消令49①一ロ）。
　なお，この場合の帳簿の記載事項については，問88をご参照ください。
（参考）
　・　適格請求書の交付義務が免除される取引：問32参照
　・　公共交通機関特例の3万円未満の判定単位：問34参照

熊王：金額基準については，問34（164頁参照）をもう１度確認しておきましょう。１人13,000円の新幹線料金，４人分買って52,000円なんてときには，４人分の料金で見るので，３万円以上となり，インボイスの保存が必要になってきます。

渡辺：問83の【答】のただし書には，３万円以上であっても乗車券が回収されてしまうような場合には，保存不要と書かれています。

熊王：問82の②のパターンですね。ただ，実際には乗車券を買うときに領収書も発行されると思います。

渡辺：そうすると，その領収書を保存しておけばいいということですね。

熊王：イベントに行ったときなんか，入場券が回収されるものは多いけれども，その入場券を買う時点でまず領収書が発行されます。

渡辺：普通はそうですよね。券だけで書類のやりとりが完結するケースのほうがめずらしいと思います。

熊王：②は一応書いてあるだけで，実際にはあまりないんでしょう。

3　古物，質草，不動産，スクラップ

熊王：次は問82の③④⑤⑥を一気に見ていきます。

問71（248頁参照）のところでも少し触れましたが，③は，古物営業を営む者の適格請求書発行事業者でない者からの古物の購入です。一番わかりやすい例が自動車販売業者です。

自動車販売業者は必ず古物営業の免許を持っています。これがないと中古車の買取りができない。中古車を買い取ってきてメンテナンスをしてオークションか何かに出品します。

サラリーマンから中古車を下取りすると，サラリーマンは登録してないわけだから，インボイスはもらえない。仕入税額控除ができないとなると売上げについてだけ消費税がかかってしまう。これでは儲かりません。利益が吹っ飛んでしまう。

渡辺：日本でもインボイスを入れようとした時に検討されていましたが，

ヨーロッパでは「マージン課税方式」が採用されています。売値と仕入値の差額に税金をかけるというもので，要は粗利に課税するというものです。

　熊王：これを日本でやろうとしたら，会計処理を純額処理に直さなきゃいけないので，それはそれで大変です。だから，これは私の想像だけれども，買い取った中古車の仕入税額控除を認めてしまえば，事実上マージンに課税しているのと同じになるので，こういった特例を作ったということなのだと思います。

　④は質屋で，質屋に質草を持って金を借りにいく人はたぶん登録してないでしょう。だから，質流れになった質草は控除OKとなります。

　⑤は金額も大きいので気をつけなきゃいけません。不動産の販売業者が，例えば，サラリーマンから買った中古建物をリフォームして売る場合には，相手がサラリーマンだとインボイスはもらえません。そこで，インボイスなしでも控除を認めるということです。

　それから⑥の再生資源，再生部品は，スクラップみたいなものです。これもインボイスなしでも控除ができる。

　気をつけたいのは，今見た③④⑤⑥は，すべて販売用のものだけということですので，事業用のものは駄目です。

　渡辺：⑤で言えば，例えば，物件を買ってきて自社の倉庫として使うような場合は駄目ということですね。

　熊王：そういうことです。

　渡辺：金額が高くなると思うのでちょっと厳しい気もするんですが，やっぱり駄目なんでしょうか？

　熊王：この取扱いは，手数料商売が前提になっていると思うんです。マージンについてだけ課税するという趣旨なので，事業用の建物を買うときはマージンが関係ありません。したがって，インボイスがない限りは控除を認めないということなのだと思います。

4　古物はすべてインボイスなし？

　熊王：それと，問84に中古車販売業のケースが載っています。消費者からの下取りはインボイスなしで仕入税額控除ができることになってます。根拠となる法令として，古物営業法，これ以外の場合は，質屋営業法とか宅地建物取引業法，資源の有効な利用の促進に関する法律が挙げられています。

　ところで，令和4年度改正に絡み，問71のところでもお話ししましたが，もう1度，古物商特例についてここで整理しておきたいと思います。

　もう1度確認しますが，問82の③の場合，適格請求書発行事業者でない者からの買取りであればインボイスなしでいいと言っているので，逆に，適格請求書発行事業者から中古車を買ったような場合には，インボイスがいりますね。

　渡辺：そうです。問84【答】の8～9行目にもはっきりと書いてあります。

（古物商等の古物の買取り等）

　問84　当社は，中古車販売業（古物商）を営んでおり，事業者及び消費者から中古車の仕入れを行っています。

　　適格請求書等保存方式の下では，消費者からの仕入れは，仕入税額控除を行うことはできないのですか。

【答】

　古物営業法上の許可を受けて古物営業を営む古物商が，適格請求書発行事業者以外の者から同法に規定する古物（古物商が事業として販売する棚卸資産に該当するものに限ります。）を買い受けた場合には，一定の事項が記載された帳簿のみの保存で仕入税額控除が認められます（新消法30⑦，新消令49①一ハ(1)）。したがって，貴社が消費者から中古車の仕入れを行った場合には，一定の事項を記載した帳簿を保存することで，仕入税額控除が認められます。

　なお，相手方が適格請求書発行事業者である場合は，適格請求書の交付を受け，それを保存する必要があります。

この場合の帳簿の記載事項については，問88《帳簿のみの保存で仕入税額控除が認められる場合の帳簿への一定の記載事項》をご参照ください。

また，古物商が適格請求書発行事業者以外の者から古物を買い取る場合のほか，適格請求書発行事業者以外の者から仕入れを行う，次の場合も同様に，仕入税額控除のために保存が必要な請求書等の交付を受けることが困難な場合として，一定の事項が記載された帳簿のみの保存で仕入税額控除が認められます（新消令49①一ハ(2)～(4)）。

① 質屋営業法に規定する質屋営業を営む質屋が，適格請求書発行事業者以外の者から質物（質屋が事業として販売する棚卸資産に該当するものに限ります。）を取得する場合

② 宅地建物取引業法に規定する宅地建物取引業者が，適格請求書発行事業者以外の者から同法に規定する建物（宅地建物取引業者が事業として販売する棚卸資産に該当するものに限ります。）を購入する場合

③ 再生資源卸売業その他不特定かつ多数の者から資源の有効な利用の促進に関する法律に規定する再生資源及び再生部品を購入する事業を営む事業者が，適格請求書発行事業者以外の者から再生資源及び再生部品（購入する事業者が事業として販売する棚卸資産に該当するものに限ります。）を購入する場合

熊王：ただ，繰り返しになりますが，買取りをする自動車販売業者としては，相手を見て判断しなければならないのでしょうか。法人は全部聞いてみようとか，個人は「あの人はサラリーマンだけど事業もやってるみたいだし」なんて。

だから，別に適格請求書発行事業者であるか否かに関係なく，古物は全部インボイスなしにしちゃったほうが，スッキリしていいんじゃないかと私は思います。

渡辺：ちなみに，古物営業法では，税込1万円以上の買取りを行う場合には，相手方の住所，氏名，職業及び年齢を古物台帳に記載しなさいと規定しています。ですから，理屈の上では，相手の職業を確認しているわけだから，個人についても商売を行っているかどうかはわかるわけです。

5　自販機と郵便　◆285

熊王：1万円未満の場合はどうするんですか？

渡辺：大きな声では言えませんが，1万円未満の場合は，金額基準で割り切るということではないでしょうか。それと，相手が正しく告知してくれない場合もあると思いますが，この場合も，買手のほうではどうしようもないです。

それと，買取業者の中には，そもそも古物台帳すら保存していないという事業者もいるかと思います。そのような事業者について，そもそも相手方の職業を確認するのは無理ではないかとも思えるのですが，ただ，今後は古物台帳の記載と保存が重要性を増してくると思うんです。このことは，問88（293頁参照）で再確認したいと思います。

5　自販機と郵便

熊王：戻りまして，問82の⑦が，3万円未満の自動販売機です。これも売手のほうと対になってます。売手はインボイスを発行しなくていいわけだから，買手もインボイスなしで控除できる。だから，建築現場の作業員さんが休憩時間に飲む飲料はインボイスなしで控除ができます。

問82の⑧は，郵便ポストに差し出される郵便物です。ポストがインボイスの発行なんてできないから，郵便局はインボイスの交付が不要です。これと対になって，買手はインボイスなしでも控除ができる。というか，郵便料金は，原則は郵便配達をしてもらった時，つまりポストに投函した時に課税仕入れになるんだけれど，実務上は切手を買った時に継続適用を条件として仕入税額控除の対象としています。

つまり，これはあくまでも原則論であって，実際には切手を買った時に，郵便局からインボイスがもらえるはずなので，これを保存すればいいのかな？

渡辺：郵便切手の販売は非課税です。非課税だからインボイスは発行されないと思います。

ちょっとややこしいのですが，消費税率の引上げで郵便料金が改定されたじゃないですか。料金不足だと差出人に戻ってきてしまうので，郵便局の窓口に郵便物を差し出して，差額を切手で支払ったことがあるんです。当たり前で

286 ◆ IX 帳簿のみで仕入税額控除できる場合

すが，ちゃんとレシートを発行してくれました。

　制度導入後，このケースはインボイスを発行してくると思います。ポストに投函したんじゃなくて，直接郵便料金を窓口で支払ったわけですから課税取引です。

　いずれにせよ，郵便切手の購入費は，インボイスの時代になっても控除できることに変わりはありません。ポストに投函する郵便物についてはインボイス不要です。

6　出張旅費等

　熊王：問82の⑨は出張旅費，宿泊費，日当，通勤手当です。今までも，社内規程に基づく適正額であれば，精算しなくても課税仕入れになっていました。これがインボイスなしでも認められるということです。

　このことが問85，問86で触れられています。中身は大したことは書いてないですね。

（出張旅費，宿泊費，日当等）

> 問85　社員に支給する国内の出張旅費，宿泊費，日当等については，社員は適格請求書発行事業者ではないため，適格請求書の交付を受けることができませんが，仕入税額控除を行うことはできないのですか。

【答】

　社員に支給する出張旅費，宿泊費，日当等のうち，その旅行に通常必要であると認められる部分の金額については，課税仕入れに係る支払対価の額に該当するものとして取り扱われます（基通11－2－1）。この金額については，一定の事項を記載した帳簿のみの保存で仕入税額控除が認められます（新消法30⑦，新消令49①一ニ，新消規15の4ニ，インボイス通達4－9）。

　なお，帳簿のみの保存で仕入税額控除が認められる「その旅行に通常必要であると認められる部分」については，所得税基本通達9－3に基づき判定しますので，所得税が非課税となる範囲内で，帳簿のみの保存で仕入税額控

除が認められることになります。

また，この場合の帳簿の記載事項については，問88をご参照ください。

【参考】

○　所得税基本通達９－３（非課税とされる旅費の範囲）

　　法第９条第１項第４号の規定により非課税とされる金品は，同号に規定する旅行をした者に対して使用者等からその旅行に必要な運賃，宿泊料，移転料等の支出に充てるものとして支給される金品のうち，その旅行の目的，目的地，行路若しくは期間の長短，宿泊の要否，旅行者の職務内容及び地位等からみて，その旅行に通常必要とされる費用の支出に充てられると認められる範囲内の金品をいうのであるが，当該範囲内の金品に該当するかどうかの判定に当たっては，次に掲げる事項を勘案するものとする。

⑴　その支給額が，その支給をする使用者等の役員及び使用人の全てを通じて適正なバランスが保たれている基準によって計算されたものであるかどうか。

⑵　その支給額が，その支給をする使用者等と同業種，同規模の他の使用者等が一般的に支給している金額に照らして相当と認められるものであるかどうか。

　熊王：問85が出張旅費，宿泊費，日当等です。【答】にあるように，所得税の世界で非課税となる，つまり業務に必要なものに限り，仕入税額控除が認められるということになっています。これに対して問86の通勤手当のほうは，これは昔から解釈が一緒なんだけれども，所得税の非課税限度額は関係ありません。

　渡辺：通勤手当については，所得税では１か月当たり15万円までが非課税ですが，消費税の世界では，たとえ15万円を超えていても，あるいは役員がグリーン車を利用しても，全額課税仕入れということで問題ありません。これと合わせて，インボイスも不要になったということです。

288◆　Ⅸ　帳簿のみで仕入税額控除できる場合

（通勤手当）

問86　社員に支給する通勤手当については，社員は適格請求書発行事業者
　　ではないため，適格請求書の交付を受けることができませんが，仕入税
　　額控除を行うことはできないのですか。

【答】

　　従業員等で通勤する者に支給する通勤手当のうち，通勤に通常必要と認め
られる部分の金額については，課税仕入れに係る支払対価の額として取り扱
われます（基通11－2－2）。この金額については，一定の事項を記載した帳
簿のみの保存で仕入税額控除が認められます（新消法30⑦，新消令49①一
二，新消規15の4三，インボイス通達4－10）。

　　なお，帳簿のみの保存で仕入税額控除が認められる「通勤者につき通常必
要と認められる部分」については，通勤に通常必要と認められるものであれ
ばよく，所得税法施行令第20条の2において規定される非課税とされる通勤
手当の金額を超えているかどうかは問いません。

　　また，この場合の帳簿の記載事項については，問88をご参照ください。

X

帳簿の保存

290 ◆ X 帳簿の保存

1 帳簿の記載要件

熊王：次は「帳簿の保存」です。

問87からいきます。繰り返しになりますが，インボイス制度導入後も帳簿と書類の保存という2本立ての要件は変わりません。

（適格請求書等保存方式における帳簿に記載が必要な事項）

> 問87 令和5年10月1日から，仕入税額控除の方式は，「適格請求書等保存方式」となりますが，仕入税額控除の要件として保存が必要な帳簿の記載事項について教えてください。【令和4年4月改訂】

【答】

　令和元年9月30日まで，仕入税額控除については，一定の帳簿及び請求書等の保存が要件とされていました（請求書等保存方式）。

　令和元年10月1日から令和5年9月30日（適格請求書等保存方式の開始前）までの間は，この仕入税額控除の要件について，請求書等保存方式を基本的に維持しつつ，軽減税率の適用対象となる商品の仕入れかそれ以外の仕入れかの区分を明確にするための記載事項を追加した帳簿及び請求書等の保存が要件とされています（区分記載請求書等保存方式）。

　具体的には，請求書等保存方式において必要とされている記載事項に，次の事項が追加されています（28年改正法附則34②）。

1　帳簿

　　課税仕入れが他の者から受けた軽減対象資産の譲渡等に係るものである場合にはその旨

2　区分記載請求書等

　・　課税資産の譲渡等が軽減対象資産の譲渡等である場合にはその旨

　・　税率ごとに合計した課税資産の譲渡等の税込価額

　令和5年10月1日から開始される適格請求書等保存方式の下でも，帳簿及び請求書等の保存が要件とされているところ，保存すべき帳簿の記載事項については次のとおりであり，区分記載請求書等保存方式の下での帳簿の記載

1　帳簿の記載要件　◆291

事項と同様です（相手方の登録番号の記載は不要です。）。

①　課税仕入れの相手方の氏名又は名称

②　課税仕入れを行った年月日

③　課税仕入れに係る資産又は役務の内容（課税仕入れが他の者から受けた軽減対象資産の譲渡等に係るものである場合には，資産の内容及び軽減対象資産の譲渡等に係るものである旨）

④　課税仕入れに係る支払対価の額

（参考）　取引先コード等による表示

　　　　帳簿に記載する課税仕入れの相手方の氏名又は名称は，取引先コード等の記号・番号等による表示で差し支えありません。

　　　　また，課税仕入れに係る資産又は役務の内容についても，商品コード等の記号・番号等による表示で差し支えありませんが，この場合，課税資産の譲渡等であるか，また，軽減対象資産の譲渡等に係るものであるときは，軽減対象資産の譲渡等に係るものであるかの判別が明らかとなるものである必要があります（インボイス通達４－５）。

○　請求書等保存方式，区分記載請求書等保存方式及び適格請求書等保存方式の帳簿の記載事項の比較（消法30⑧，28年改正法附則34②，新消法30⑧）

請求書等保存方式 （令和元年９月30日まで）	区分記載請求書等保存方式 （令和元年10月１日から 令和５年９月30日までの間）	適格請求書等保存方式 （令和５年10月１日から）
①　課税仕入れの相手方の氏名又は名称	①　課税仕入れの相手方の氏名又は名称	①　課税仕入れの相手方の氏名又は名称
②　課税仕入れを行った年月日	②　課税仕入れを行った年月日	②　課税仕入れを行った年月日
③　課税仕入れに係る資産又は役務の内容	③　課税仕入れに係る資産又は役務の内容 （課税仕入れが他の者から受けた軽減対象資産の譲渡等に係るものである場合には，資産の内容及び軽減対象資産の譲渡等に係るものである旨）	③　課税仕入れに係る資産又は役務の内容 （課税仕入れが他の者から受けた軽減対象資産の譲渡等に係るものである場合には，資産の内容及び軽減対象資産の譲渡等に係るものである旨）
④　課税仕入れに係る支払対価の額	④　課税仕入れに係る支払対価の額	④　課税仕入れに係る支払対価の額

（注）1 区分記載請求書等保存方式の下では，請求書等保存方式における帳簿の記載事項に下線部分が追加されています。
2 適格請求書等保存方式の下でも，区分記載請求書等保存方式における帳簿の記載事項と同様の記載事項です。

　熊王：本来は，本格的なインボイス制度が導入されるわけだから，帳簿の記載要件なんてのは緩和していいはずです。日本税理士会連合会は，領収書や請求書の補完的役割という位置づけで，省略を認めてくださいと，20年以上にわたり要求してきているんだけれども，全く変わらないわけです。

　そもそも発想が違うんです。帳簿は何のためにつけるのか。それは経営管理のためです。税務調査のためにつけてるわけじゃないんです。なんで電気代を払ったときに摘要欄に「東京電力ホールディングス株式会社」なんて書かなきゃいけないのか。この辺で払った電気代なんか東京電力に決まっているんです！

　渡辺：お言葉ですが，「東京電力ホールディングス株式会社」は持株会社なので，その書き方では仕入税額控除否認です（笑）。正しくは，「東京電力エナジーパートナー株式会社」と書かなければいけないみたいです。

　どうでもいい話はさておき，電気事業に関する規制緩和に伴って，最近はいろいろな電力関係の会社があるみたいですが，水道代は市区町村しかないので記載を省略してもいいような気もします。

　熊王：平成9年3月3日に公表された日本税理士会連合会調査研究部の「仕入税額控除の要件における『帳簿』『請求書等』の記載内容に関する見解」⑮によると，水道代は「市」と省略できることになっています。市区町村が管轄なので，記載を省略できるということなのでしょう。だから「市」と書かなきゃ仕入税額控除否認です（笑）。

　渡辺：初めて知りました（笑）。勉強になります。

　熊王：いずれにしても帳簿の記載事項については，もうちょっと緩和する方向で検討してほしかったという思いが残ります。とても残念です。

2　追加記載項目　◆293

　渡辺：帳簿の記載要件は，区分記載請求書等保存方式と変わってないですね。全く追加項目はありませんので，帳簿に登録番号を記載する必要もありません。

　熊王：区分記載請求書には，軽減税率である旨と税率ごとの税込取引金額を書く。区分記載請求書の時代にはこれらが抜けていたら追記が認められたけれども，インボイスの時代になったら一切追記はできないので，漏れがあったら原則再発行，それがなければ仕入税額控除が認められないことになります。

　急に厳しくなりますので，クライアントには今のうちからしっかり指導していく必要がありそうです。

2　追加記載項目

　熊王：問88にいきます。問82（278頁参照）で見たように，帳簿のみの保存で仕入税額控除が認められるケースということで，【答】の①から⑨までずらずらと載っていますが，これらのケースについては帳簿への記載事項がプラスされます。

　まず，帳簿には4つの記載要件があります。問87の下のほうにもあるように，仕入先の氏名・名称，仕入年月日，仕入内容，仕入金額。これらを帳簿に書いておけばいいということです。

（帳簿のみの保存で仕入税額控除が認められる場合の帳簿への一定の記載事項）

> 問88　3万円未満の公共交通機関による旅客の運送などは，請求書等の保存が不要で，一定の事項を記載した帳簿のみの保存で仕入税額控除を行うことができるそうですが，この場合の帳簿への記載事項について教えてください。

【答】

　請求書等の交付を受けることが困難であるなどの理由により，次の取引については，一定の事項を記載した帳簿の保存のみで仕入税額控除が認められます（新消法30⑦，新消令49①，新消規15の4）。

① 適格請求書の交付義務が免除される３万円未満の公共交通機関による旅客の運送

② 適格簡易請求書の記載事項（取引年月日を除きます。）が記載されている入場券等が使用の際に回収される取引

③ 古物営業を営む者の適格請求書発行事業者でない者からの古物の購入

④ 質屋を営む者の適格請求書発行事業者でない者からの質物の取得

⑤ 宅地建物取引業を営む者の適格請求書発行事業者でない者からの建物の購入

⑥ 適格請求書発行事業者でない者からの再生資源又は再生部品の購入

⑦ 適格請求書の交付義務が免除される３万円未満の自動販売機及び自動サービス機からの商品の購入等

⑧ 適格請求書の交付義務が免除される郵便切手類のみを対価とする郵便・貨物サービス（郵便ポストにより差し出されたものに限ります。）

⑨ 従業員等に支給する通常必要と認められる出張旅費等（出張旅費，宿泊費，日当及び通勤手当）

　この場合，帳簿の記載事項に関し，通常必要な記載事項に加え，次の事項の記載が必要となります。

・　帳簿のみの保存で仕入税額控除が認められるいずれかの仕入れに該当する旨

　　　　例：①に該当する場合，「３万円未満の鉄道料金」

　　　　　　②に該当する場合，「入場券等」

・　仕入れの相手方の住所又は所在地（一定の者を除きます。）

（注）　帳簿に仕入れの相手方の住所又は所在地の記載が不要な一定の者は，次のとおりです（インボイス通達４－７）。

　　　　イ　適格請求書の交付義務が免除される３万円未満の公共交通機関（船舶，バス又は鉄道）による旅客の運送について，その運送を行った者

　　　　ロ　適格請求書の交付義務が免除される郵便役務の提供について，その郵便役務の提供を行った者

　　　　ハ　課税仕入れに該当する出張旅費等（出張旅費，宿泊費，日当及び通勤手当）を支払った場合の当該出張旅費等を受領した使用人等

　　　　ニ　上記③から⑥の課税仕入れ（③から⑤に係る課税仕入れについては，

古物営業法，質屋営業法又は宅地建物取引業法により，業務に関する帳簿等へ相手方の氏名及び住所を記載することとされているもの以外のものに限り，⑥に係る課税仕入れについては，事業者以外の者から受けるものに限ります。）を行った場合の当該課税仕入れの相手方

（参考）　古物営業を営む場合，古物営業法において，商品を仕入れた際の対価の総額が１万円以上（税込み）の場合には，帳簿（いわゆる「古物台帳」）に①取引年月日，②古物の品目及び数量，③古物の特徴，④相手方の住所，氏名，職業及び年齢，⑤相手方の確認方法を記載し，保存しなければならないこととされています（古物営業法16，18）。

　帳簿のみの保存で仕入税額控除が認められる場合の帳簿の記載事項は，「①課税仕入れの相手方の氏名又は名称及び住所又は所在地」，「②課税仕入れを行った年月日」，「③課税仕入れに係る資産又は役務の内容」，「④課税仕入れに係る支払対価の額」，「⑤帳簿のみの保存で仕入税額控除が認められるいずれかの仕入れに該当する旨」ですが，古物台帳には①から④の事項が記載されていることになります。

　なお，帳簿のみの保存で仕入税額控除が認められる場合の帳簿の記載事項としては，⑤の事項も必要となるため，古物台帳と⑤の事項について記載した帳簿（総勘定元帳等）を合わせて保存することで，帳簿の保存要件を満たすことができます。

　この場合，古物台帳については帳簿の保存期間（課税期間の末日の翌日から２月を経過した日から７年間）保存しておく必要がある点にご留意ください（消令71②）。

　熊王：これに併せて問88の【答】の⑨の次には，帳簿のみの保存で控除ができる取引の種類も帳簿に記載してくださいと書かれています。例えば，「３万円未満の鉄道料金」とか書かなければなりません。

　渡辺：ここは，一言コメントを付すだけで構いません。長いと帳簿の摘要欄に入り切らなくなるので，なるべく短くていいということだと思います。

　熊王：それから，仕入先，相手方の住所又は所在地を書かなきゃいけない。ただし，これについては省略できるケースがあります。その取引の種類だけ書

いておけば，相手の住所などが不要なケースがイ・ロ・ハ・ニに載っています。

これも当然のことが書いてありますね。「イ」は3万円未満の公共交通料金です。わざわざ「JR東日本」などの住所を書くことがナンセンスなのでいらない。「ロ」の郵便も「日本郵便株式会社」の住所を書くことに意味がない。「ハ」の出張旅費等も，従業員の住所はわかっているのでいらない。

ただ，「ニ」は気をつけなければいけません。例えば，販売用の古物の買取りについては，古物営業法によって，1万円以上の場合には相手の住所を古物台帳に書かなきゃいけないことになっていて，会計帳簿へも住所の記載が必要となります。

「ニ」で言っている住所の記載が省略できるケースというのは，買取価格が1万円未満の場合ということです。

この場合には，現実的に相手方の住所などを確認する作業も容易じゃありませんから，古物台帳への記載も会計帳簿への記載も省略できます。

渡辺：ちょっと気になるんですが，ここのイ・ロ・ハ・ニ以外については住所がいるんですよね。そうすると，【答】の②の回収される入場券とか，⑦の3万円未満の自動販売機あたりは，住所の記載が必要ということになるのでしょうか？

熊王：法令上はそうなるでしょう。

渡辺：入場券の住所は，その入場券が配られる場所を書けばいいんでしょうか……。

熊王：いや，これは発行元じゃないですか。むしろわからないのは自販機です。

渡辺：設置者の住所でしょうか。

熊王：設置場所かもしれない。

渡辺：こんなことは通達のどこにも書いてないです。設置者は，委託販売や買取りのパターンもあるのでわかりません。買取りだったら，買い取っている人の家とか店の前に自販機を置くから，そこの住所，要するに自販機の所在場所でいいと思いますが，委託販売だったら，販売元の所在地になるのですか。

熊王：でも，それを言ってしまうと，記載事項として相手方の氏名・名称を書くという要件は，自販機の場合にも適用されます。そもそもの要件に無理があるように思います。

ただ，これはインボイス不要のケースですから，帳簿がインボイス代わりということですよね。記載ルールからして，やっぱりその部分は載せないといけない。ただ，現実的にはちょっと難しいので，そこで否認されることはない気がします。

渡辺：ここまで細かく規定しておいて，もともとの「相手の氏名がわからない」とか，「そこかよ！」という感じがします。もうちょっとラフに「自動販売機については，相手方の氏名や住所の記載は一切いらない」とかでいい気がします。

熊王：そもそも，ジュース1本で所在地が必要とか思いません。ちょっとナンセンスな感じがしています。

3　古物台帳はしっかりと保存を！

渡辺：先ほど出てきた古物商なのですが，例えば中古車販売業者の場合，通常は買取価格が1万円以上になると思うんです。そうすると，古物台帳に相手方の住所を記載して，さらに会計帳簿にも同じ住所を記載しなければならない。無駄な手間だと感じます。それと技術的なことで言うと，会計ソフトのあの狭い摘要欄に相手方の氏名や取引の種類を入力して，さらに住所まで入力するのは無理なのではないかと思うんです。

熊王：問88【答】の（参考）にも書かれていますが，ここでも会計帳簿と古物台帳の合わせ技が認められるようです。古物台帳はそもそも会計帳簿ではありませんが，消費税の法定記載事項と被る項目も多いことから，これらを合わせて保存することで保存要件をクリアすることができます。

渡辺：そうすると，古物台帳はきっちりと記帳して保存しておかないと怖いですね。先ほども言いましたが，会計帳簿へ一買取りごとに相手方の住所を入力することは，スペースの問題もあって通常はしません。そうなってくると，

古物台帳に相手方の住所などが記載されていないと記載事項不備となります。古物商を営むクライアントには，しっかりと指導していかないといけません。

4 居住用賃貸建物も記載が必要

渡辺：それと，不動産の買取りについても気になることがあります。例えば，今話題になっている居住用賃貸建物の場合，棚卸資産に該当するものについてはインボイスが不要ということになります。でも結局，居住用賃貸建物なので，仕入税額控除はゼロ控除になる。それで，うまく3年以内に売り切れれば，追加の控除を認めてくれる。これが令和2年度の税制改正でした。

気になるのは入口の部分で，どちらにせよ，もうゼロ控除だから「記帳」をサボってもいいのかというところなんですが，どうでしょうか？

熊王：これは，書いておかないと後で調整できないでしょう。

渡辺：やはりそういうことになりますよね。

熊王：それと，居住用賃貸建物を買っても，売るほうが登録事業者だったらインボイスは必要になります。買ったほうは控除ができないけどインボイスは必要です。

渡辺：そうですよね。だから，登録事業者から買ったらインボイスをもらう。サラリーマンから買ったらそもそもインボイスはなしでOKで，帳簿の記載要件は充足させないといけないということですね。

XI

税額計算

300 ◆ Ⅺ　税額計算

1　総　論

　　熊王：問89の仕入税額控除の経過措置は後でたっぷり話しますのでいったん
飛ばしまして，先に税額計算のほうを見ましょう。それと，税額計算に絡ん
で，令和4年4月改訂で問95，問96，問97，問100，さらには問93が追加され
ました。これらについても税額計算の基本的な話がひと通り済んでから確認し
たいと思います。

　　それでは問90です。ここからが適格請求書等保存方式における税額計算とい
うことで，売上税額と仕入税額の計算の話が載っています。ここはQ&Aが丁
寧とは言えない部分がありますので，後で別の資料を使って整理します。ここ
では概要だけ確認します。

（適格請求書等保存方式の下での税額計算の概要）

> 問90　適格請求書等保存方式における税額計算の方法について教えてくだ
> 　　さい。

【答】

　　軽減税率制度の実施後は，消費税率が軽減税率と標準税率の複数となるこ
とから，売上げと仕入れを税率ごとに区分して税額計算を行う必要がありま
すが，売上税額から仕入税額を控除するといった消費税額の計算方法は，適
格請求書等保存方式においても現行と変わりません。

　　具体的な売上税額と仕入税額の計算方法は，次のとおりとなります。

1　売上税額（詳細については，問91をご参照ください。）

　(1)　原則（割戻し計算）

　　　税率ごとに区分した課税期間中の課税資産の譲渡等の税込価額の合計
　　額に，108分の100又は110分の100を掛けて税率ごとの課税標準額を
　　算出し，それぞれの税率（6.24%又は7.8%）を掛けて売上税額を算出
　　します（新消法45）。

① 軽減税率の対象となる売上税額

② 標準税率の対象となる売上税額

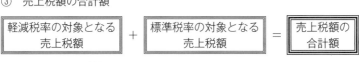

③ 売上税額の合計額

| 軽減税率の対象となる売上税額 | ＋ | 標準税率の対象となる売上税額 | ＝ | 売上税額の合計額 |

(2) 特例（積上げ計算）

相手方に交付した適格請求書又は適格簡易請求書（以下これらを併せて「適格請求書等」といいます。）の写しを保存している場合（適格請求書等に係る電磁的記録を保存している場合を含みます。）には、これらの書類に記載した消費税額等の合計額に100分の78を掛けて算出した金額を売上税額とすることができます（新消法45⑤、新消令62①）。

なお、売上税額を積上げ計算した場合、仕入税額も積上げ計算しなければなりません。

2 仕入税額（詳細については、問98及び問99をご参照ください。）

(1) 原則（積上げ計算）

相手方から交付を受けた適格請求書などの請求書等（提供を受けた電磁的記録を含みます。）に記載されている消費税額等のうち課税仕入れに係る部分の金額の合計額に100分の78を掛けて仕入税額を算出します（新消法30①、新消令46①②）。

302 ◆ XI 税額計算

$$
\boxed{\begin{array}{c}\text{請求書等に記載された消費}\\\text{税額等のうち課税仕入れに}\\\text{係る部分の金額の合計額}\end{array}} \times \boxed{78/100} = \boxed{\boxed{\text{仕入税額の合計額}}}
$$

(2) 特例（割戻し計算）

　　税率ごとに区分した課税期間中の課税仕入れに係る支払対価の額の合計額に，108分の6.24又は110分の7.8を掛けて算出した金額を仕入税額とすることができます（新消令46③）。

　　なお，割戻し計算により仕入税額を計算できるのは，<u>売上税額を割戻し計算している場合に限られます。</u>

① 軽減税率の対象となる仕入税額

$$
\boxed{\begin{array}{c}\text{軽減税率の対象となる}\\\text{課税仕入れ（税込み）}\end{array}} \times \boxed{6.24/108} = \boxed{\begin{array}{c}\text{軽減税率の対象となる}\\\text{仕入税額}\end{array}}
$$

② 標準税率の対象となる仕入税額

$$
\boxed{\begin{array}{c}\text{標準税率の対象となる}\\\text{課税仕入れ（税込み）}\end{array}} \times \boxed{7.8/110} = \boxed{\begin{array}{c}\text{標準税率の対象となる}\\\text{仕入税額}\end{array}}
$$

③ 仕入税額の合計

$$
\boxed{\begin{array}{c}\text{軽減税率の対象となる}\\\text{仕入税額}\end{array}} + \boxed{\begin{array}{c}\text{標準税率の対象となる}\\\text{仕入税額}\end{array}} = \boxed{\boxed{\begin{array}{c}\text{仕入税額の}\\\text{合計額}\end{array}}}
$$

（参考）売上税額と仕入税額の計算方法

売上税額	仕入税額
【割戻し計算】（原則） 　売上税額は，税率の異なるごとに区分した課税標準である金額の合計額にそれぞれ税率を掛けて計算します。 　この方法を採用する場合，仕入税額は積上げ計算（原則）又は割戻し計算（特例）のいずれかを選択することができます。	【積上げ計算】（原則） 　仕入税額は，原則として適格請求書等に記載された消費税額等を積み上げて計算します。 【割戻し計算】（特例） 　課税期間中に国内において行った課税仕入れに係る支払対価の額を税率の異なるごとに区分した金額の合計額にそれぞれの税率に基づき割り戻し，仕入税額を計算することもできます。

【積上げ計算】（特例）	【積上げ計算】（原則）
相手方に交付した適格請求書等の写しを保存している場合（適格請求書に係る電磁的記録を保存している場合を含みます。）には，これらの書類に記載した消費税額等を積み上げて売上税額を計算することができます。	仕入税額は，原則として適格請求書等に記載された消費税額等を積み上げて計算します。 売上税額の計算において「積上げ計算」を選択した場合，仕入税額の計算では「割戻し計算」を適用することはできません。

熊王：売上税額の計算は，インボイス制度導入後も割戻し計算が原則です。つまり，消費税の課税標準というのは，消費税法28条で税抜きの課税売上高と規定していますので，軽減税率なら108分の100，標準税率なら110分の100を掛けて割り戻すのが基本ということです。

ただ，インボイス制度導入後は，自分が発行するインボイスに自分の売上税額がズバリ書いてあるので，この税額を積み上げて計算することも認められているわけです。

ちなみに，この積上げ計算っていうのは今もありますよね。旧消費税法施行規則22条1項の特例計算です。これは令和5年の9月末で廃止になります。

渡辺：はい。令和5年9月までは，領収書やレシートに1円未満の端数を処理した後の消費税額を明記していることを条件に積上げ計算が認められていますが，この制度が廃止されて，令和5年10月以降はインボイスに基づく積上げ計算に切り替わるということです。

熊王：仕入税額の計算が大きく変わります。仕入税額の計算は，積上げが原則になります。

渡辺：インボイスの保存が仕入税額控除の条件なので，そのインボイスに記載されている税額に基づいて計算する実額計算が原則になるということですね。当然だと思います。

熊王：これがなかなかすごい話で，インボイスには売ったほうの税額が書い

304 ◆ XI 税額計算

てあるわけだから，それを積み上げていく。だから，追い追い会計ソフトが対応すると思うけれども，間違いなく入力の手間が増えることになります。

ちなみに，今でも仮払消費税等を集計して仕入税額を計算することが認められています（事業者が消費者に対して価格を表示する場合の取扱い及び課税標準額に対する消費税額の計算に関する経過措置の取扱いについて（法令解釈通達）14）が，割戻し計算に比べて手間がかかることや不利になることが多いので，あまりメリットがないんです。ですから，実際に利用している事業者はほとんどいないのではないでしょうか。そうすると，ますます現実的に積上げ計算なんかはやってられないということになる。

そこで，詳しくはこの後見ていきますが，帳簿積上げ計算とか，割戻し計算という，今までとあまり処理が変わらないような計算も特例で認めることになっています。

2 顧客がインボイスを受け取らなかったら

熊王：問91が売上税額の計算方法ですが，これも後で別資料を使って確認します。先に問92を見てしまいましょう。

（売上税額の計算方法）

問91 適格請求書等保存方式における売上税額の計算方法について教えてください。

【答】

適格請求書等保存方式における売上税額については，原則として，課税期間中の課税資産の譲渡等の税込金額の合計額に110分の100（軽減税率の対象となる場合は108分の100）を掛けて計算した課税標準額に7.8％（軽減税率の対象となる場合は6.24％）を掛けて算出します（割戻し計算）。

また，これ以外の方法として，交付した適格請求書及び適格簡易請求書の写し（電磁的記録により提供したものも含みます。）を保存している場合に，そこに記載された税率ごとの消費税額等の合計額に100分の78を乗じて計算

2　顧客がインボイスを受け取らなかったら　◆305

した金額とすることもできます（積上げ計算）（新消法45⑤，新消令62）。

　ただし，適格簡易請求書の記載事項は，「適用税率又は税率ごとに区分した消費税額等」であるため，「適用税率」のみを記載して交付する場合，税率ごとの消費税額等の記載がないため，積上げ計算を行うことはできません。

　なお，売上税額の計算は，取引先ごとに割戻し計算と積上げ計算を分けて適用するなど，併用することも認められますが，併用した場合であっても売上税額の計算につき積上げ計算を適用した場合に当たるため，仕入税額の計算方法に割戻し計算を適用することはできません（インボイス通達3－13）。

　熊王：売上税額に積上げ計算を使いたい。これは自分が発行したインボイスに書いてある税額を積み上げていくということなんですが，お客さんが「いらないよ」とインボイスを受け取らなかった場合はどうでしょう？

　渡辺：受け取らなかった分は積上げができないのかというと，そんなことはないですよね。お客さんが受け取ろうが受け取らなかろうが，とにかくレシートに税額が別記してあるような場合には，これを積み上げて計算ができます。写しの保存が要件となっているのであって，発行は要件ではありません。

（売上税額の積上げ計算における適格請求書の交付の範囲）

> 問92　当社はスーパーマーケットを経営しています。交付した適格請求書及び適格簡易請求書の写しを保存している場合には，売上税額の積上げ計算をすることができるとのことですが，例えば，商品販売時に顧客に対して適格簡易請求書であるレシートを交付しようとしたところ，顧客がこれを受け取らなかった場合などは，交付がないとして売上税額の積上げ計算はできないのですか。【令和元年7月追加】

【答】

　適格請求書等保存方式における売上税額の計算方法については，原則の割戻し計算のほか，相手方に「交付」した適格請求書等の写しを保存している場合（適格請求書等に係る電磁的記録を保存している場合を含みます。）に，そこに記載された税率ごとの消費税額等の合計額に100分の78を掛けて算出

した金額を売上税額とする積上げ計算も認められています（新消法45⑤，新消令62）。

この点，ご質問のように，適格請求書等を交付しようとしたものの顧客が受け取らなかったため，物理的な「交付」ができなかったような場合や交付を求められたとき以外レシートを出力していない場合であっても，適格請求書発行事業者においては，当該適格請求書等の写しを保存しておけば，「交付した適格請求書等の写しの保存」があるものとして，売上税額の積上げ計算を行って差し支えありません。

※　適格請求書等の写しの範囲については，問64《適格請求書等の写しの範囲》をご参照ください。

3　仕入明細書と積上げ計算

　　熊王：仕入明細書を受領した場合の売上税額の積上げ計算について，令和4年4月改訂で問93が追加されました。

　　例えば，売上税額の積上げ計算をしているときに，「取引先がうちの請求書を受け取ってくれない」なんてことが，納入先が大手スーパーなんかだと現実にあるような気がします。

　　渡辺：これはあるでしょうね。

　　熊王：売手が発行した請求書を受け取ってくれなくて，逆に買手が仕入明細書を送ってくる。「これで払うが，文句あるか？」みたいになった場合には，売手としてはその仕入明細書を受け入れざるを得ません。

　　そうすると，この仕入明細書は，売手自身が発行したものではないから，そこに書いてある税額を積み上げて計算することはできないような感じがします。

　　渡辺：問93には，この仕入明細書に記載された税額も積み上げて計算していいということが書かれています。

　　そう対応しないと，現実的に無理が出ます。答の最後の※印で書いてあるように，インボイスの写しと同じように保存しているのであれば，同等に取り扱っていいということです。

3 仕入明細書と積上げ計算 ◆307

熊王：この仕入明細書は，相手方の確認を受けたものに限られます。

渡辺：情報を共有していて，ズレることはない。お互いに納得しているということですね。

熊王：納得してるというか，納得させられているというか……。

渡辺：ちなみに，仕入明細書に関しては，買手側では端数を切上げにするかもしれません。売手側が交付するのであれば，絶対に切捨てにするわけですが，買手の為すがままですから，これはもう仕方がないですね。

熊王：ただ，仕入明細書・仕入計算書は，1回の発行で，ある程度のロットをまとめて端数処理すると思うんです。

この売上税額の積上げ計算は，小売やサービスなんかのこまごまとした取引で，その都度端数処理をすれば有利になるということです。仕入明細書については，まとめて端数処理するので，それほど影響はないと思います。

渡辺：たしかに……。

（仕入明細書を受領した場合における売上税額の積上げ計算）

> 問93　当社は売上税額の積上げ計算を行うため，適格請求書を交付して，その写しを保存することとしています。しかし，取引先の中には，仕入明細書により支払が行われ，当社が作成した適格請求書を受けとってもらえない取引先もあります。
>
> 　そういった取引先に対する売上げについては，売上税額の積上げ計算を行うために必要な「交付した適格請求書の写し」の保存を行うことができません。このような場合，当該取引先に対する売上げに係る売上税額の積上げ計算を行うことはできないのでしょうか。
>
> 　なお，確認をするために取引先から受領した仕入明細書については，当社でも保存しています。【令和4年4月追加】

【答】

　適格請求書等保存方式における売上税額の計算方法については，割戻し計算のほか，相手方に「交付」した適格請求書等の写しを保存している場合（適

格請求書等に係る電磁的記録を保存している場合を含みます。）に，そこに記載された税率ごとの消費税額等の合計額に100分の78を掛けて算出した金額を売上税額とする積上げ計算も認められています（新消法45⑤，新消令62）。

また，買手である取引先が，仕入明細書を仕入税額控除の要件として保存すべき請求書等とするには，当該仕入明細書に記載されている事項について売手である貴社の確認を受けることが必要です。

この確認の結果，貴社と相手方との間で仕入明細書に記載された消費税額等について共有されることになりますので，ご質問のように，取引当事者間での取決め等により，仕入明細書により代金の支払が行われ，売手が適格請求書を交付することができない場合であっても，仕入明細書に記載されている事項の確認に当たって仕入明細書を受領しており，かつ，当該受領した仕入明細書を適格請求書等の写しと同様の期間・方法により保存している場合には，「交付した適格請求書等の写しの保存」があるものとして，売上税額の積上げ計算を行って差し支えありません。

※　適格請求書の写しの保存期間や方法については，問65《適格請求書の写しの保存期間等》をご参照ください。

4　媒介者交付特例における積上げ計算

熊王：問94は，令和3年7月改訂で追加された，媒介者交付特例における積上げ計算です。問39（170頁参照）で確認したように，委託者と受託者が登録事業者であることを前提として，買手と相対する受託者が自らの名前で自らの登録番号を載せたインボイスを発行できる特例です。

その条件として，受託者が発行したインボイスの控えを委託者は受託者から受け取り，これを保存する必要があるわけですが，コピーが大量になるような場合，受託者から受け取った精算書でも構わないこととされています。積上げ計算を行うためにはインボイスの写しの保存が条件となるわけですが，インボイスではなく精算書の保存でも積上げ計算はできることになります。

渡辺：何だかこれもQ&Aルールと言いますか，超法規的な感じがします。そもそもインボイスの写しを受託者からもらわなくていいとしたわけですか

4　媒介者交付特例における積上げ計算　◆309

ら，この時点で精算書による積上げ計算も当然に認められるということです。

　ちなみに，精算書に税率ごとの消費税額が記載されていることが条件になるんですよね？

　熊王：当然にそうなると思います。

（媒介者交付特例における精算書による売上税額の積上げ計算）

> 問94　当社は，委託先に商品の販売を委託しており，毎月，販売に係る精算書を受領しています。その精算書には，適格請求書の記載事項が全て記載されているのですが，これを基に売上税額の積上げ計算をしてもいいのですか。【令和3年7月追加】

【答】

　売上税額の計算は，交付した適格請求書及び適格簡易請求書の写し（電磁的記録により提供したものも含みます。）を保存している場合に，そこに記載された税率ごとの消費税額等の合計額に100分の78を乗じて計算した金額とすることができます（積上げ計算）（新消法45⑤，新消令62）。

　また，委託販売における受託者が媒介者交付特例を適用して適格請求書を交付する場合においては，

① 買手に交付した適格請求書の写し又は提供した電磁的記録を保存する

② 買手に交付した適格請求書の写し又は提供した電磁的記録を速やかに委託者に交付又は提供する

こととされており，②について，例えば，複数の委託者の商品を販売した場合や，多数の購入者に対して日々適格請求書を交付する場合などで，コピーが大量になるなど，適格請求書の写しそのものを交付することが困難な場合には，適格請求書の写しと相互の関連が明確な，精算書等の書類等を交付することで差し支えないとされています（インボイス通達3－8）。

　したがって，ご質問のように，委託先から適格請求書の記載事項が全て記載されている精算書の交付を受けている場合は，その精算書を基に売上税額の積上げ計算をして差し支えありません。

310◆ XI 税額計算

5 仕入税額の計算は特例が2つ

熊王：問98が仕入税額の計算の概要で，問99がその積上げ計算の内容となっています。

（仕入税額の計算方法）

問98 適格請求書等保存方式における仕入税額の計算方法について教えてください。

【答】

適格請求書等保存方式における仕入税額の計算方法は，次のとおりです。

1 積上げ計算

原則として，交付された適格請求書などの請求書等に記載された消費税額等のうち課税仕入れに係る部分の金額の合計額に100分の78を掛けて算出します（請求書等積上げ計算）（新消法30①，新消令46①）。

また，これ以外の方法として，課税仕入れの都度(注)，課税仕入れに係る支払対価の額に110分の10（軽減税率の対象となる場合は108分の8）を乗じて算出した金額（1円未満の端数が生じたときは，端数を切捨て又は四捨五入します。）を仮払消費税額等などとし，帳簿に記載（計上）している場合は，その金額の合計額に100分の78を掛けて算出する方法も認められます（帳簿積上げ計算）（新消令46②）。

なお，仕入税額の計算に当たり，請求書等積上げ計算と帳簿積上げ計算を併用することも認められますが，これらの方法と割戻し計算（下記「2」参照）を併用することは認められません（インボイス通達4-3）。

（注） 例えば，課税仕入れに係る適格請求書の交付を受けた際に，当該適格請求書を単位として帳簿に仮払消費税額等として計上している場合のほか，課税期間の範囲内で一定の期間内に行った課税仕入れにつきまとめて交付を受けた適格請求書を単位として帳簿に仮払消費税額等として計上している場合が含まれます（インボイス通達4-4）。

6　簡易インボイスの端数処理　◆311

　　2　割戻し計算
　　　課税期間中の課税仕入れに係る支払対価の額を税率ごとに合計した金額
　　に110分の7.8（軽減税率の対象となる部分については108分の6.24）を
　　掛けて算出することができます（新消法30①，新消令46③）。
　　　ただし，仕入税額を割戻し計算することができるのは，売上税額を割戻
　　し計算する場合に限ります。

　熊王：問98には，積上げ計算を原則としながらも，2つの特例計算があると
いうことが書いてあります。ただ，この書き方も非常にわかりづらくて，私の
中では「積上げ計算と特例①②」という感覚なんだけれども，Q&Aの書き方
だと積上げと割戻ししかないように読めちゃいます。

　渡辺：先生がおっしゃっているのは，「1　積上げ計算」の文章にある「帳
簿積上げ計算」のことだと思うんですが，これが「積上げというよりも特例だ
ろ」ということですよね。私は，積上げ計算と割戻し計算の真ん中くらいのイ
メージがあります。

　熊王：それでもいいんだけれども。いずれにしてもちょっとわかりづらいの
で，これも後でまとめて確認します。

6　簡易インボイスの端数処理

　熊王：問99は簡易インボイスなどにおける消費税の計算についてです。

　渡辺：適用税率だけ載せて消費税額が載っていない簡易インボイスを受け
取った場合の取扱いがどうなるかということですね。

（適格請求書などの請求書等に記載された消費税額による仕入税額の積上げ計算）

　問99　仕入税額の計算について，適格請求書に記載のある消費税額等に基
　　　づいて積上げ計算する場合，消費税額等の記載がない適格簡易請求書の
　　　交付を受けたときは，どのように計算すればよいですか。

312 ◆ XI 税額計算

【答】

　適格請求書又は適格簡易請求書に記載された消費税額等を基礎として，仕入税額を積み上げて計算する場合には，次の区分に応じた金額を基として仕入税額を計算することとなります（新消令46①）。

① 交付を受けた適格請求書（電磁的記録により提供されたものも含みます。）に記載された消費税額等のうち課税仕入れに係る部分の金額

② 交付を受けた適格簡易請求書（電磁的記録により提供されたものも含みます。）に記載された消費税額等のうち課税仕入れに係る部分の金額（適格簡易請求書に適用税率のみの記載があり，消費税額等が記載されていない場合は，適格請求書に消費税額等を記載する際の計算方法と同様の方法により計算した金額のうち課税仕入れに係る部分の金額）

③ 作成した仕入明細書（電磁的記録により作成したものも含みます。）に記載された消費税額等のうち課税仕入れに係る部分の金額

④ 卸売市場において，委託を受けて卸売の業務として行われる生鮮食料品等の譲渡及び農業協同組合等が委託を受けて行う農林水産物の譲渡について，受託者から交付を受けた書類（電磁的記録により提供されたものも含みます。）に記載された消費税額等のうち課税仕入れに係る部分の金額

⑤ 公共交通機関特例など，帳簿のみの保存で仕入税額控除が認められるものについては，課税仕入れに係る支払対価の額に110分の10（軽減税率の対象となる場合は108分の8）を掛けて算出した金額（1円未満の端数が生じたときは，端数を切捨て又は四捨五入します。）

　したがって，ご質問の場合は，上記②の場合ですので，適格簡易請求書に記載された金額が，税込金額の場合は，その金額に110分の10（軽減税率の対象となる場合は108分の8）を掛けて消費税額等を算出し，また，税抜金額の場合は，その金額に100分の10（軽減税率の対象となる場合は100分の8）を掛けて消費税額等を算出し，その金額を基礎として，仕入税額の積上げ計算を行います。

　熊王：積上げ計算を採用する場合でも，全部積み上げるのは無理です。タクシー代なんかは金額が丸まってくるから，たとえ積上げ計算によるときでも，はじめから金額が丸まっている簡易インボイスについては，割り戻さざるを得

ない。だから，現実的には，原則積上げ，一部割戻しとなります。

渡辺：ちなみに，簡易インボイスで消費税額が示されていない場合，割り戻すときの端数処理は，切上げ，切捨て，四捨五入，どれでもいいんですよね？

熊王：そう。ただ，本当にいいのかなという疑問はあります。

渡辺：私は特に違和感はありません。そもそも，売手が簡易インボイスを交付して，消費税額を載せるときの端数処理はどれでもいいことになっています。だから，買手もそれと同じように考えていいのだろうと思います。

熊王：割り切っちゃっていいということですか。タクシーなんかをいっぱい使う人なら，間違いなくその都度全部切上げにするでしょう。でも，タクシー会社が料金を決めるときは間違いなく全部切捨てにしているはずです。

渡辺：たしかに，結果として売手と買手の整合性がないようにも思いますが，そもそも消費税額が記載されていないわけだから，ここは割り切っていいように思います。

熊王：問99と対になっている問46（194頁参照）で，適格請求書の端数処理は，切上げ，切捨て，四捨五入の任意の方法と言っています。問99の【答】②では，適格請求書に消費税額等を記載する際の計算方法と同様の方法と言っているので，これをそのまま読むと，切上げもOKということになりますね。

渡辺：そうです。ちなみに，この後に出てくる帳簿積上げ計算では，このような方法は認めないみたいですね。

熊王：そうです。帳簿積上げ計算は，切上げ処理は禁止となっています。

7　計算方法のまとめ

熊王：それでは，問90，問91，問98あたりで先送りしていたものをここで整理してみましょう。図解を見てください。

売上税額	仕入税額	組合せ
総額割戻し方式	請求書等積上げ方式	○
	帳簿積上げ方式	○
	総額割戻し方式	○
適格請求書等 積上げ方式	請求書等積上げ方式	○
	帳簿積上げ方式	○
	総額割戻し方式	×

売上税額の計算で「適格請求書等積上げ方式」
と「総額割戻し方式」を併用した場合も採用
することはできない

　熊王：まず，売上税額の計算には，堅苦しい名前になるけれども，正式には
「総額割戻し方式」と「適格請求書等積上げ方式」という2つの方法がありま
す。原則は割戻し計算です。

　渡辺：割戻し計算は現行の計算方法と同じですね。

　熊王：そうです。それで，積上げが使えるということで，おそらく，インボ
イスに書く税額は基本的に切捨てにするでしょうから，積上げのほうが，売上
税額が少なくなって有利です。

　一方の仕入税額の計算は3種類あります。原則は「請求書等積上げ方式」で
す。受け取ったインボイスに書いてある税額を全部拾ってきて，これを積み上
げた金額に100分の78を掛けて計算する方法です。

　ただ，これをやろうと思うとめちゃめちゃ大変だということで，2つの特例
があるわけです。これを順番に紹介していきます。

8　特例1：帳簿積上げ方式

　熊王：特例の1つが帳簿積上げ方式です。私は結構使い勝手がいいんじゃな
いかと思っています。どういう計算かというと，インボイスに書いてある合計
請求額，つまり税込みの請求額に110分の10とか108分の8を掛けて，割り戻し
た税額を帳簿に転記していくんです。現行の会計処理と同じ感覚です。

税込みで入力すると会計ソフトが自動計算をして，勘定科目ごとにずらずらと消費税が集計されてくるというイメージです。ただし，この場合の端数処理は切上げができません。切捨てか四捨五入のどちらかになります。こんな形で取引ごとの税額を帳簿に書いていって，これを集計する。その集計した税額に，100分の78を掛けていくというやり方です。

渡辺：問98の【答】を見ると，税抜経理方式が前提となっているようにも見えます。ただ，法令では，端数処理後の消費税額を帳簿へ計上することが条件となっていますから，端数処理後の消費税額が帳簿に計上されていれば，税込経理方式でも構わないと思うのですが，いかがですか？

熊王：税込経理方式でも端数処理後の消費税が帳簿に表記されていれば条件を満たします。

いずれにせよ，このあたりについては，ソフトメーカーが制度開始前に使い勝手のいいものを開発して提供してくると思います。

渡辺：そうですね。制度開始前に，使っているメーカーのシステムは必ず確認してもらいたいですね。それと，この後出てきますが，選択できない計算方法の組合せがあります。また，帳簿積上げ方式のように端数処理に制約がかかる場合がありますから，こんなところも注意してもらいたいです。

ところで，税抜経理を行うタイミングとして期末一括税抜処理がありますが，これは帳簿積上げ方式では使えるのでしょうか？

熊王：その処理は駄目です。改正後の法令解釈通達「消費税法等の施行に伴う法人税の取扱いについて」4にもはっきり書いてあります。

今はボタン1つで瞬間的に税抜きにすることもできる。ただ今回，一取引ごとの処理になるから，期末一括処理はできなくなったということです。

話は戻りますが，帳簿積上げ方式ができるとなれば，入力は税込みで消費税は自動振分けなので，四捨五入で端数処理を設定しておけば，1個1個消費税を拾って入力するより全然楽チンです。

渡辺：実務の現場を考えると，積上げ計算をするのであれば，現実的に帳簿積上げ方式しかないように思います。

9 特例2：総額割戻し方式

熊王：もう1つの特例が総額割戻し方式で，要は現行の計算方法と同じです。この方法は，売上税額の計算で総額割戻し方式を採用している場合に限り，認められています。

今現在は，旧消費税法施行規則22条1項の特例を使って，売上税額は積上げ計算，仕入税額は割戻し計算という，いいとこ取りができるんだけれども，令和5年10月1日以降は，これができなくなるので注意が必要です。

図解（314頁参照）に○×で組合せが書かれているように，売上税額で積上げ特例を使った場合には，仕入税額の計算で割戻しはできないということです。

渡辺：そもそも現行制度では，仕入税額の計算において法令に積上げ計算という概念がありません。これが，インボイスの導入により積上げ計算が原則となったわけです。ここは少し発想を切り替えないといけないように思います。

それと，売上税額の計算で積上げ特例を使う場合でも，割戻し計算を併用することができます。そうすると，図解にもあるように，仕入税額の割戻し計算は，ちょっとでも売上税額の計算で積み上げたら，もう駄目なんですね。売上税額を100％割戻しで計算しないと，仕入税額の計算で総額割戻しは使えません。ここは注意が必要です。

熊王：ちなみに，小売・飲食等は，売上税額は積上げ計算を使ったほうが有利になるでしょうね。

渡辺：これらの業種は，インボイスを数多く発行します。ですから，円未満の端数をその都度切り捨てた消費税を積み上げたほうが間違いなく有利です。

熊王：この場合，仕入税額の計算を帳簿積上げにすれば手間はかかりません。

渡辺：逆に言うと，仕入税額の計算で純粋な請求書等積上げ方式を採用することなんてあるのかなと思います。

熊王：大手さんであれば，それくらいの処理はできるのではないですか。

渡辺：いや，逆にやってられないという意見を聞いたことがあります。

熊王：ところで，私が知る限りでは，割戻し計算を認めている国は日本だけみたいです。よその国ではみんな積上げ計算です。

おそらく，財務省は本音では全部積上げにしたかったんでしょう。ただ，そんなことをするとパニックになるので，これは推測だけれども，混乱を避けるために，諸外国では考えられない割戻し計算という，ある意味邪道なやり方を，日本オリジナルの制度ということで認めたんじゃないかという気がしています。

まあ，われわれにしてみると，割戻し計算を認めてもらったことで，弊害なく実務ができるわけで，とりあえずはよかったと思います。

渡辺：帳簿積上げ方式は，形式上は積上げ計算ではあるものの，中身は割戻し計算ですからね。

それともう1つ，仕入れの積上げ計算は2つあるんですけど，この2つを併用するのはOKですか？

熊王：請求書等積上げ方式と帳簿積上げ方式の併用はできます。ただ，一応できると書いてあるけど，実務上はやらないんじゃないかな。

渡辺：しばらくの間は請求書等積上げ方式で頑張ってみたんだけど，もう無理だってことはあると思います。ひょっとしたら，そんな場合も想定しているのかもしれません。同一課税期間中に期間で分けてもいいわけですよね？

熊王：構わないと思います。

10　端数処理をチェックすべし！

渡辺：それと少し話は遡るんですが，問46（194頁参照）で確認したインボイスに記載する消費税額の端数処理についてです。

先ほど熊王先生のお話の中で，リンゴ100個を1回で売った場合，100個分の金額に108分の8，あるいは100分の8を掛けてから端数処理するのは構わないけど，1個分の金額に108分の8，100分の8を掛けてから1円未満の端数を切り捨ててこれを100倍することはできないというのがありました。

もう1度，問46の請求書（次頁参照）を見てほしいのですが，図解の吹き出

しを手で隠しちゃうと，消費税額の算出方法が合ってるのかどうかパッと見ではわからないんです。1回電卓を入れてみないとわからない。だから，継続した仕入先の請求書は1回くらい確認してみたほうがいいのかもしれません。

熊王：顧問税理士も，クライアントの発行する請求書が間違ってないかどうかを確認してみたほうがいいかもしれませんね。

渡辺：そう思います。

特に，区分記載請求書にすでに消費税額が記載されている場合には要注意です。登録番号だけ追加してしまえば，基本的にインボイス対応の様式になってしまいますから，消費税額の計算方法が間違ったまま移行してしまう可能性もあります。

間違ったままにしておくと，そのインボイスは無効になりますよね？

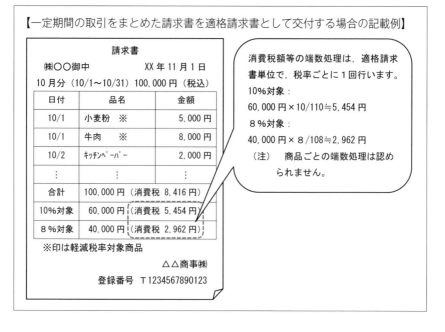

熊王：記載事項不備ですから当然無効でしょう。発行した相手方では仕入税額控除ができなくなります。

渡辺：それと注意したいのは，売手が積上げ計算を行っている場合です。積上げ計算の条件は正しいインボイスの写しを保存することです。誤ったものを保存した場合，これまた不備ですから，有利な積上げ計算が否認されることにもなりかねません。

11　委託販売の純額処理

　熊王：計算方法に絡みまして，飛ばしておいた追加項目を確認しましょう。まずは問95の委託販売における委託者の取扱いです。

　委託販売における委託者の処理は，受託者が顧客に販売した金額を委託者の課税売上高とし，受託者に支払った委託販売手数料を課税仕入高とする総額処理が原則となります。しかし，消費税法基本通達10－1－12では，売上金額から委託販売手数料を差し引いた残額を課税売上高として認識する，いわゆる純額処理も認めています。

　渡辺：この場合の条件としては，課税期間中の委託販売のすべてについて，純額処理じゃなきゃ駄目です。それと，売る商品がすべて課税物品じゃないと駄目です。

　熊王：ここで注意しなければならないのが，食料品などの軽減税率対象物品を委託販売する場合です。この場合，純額処理はできないことになっています。

　渡辺：商品券のような非課税物品の委託販売の場合，非課税売上高と課税仕入高となる委託販売手数料を相殺することは認められません。これと少し似ていますが，8％の軽減税率が適用される食品の売上高と，10％の標準税率が適用される委託販売手数料を相殺することはできないということです。

　熊王：さらにここも注意したいのですが，純額処理の場合，課税売上高がネットの金額になってまして，表面上は課税仕入れの金額が計上されません。

　ただし，書類の保存義務は別物です。純額処理を行う場合であっても，委託販売手数料に係るインボイス等の書類は必要になるということをこの問では念押ししています。

320 ◆ XI 税額計算

（委託販売等の手数料に係る委託者の売上税額の計算）

問95　当社は，委託販売等に係る資産の譲渡等を行った場合の売上税額の計算について，資産の譲渡等の金額から，受託者に支払う委託販売手数料を控除した残額を委託者における資産の譲渡等の金額としていますが，適格請求書等保存方式の開始後の取扱いについて教えてください。なお，当社が行う委託販売等は軽減税率の適用対象ではありません。【令和3年7月追加】【令和4年4月改訂】

【答】

　委託販売等について，委託販売等に係る委託者においては，受託者が委託商品の譲渡等をしたことに伴い収受した又は収受すべき金額が委託者における資産の譲渡等の金額となりますが，軽減税率の適用対象とならない課税資産の譲渡等のみを行うことを委託している場合，その課税期間中に行った委託販売等の全てについて，その資産の譲渡等の金額から受託者に支払う委託販売手数料を控除した残額を委託者における資産の譲渡等の金額とすることも認められています（基通10-1-12，軽減通達16）。

　適格請求書等保存方式の開始後，行った課税仕入れについて仕入税額控除の適用を受けるためには，原則として，受託者から交付を受けた適格請求書等の保存が必要となります。したがって，その資産の譲渡等の金額から受託者に支払う委託販売手数料（課税仕入れ）を控除した残額を委託者における資産の譲渡等の金額とするためには，当該委託販売手数料に係る適格請求書等の保存が必要となります。

　渡辺：ちなみに，この場合の書類のやりとりですが，受託者が委託者に渡す精算書に，併せて委託販売手数料に係るインボイスの内容を記載して渡してしまったほうが手間がかかりません。それで構いませんか？

　熊王：それでいいと思います。

　次の問96は受託者側の処理についてです。委託販売における受託者の売上高は委託販売手数料となります。

　特例として，同通達では，顧客から受け取る販売代金を課税売上高，委託者

11　委託販売の純額処理　◆321

と精算する手数料相殺後の金額を課税仕入高とすることも認めています。ただ，こちらは先ほどの問95と違って，インボイスは不要となっています。

（委託販売等の手数料に係る受託者の売上税額等の計算）

問96　当社は，委託販売等に係る資産の譲渡等について受託し，その手数料を受け取っており，売上税額の計算について，委託された商品の譲渡等に伴い収受した又は収受すべき金額を課税資産の譲渡等の金額とし，委託者に支払う金額を課税仕入れに係る金額としていますが，適格請求書等保存方式の開始後の取扱いについて教えてください。なお，当社が委託された商品の販売は軽減税率の適用対象ではありません。【令和3年7月追加】【令和4年4月改訂】

【答】

　委託販売等について，委託販売等に係る受託者においては，委託者から受ける委託販売手数料が役務の提供の対価となりますが，委託者から軽減税率の適用対象とならない課税資産の譲渡等のみを行うことを委託されている場合，委託された商品の譲渡等に伴い収受した又は収受すべき金額を課税資産の譲渡等の金額とし，委託者に支払う金額を課税仕入れに係る金額とすることも認められています（基通10-1-12）。

　適格請求書保存方式の開始後においても，委託された商品の販売が軽減税率の適用対象でない場合には，引き続き，委託された商品の譲渡等に伴い収受した又は収受すべき金額を課税資産の譲渡等の金額とし，委託者に支払う金額を課税仕入れに係る金額とすることができます。この場合，委託者に支払う金額に係る課税仕入れに関し，適格請求書等の保存は不要です。

　渡辺：受託者の特例は，会計処理が煩雑になることを避けるために便宜上認めているだけであって，仕入れとして計上した金額も本来の課税仕入れではありません。委託者側も受託者側の処理方法はわかりませんし，本来の売上げでもないのにインボイスは発行できませんから当然だと思います。

322 ◆ XI 税額計算

12 課税期間をまたぐインボイス

　熊王：問97と問100が対になっていますが，これらは令和3年7月改訂によって追加された課税期間をまたぐインボイスの取扱いです。

　まず，問97が売手の処理です。例えば3月決算法人が，20日締めで請求書を発行していると，4月分の請求書は3月21日から4月20日分となります。そうすると，インボイスに記載された消費税額に翌期分が含まれるため積上げ計算ができません。

　そこで積上げ計算を行うためには，3月21日から3月31日分の消費税額と4月1日から4月20日分の消費税額の2本立てで請求書に記載しなさいということです。

（課税期間をまたぐ適格請求書による売上税額の計算）

> 問97　当社は，3月決算の法人で，売上げの請求書については，毎月20日締めとしています。3月21日から4月20日までの期間に係る適格請求書には，同期間に係る消費税額を記載しているのですが，これを基に売上税額について，積上げ計算することができますか。【令和3年7月追加】【令和4年4月改訂】

【答】

　売上税額の計算については，交付した適格請求書及び適格簡易請求書の写し（電磁的記録により提供したものを含みます。）を保存している場合に，そこに記載された税率ごとの消費税額等の合計額に100分の78を乗じて計算した金額とすることができます（積上げ計算）（新消法45⑤，新消令62）。

　ご質問のような適格請求書を交付した場合，翌課税期間（4月1日から4月20日まで）の消費税額も合計して記載されていることになるため，これを基に売上税額の積上げ計算をすることはできません。

　積上げ計算をする場合は，3月21日から3月31日まで及び4月1日から4月20日までに係る消費税額を区分して適格請求書に記載するなどの必要があります。

12 課税期間をまたぐインボイス　◆323

　なお，売上税額の計算は，割戻し計算と積上げ計算を併用することが認められています。したがって，ご質問のような場合に，当課税期間以外の期間の消費税額が含まれる期間（4月1日から4月20日まで（期首を含む請求書の期間）及び3月21日から3月31日まで（期末を含む請求書の期間））の取引については割戻し計算とし，それ以外の期間の取引については積上げ計算とすることも可能です。

（注）　法人税基本通達2－6－1により決算締切日を継続して3月20日としているような場合，消費税の資産の譲渡等の時期についても，同様とすることが認められています（基通9－6－2）。このように決算締切日により，法人税及び消費税の申告をしている場合には，売上税額の積上げ計算のための課税期間ごとの区分の対応は不要です。

> 【参考】
> ○　法人税基本通達2－6－1（決算締切日）
> 　法人が，商慣習その他相当の理由により，各事業年度に係る収入及び支出の計算の基礎となる決算締切日を継続してその事業年度終了の日以前おおむね10日以内の一定の日としている場合には，これを認める。
> （注）　（省略）

　渡辺：実務上どうでしょう……。Q&Aにあるように，1年のうち1回だけ請求書のフォームを変えるというのは現実的ではないように思います。

　熊王：もし請求書の上で消費税額を2本立てとしない場合には，課税期間をまたぐ期首と期末のインボイス（4月分）だけ割戻し計算を行い，それ以外の5月から3月分の請求書については積上げ計算を行うことも認めるというのがQ&Aの【答】です。

　渡辺：たしかにこちらの処理のほうが，請求書のフォームなどはそのままで済みますから，現実的なのかもしれませんね。ただ，1か月分積上げ計算ができないので，ちょっと損した気分です。

　熊王：このあたりについては令和4年4月改訂で現実的な手当がされています。われわれも疑問に思っていながら活字にできなかったところですが，法人

324◆ XI 税額計算

税基本通達の決算締切日の取扱いにより，3月20日といったように月の中途を決算締切日としているようなケースでは，【答】で解説しているような面倒な処理は必要ないことが明記されました。

渡辺：実務上，法人税と消費税はセットで申告することになりますので，あらかたの法人はこの決算締切日の取扱いにより売上税額の計算をすることになるものと思われます。

熊王：問100の買手の処理ですが，売手の処理とは全然違っていて，当期分と翌期分の消費税額について，買手側が中身を勝手に分けていいということになっています。また，分ける場合は帳簿積上げ計算によることもできるとしています。

（課税期間をまたぐ適格請求書による仕入税額の計算）

> 問100　当社は，3月決算の法人です。取引先から，3月21日から4月20日までの期間をまとめた消費税額が記載されている適格請求書の交付を受けたのですが，これを基に仕入税額について積上げ計算することができますか。【令和3年7月追加】【令和4年4月改訂】

【答】

　仕入税額の積上げ計算については，交付された適格請求書などの請求書等に記載された消費税額等のうち課税仕入れに係る部分の金額の合計額に100分の78を掛けて算出します（請求書等積上げ計算）（新消法30①，新消令46①）。

　ご質問のような適格請求書の交付を受けた場合，当課税期間（3月21日から3月31日まで）の消費税額等と翌課税期間（4月1日から4月20日まで）の消費税額等が合計して記載されていることになるため，これを基に仕入税額の請求書等積上げ計算をする場合は，当課税期間に係る消費税額と翌課税期間に係る消費税額について，それぞれの期間の取引に係る消費税額を算出し，それぞれの期間が含まれる課税期間においてそれぞれ積上げ計算をする必要があります。

　また，仕入税額の積上げ計算は，課税仕入れの都度，課税仕入れに係る支

払対価の額に110分の10（軽減税率の対象となる場合は108分の8）を乗じて算出した金額（1円未満の端数が生じたときは，端数を切捨て又は四捨五入します。）を仮払消費税額等などとし，帳簿に記載（計上）している場合は，その金額の合計額に100分の78を掛けて算出する方法も認められます（帳簿積上げ計算）（新消令46②）。

　このため，ご質問の適格請求書について，当課税期間に行った課税仕入れにつき，帳簿積上げ計算することもできます。

（参考）　仕入税額の計算に当たり，請求書等積上げ計算と帳簿積上げ計算を
　　　　併用することも認められますが，これらの方法と割戻し計算を併用す
　　　　ることは認められません（インボイス通達4-3）。

（注）　法人税基本通達2-6-1により決算締切日を継続して3月20日とし
　　　ているような場合，消費税の課税仕入れの時期についても，同様とする
　　　ことが認められています（基通11-3-1）。このように決算締切日によ
　　　り，法人税及び消費税の申告をしている場合には，仕入税額の積上げ計
　　　算のための課税期間ごとの区分の対応は不要です。

【参考】

○　法人税基本通達2-6-1（決算締切日）

　法人が，商慣習その他相当の理由により，各事業年度に係る収入及び支出の計算の基礎となる決算締切日を継続してその事業年度終了の日以前おおむね10日以内の一定の日としている場合には，これを認める。

（注）（省略）

　渡辺：当期分と翌期分の消費税額の計算方法については特にルールがないようですが，例えば請求書等積上げ計算の場合，記載された消費税額をそれぞれの期間の課税仕入高の比率などにより按分して構わないんでしょうか？

　熊王：構わないと思います。でないと計算ができません。2つの期間の消費税額を合計して，記載された消費税額に一致していれば，その端数処理の方法も任意だと思います。

　渡辺：細かい話ですが，当期も翌期も帳簿積上げ計算を行う場合には，切上げ禁止ということでしょうか？

326 ◆ XI 税額計算

　熊王：Q&A から切上げにできるとは読めませんので，おそらくは禁止なの
だと思います。

　ただ，この問100についても，令和 4 年 4 月改訂で法人税基本通達の決算締
切日の取扱いが適用できることが明記されましたので，問97と同様に【答】で
解説しているような面倒な処理は必要ないこととなりました。

XII

経過措置

328◆ XII 経過措置

1 仕入税額はカウントダウン

熊王：最後に見ておきたいのが問89です。これが一番重い課題だと感じているのですが，免税事業者からの仕入れに係る経過措置です。

（免税事業者からの仕入れに係る経過措置）

> 問89 適格請求書等保存方式の開始後一定期間は，免税事業者からの仕入税額相当額の一定割合を控除できる経過措置があるそうですが，この場合の仕入税額控除の要件について教えてください。【令和4年4月改訂】

【答】

　適格請求書等保存方式の下では，適格請求書発行事業者以外の者（消費者，免税事業者又は登録を受けていない課税事業者）からの課税仕入れについては，仕入税額控除のために保存が必要な請求書等の交付を受けることができないことから，仕入税額控除を行うことができません（新消法30⑦）。

　ただし，適格請求書等保存方式開始から一定期間は，適格請求書発行事業者以外の者からの課税仕入れであっても，仕入税額相当額の一定割合を仕入税額とみなして控除できる経過措置が設けられています（28年改正法附則52，53）。

　経過措置を適用できる期間等は，次のとおりです。

期　　間	割　　合
令和5年10月1日から令和8年9月30日まで	仕入税額相当額の80%
令和8年10月1日から令和11年9月30日まで	仕入税額相当額の50%

　なお，この経過措置の適用を受けるためには，次の事項が記載された帳簿及び請求書等の保存が要件となります。

1　帳簿

　　区分記載請求書等保存方式の記載事項に加え，例えば，「80%控除対象」など，経過措置の適用を受ける課税仕入れである旨の記載が必要となります。

　　具体的には，次の事項となります。

①　課税仕入れの相手方の氏名又は名称

②　課税仕入れを行った年月日

③　課税仕入れに係る資産又は役務の内容（課税仕入れが他の者から受けた軽減対象資産の譲渡等に係るものである場合には，資産の内容及び軽減対象資産の譲渡等に係るものである旨）及び<u>経過措置の適用を受ける課税仕入れである旨</u>

④　課税仕入れに係る支払対価の額

（参考１）　③の「経過措置の適用を受ける課税仕入れである旨」の記載については，個々の取引ごとに「80％控除対象」，「免税事業者からの仕入れ」などと記載する方法のほか，例えば，本経過措置の適用対象となる取引に，「※」や「☆」といった記号・番号等を表示し，かつ，これらの記号・番号等が「経過措置の適用を受ける課税仕入れである旨」を別途「※（☆）は80％控除対象」などと表示する方法も認められます。

２　請求書等

区分記載請求書等と同様の記載事項が必要となります（区分記載請求書等に記載すべき事項に係る電磁的記録を含みます。）。

具体的には，次の事項となります。

①　書類の作成者の氏名又は名称

②　課税資産の譲渡等を行った年月日

③　課税資産の譲渡等に係る資産又は役務の内容（課税資産の譲渡等が軽減対象資産の譲渡等である場合には，資産の内容及び軽減対象資産の譲渡等である旨）

④　税率ごとに合計した課税資産の譲渡等の税込価額

⑤　書類の交付を受ける当該事業者の氏名又は名称

（参考２）　適格請求書発行事業者以外の者から受領した請求書等の内容について，③かっこ書きの「資産の内容及び軽減対象資産の譲渡等である旨」及び④の「税率ごとに合計した課税資産の譲渡等の税込価額」の記載がない場合に限り，受領者が自ら請求書等に追記して保存することが認められます。

なお，提供された請求書等に係る電磁的記録を整然とした形式及び明瞭な状態で出力した書面に追記して保存している場合も同様に認められます。

熊王：免税事業者はインボイスを発行できない。だから令和5年10月以降，免税事業者から買ったものは仕入税額控除ができないということなんだけれども，いきなり駄目ということにしてしまうとあまりにも影響が大きい。それで気を遣って経過措置を設けてくれたわけです。

令和5年10月から令和11年9月までの6年間は，3年刻みで徐々に控除率を逓減していきます。具体的には，令和5年10月から令和8年9月までは，免税事業者，正確に言うと適格請求書発行事業者以外の者からの仕入れについても8割の控除を認める。その次の令和8年10月から令和11年9月までは5割の控除を認める。このように3年刻みで8割，5割と逓減して，令和11年10月からは駄目ですよという形になります。

よって，免税事業者はこの6年を使って取引先と価格交渉をする必要があるように感じます。ただ，課税庁側は気を遣って作ってくれたと思うんだけれども，われわれにしてみると，（こういうこと言っちゃいけないんだけど，）有難迷惑というか，結構大変です。

渡辺：経理の立場からしたら本当に鬱陶しいですよ。おそらく会計ソフトの消費税コードが増えると思うんですよ。さらに9月末なんて中途半端なところで変わる。

熊王：しかも発生主義で持ってこなければいけない。買掛金や未払費用を立てて，発生ベースで管理しなければいけない。とどめに，摘要欄には「80％控除」とか書かなければいけない。

「俺はやらない」なんて開き直ってる先生もいるみたいだけれども，そういうわけにもいかないでしょう。こういうものがあるということを頭に入れた上で，対応しなければいけないですね。

2　経過措置を適用したら積上げ計算は駄目？

渡辺：経過措置を適用した場合，適用を受ける税込課税仕入高に，標準税率の場合は110分の7.8，軽減税率の場合は108分の6.24を乗じまして，さらにここに80％ないしは50％を掛けて，仕入税額を求めることになります。そうする

と，この算式はそもそもが積上げ計算ではありません。先ほど確認したように，仕入税額の計算が積上げ計算じゃないと売上税額の計算では積上げ計算が使えないことになってしまいます。

　熊王：この問題については，平成30年の改正法施行令附則の22条と23条（政令第135号「消費税法施行令等の一部を改正する政令」）で手当がされており，結論として，8割・5割の経過措置を使う場合でも，積上げ計算ができることになっています。

　ただ，この政令附則を読むと，個々の取引ごとに税額を出して，その税額に8割・5割をその都度掛けることになっています。

　渡辺：それをすべて積み上げていくということですが……。

　熊王：とてもじゃないけどやってらんない。

計算方式	仕入税額の計算
請求書等積上げ方式	経過措置の適用を受ける税込課税仕入高 $\times \dfrac{7.8}{110}\left(\dfrac{6.24}{108}\right) \times 80\%（50\%）＝$取引ごとの消費税額 $\vdots$ 　　　　　　　　　　仕入税額（合計額）
帳簿積上げ方式	※　消費税額については，課税仕入れの都度，1円未満の端数を切捨て又は四捨五入する
総額割戻し方式	経過措置の適用を受ける税込課税仕入高の合計額 $\times \dfrac{7.8}{110}\left(\dfrac{6.24}{108}\right) \times 80\%（50\%）＝$仕入税額

　渡辺：経過措置の適用を受ける場合の仕入税額の計算については，令和4年4月改訂で問101が新設されています。これを読むと，積上げ計算については政令附則に書かれているように，課税仕入れの都度，計算することになっています。

332◆ Ⅻ　経過措置

（免税事業者からの課税仕入れに係る経過措置を適用する場合の税額計算）

> 問101　適格請求書等保存方式開始後6年間は，免税事業者からの課税仕
> 入れについても一定割合の仕入税額控除の適用を受けられるとのことで
> すが，その場合の仕入税額控除の具体的な計算方法を教えてください。
> 【令和4年4月追加】

【答】

　適格請求書等保存方式の下では，原則，適格請求書発行事業者以外の者か
らの課税仕入れについては，仕入税額控除を行うことはできませんが，制度
開始後6年間は，仕入税額相当額の一定割合を仕入税額とみなして控除でき
る経過措置が設けられています。本経過措置の適用を受けるために必要な要
件については，問89《免税事業者からの仕入れに係る経過措置》をご参照く
ださい。

　本経過措置を適用する場合に仕入税額とみなす金額の具体的な計算方法は，
次のとおりとなります。

1　仕入税額について「積上げ計算」を適用している場合

　　本経過措置の適用を受ける場合においても「積上げ計算」により計算す
る必要があります。

　　本経過措置の適用を受ける課税仕入れの都度，その課税仕入れに係る支
払対価の額に110分の7.8（軽減税率の対象となる場合は108分の6.24）
を乗じて算出した金額に100分の80（注）を乗じて算出します（その金額に
1円未満の端数が生じたときは，その端数を切捨て又は四捨五入します。）
（改正令附則22①一，23①一）。

　　なお，本経過措置の適用を受ける課税仕入れを区分して管理し，課税期
間の中途や期末において，当該区分した課税仕入れごとに上記の計算を行
うこととしても差し支えありません。

2　仕入税額について「割戻し計算」を適用している場合

　　本経過措置の適用を受ける場合においても「割戻し計算」により計算す
る必要があります。

　　課税期間中に行った本経過措置の適用を受ける課税仕入れに係る支払対

価の額の合計金額に110分の7.8（軽減税率の対象となる場合は108分の6.24）を乗じて算出した金額に100分の80 [注] を乗じて算出します（改正令附則22①二，23①二）。

(注) 経過措置を適用できる期間に応じた割合は，以下のとおりとなります。

期　　間	割　　合
令和5年10月1日から令和8年9月30日まで	仕入税額相当額の80%
令和8年10月1日から令和11年9月30日まで	仕入税額相当額の50%

　熊王：「請求書等積上げ方式」と「帳簿積上げ方式」は，インボイスのある課税仕入れであれば，問98（310頁参照）でも確認したように仮払消費税の合計額に100分の78を乗じて仕入税額を計算することになります。経過措置の適用を受ける課税仕入れについても，下記の算式で仮払消費税を算出し，その合計額を基に仕入税額を計算することができないのでしょうか？

経過措置の適用を受ける税込課税仕入高 $\times \dfrac{10}{110} \left(\dfrac{8}{108} \right) \times 80\%$ （50%）

＝取引ごとの仮払消費税

$$\vdots$$

仮払消費税の合計額 $\times \dfrac{78}{100} ＝$ 仕入税額

　渡辺：改正法施行令附則と問101には「…課税仕入れの都度…」と書いてありますので，おそらくは先生が希望するような計算は認めないのだろうと思います。

　熊王：だとすると，問101は一体何を目的に追加したのでしょう……。「経過措置の適用を受ける課税仕入れがある場合でも，積上げ計算ができますよ」ということをお知らせするためだけに新設したということですか？

　渡辺：おそらくは，そういうことなのだろうと思います。実務のことを考えると，もうちょっと何とかできなかったのかな……という感じはありますね。

熊王：問73（257頁参照）でも話しましたが，Q&Aでは，ある意味法令を無視したような処理を認めているものも数多くありますので，ここはQ&Aが力業で何とかごり押ししてほしかったという気がしています。とても残念です。

渡辺：ところで，問101の【答】１のなお書に「本経過措置の適用を受ける課税仕入れを区分して管理し，課税期間の中途や期末において，当該区分した課税仕入れごとに上記の計算を行うこととしても差し支えありません。」と書かれています。これってどういう意味なんでしょう？

熊王：ここに書かれている「…区分して管理…」という文言を「集計」と解釈すると，経過措置の適用を受ける課税仕入れについては事実上割戻し計算ができるようにも思えるのですが，そういうことではないんでしょうね。どんな意味なんだろう……。実に難解な日本語です（笑）。

渡辺：私も考えてみたのですが，改正法施行令附則では，経過措置の適用を受ける課税仕入れの場合，課税仕入れの都度，消費税額まで求めることとされています。

ただ，現実的に消費税の計算は期末に行いますから，課税仕入れの都度，消費税額を計算しても何の意味もありません。そこで，インボイスのある課税仕入れの計算と合わせて，期末に計算する，あるいは期間短縮を行っているのであれば３か月又は１か月ごとに計算することを認めるという意味ではないでしょうか。ただし，計算方法としては，課税仕入れごとに改正法施行令附則によりその都度計算することになるのだと思います。

ソフト会社からすれば，経過措置の適用を受ける課税仕入れについて，計算式さえプログラミングしておけば，課税仕入れごとに積上げ計算を行ったとしても，おそらくは大した問題ではありません。

手計算するのであれば大きな違いがありますが，手計算による積上げ計算は現実的に不可能です。手計算のことは想定していないのかもしれませんね。

XIII

免税事業者はどう動くか

1 実務家としての見方

熊王：最後に，免税事業者の取扱いをいくつか検討してみます。

ズバリ聞きたいんだけれども，インボイスには，賛成ですか反対ですか。

渡辺：ええっとですね，ちょっと煮え切らないかもしれないんですが，9割賛成・1割反対です。

熊王：煮え切らないですね。

渡辺：自分もやっぱり実務家ですから，インボイスが入って事務負担が増えるのはわかり切っているので，税理士会の建議書にもあったように，安くて使い勝手がいいシステムができて，少しでも楽になった状態で入れてもらいたいというのが本音です。

ただ，本来あるべき姿に向かっているのも事実です。今の姿のほうがいびつなんですよね。免税事業者からの仕入れは，本来控除できないものを控除しているわけですから，乱暴な言い方ですが，架空経費を合法的に認めてるようなものです。そういうものが法令としてまかり通っていることにはものすごく違和感があります。

あとは納税義務判定に関して言えば，インボイス制度さえ入っていれば，もう少しシンプルな形にできたのかもしれません。

例えば，資本金1,000万円未満の新設法人の1期目と2期目は，免税事業者です。先生のお話にもありましたが，これを利用した，ドデカい節税スキーム，ド派手な租税回避スキームが過去にはあったわけです。これに対して特定期間の特例と特定新規設立法人の特例が入りました。結果として，いたずらに納税義務判定が難しくなり，スキームと全く無縁の事業者にまで影響が出るという弊害が生じてしまったわけです。

もし，インボイス制度があって，新設の法人が登録事業者であり，課税事業者であれば，こんなくだらない特例を用意する必要はなかったんです。

そういった消費税の本来あるべき姿を考えて，本来あるべき姿に向かうべきというところを考慮すると，1割きついけど，9割が賛成かなというところで

す。

熊王：私も全く同感です。インボイスがないことによる弊害というのは本当に納得です。

だいたい，日本と同じような前段階税額控除の多段階課税方式を採用している国は，たしか2020年度のデータで155か国あるんです。世界の3分の2以上の国が日本と同じシステムを採用してる。私が知る限り，その中でインボイスを入れてない国はないんじゃないですか。

渡辺：OECD諸国で，たしかアメリカはもともと付加価値税がありません。

熊王：あそこは小売課税で州によって税制が異なっています。

渡辺：アメリカを除くと，もはやインボイスを採用していないのは日本だけということですか。

熊王：EUなんかは義務化にしてますからね。

今までが異常だった。異常だったものを正常な状態に戻そうとしている。私がこういうことを言うと叱られるんだけれども，無下に反対するのもいかがなものかと思うのです。

2　問題は免税事業者

渡辺：インボイスの導入による弊害は，事務が煩雑になるということです。ただ，これは今回のお話を聞いていただいてわかりますように，事前準備をちゃんとやっていけばそんなに大変なものではないはずです。そうすると，やはり一番の問題は免税事業者ということになりますか。

熊王：そうです。問題なのは免税事業者です。2011年度の財務省資料では免税事業者が508万となっておりまして，非常に多いわけです（内閣府 税制調査会「平成23年度第24回税制調査会（12月7日）参考資料（消費税について）」）。

でも，勘違いしてはいけないんですが，500万からの免税事業者がすべて路頭に迷うわけではないんです。あくまでも流通過程，つまり取引先が，本則課税の課税事業者の場合に問題になるのであって，もともと全く影響がない事業者が相当数いるはずなんです。

例えば，床屋さんで髪を切って，「インボイスをくれ」と言う人はいない。商店街に入っている肉屋，魚屋，八百屋なんてのは，近所の奥様方相手に商売をやってるわけだから，「インボイスをくれ」なんて誰からも言われないわけですよ。仕入税額控除ができない代わりに，納税をしないわけだから，「奥さんいいブリ入ったよ」なんて言って，金額を丸めて売っていけば，今までと特に変わらないんです。

　こういうことを言ったら，インボイスを嫌っている人はね，面白くないわけですよ。何を言うかと思ったら，「商店街に喫茶店があって，喫茶店のマスターが八百屋にレタスを買いに行くことがあるだろう」と言われました。私も負けていないです。「商店街に入っている喫茶店なんて，免税か，せいぜい簡易課税を使ってるんじゃないですか」と言い返しました（笑）。

　渡辺：簡易課税を適用している場合にはインボイスの保存は不要ですものね。そうすると，Ｂ to Ｃがメインの免税事業者の場合には，先生がおっしゃるように，そんなに大騒ぎする問題じゃないのかもしれません。

　熊王：問題になるのは，取引先が本則課税の課税事業者のときです。

　例えば，課税事業者Ａから免税事業者Ｂ，さらにここから課税事業者Ｃと，こんな感じで物が移動した場合，Ａはインボイスの発行ができます。免税事業者Ｂは納税しないからインボイスをもらっても意味がありません。免税事業者Ｂはインボイスの発行ができませんが，課税事業者Ｃはインボイスがないと仕入税額控除できないから，当然Ｂに対して「登録してくれ」という要請をするわけです。

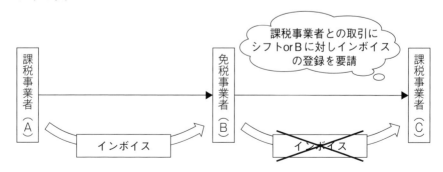

熊王：実務の現場では，納税義務がない免税事業者に対する仕入れや外注費といった支払は，私が知る限り，あらかた消費税をつけてるんです。わからないからそのまま消費税をつけて払っています。

そうすると，Cの立場にしてみれば「あなたには昔から外税で消費税をつけてるでしょ。消費税を払ってるのになんで登録しないんだ」となります。正論です。

一方，Bにも言い分がある。「いやいや，そうは言ったって，消費税というのは名目だけなんであって，うちなんかは，消費税をもらって何とか採算がとれているんです。消費税となってるけど価格の一部なんです。だから，これで納税なんていったらとてもじゃないけどペイしません」と。これも正論なんですよ。

だからここをどうするかって話ですね。ただ，課税事業者の立場にしてみれば，インボイスをもらえないとどうしようもないから，「じゃああんたのところはもういい」と，取引を断られる事業者が出てくることが危惧されます。

とある税務雑誌に，「技術があれば免税事業者でも注文はある」というようなことをうそぶいていた役人がいたとの記事が載っていました。たしかに，フリーカメラマンなんかだったら，腕がよければ依頼は来るでしょう。しかし，他の同業者と同じようなネジを作ったり，タオルを作ったりしているような免税事業者は，技術は同じで，値段で勝負してるんだもの。ここで技術云々と言われたって，なかなか厳しいんじゃないでしょうか。やっぱりどうしようもないから，価格交渉をしていくしかないんです。

3 周知には時間がかかる？

渡辺：あらかたの免税事業者は，インボイスのことなんか微塵も考えていないように思います。これはまず，われわれ税理士が，ちゃんと周知しなきゃいけないと思います。

熊王：そうですね。特に，われわれのクライアントで免税事業者というと，月次で顧問料をもらっているところはたぶんないですよね。

関わるのはだいたい年1回の決算とか，個人事業者であれば確定申告の時だと思うんです。そうすると，例えば，令和3年分の確定申告で令和4年の1月～2月頃にお邪魔した時にまず1回，「こういうことになるんですよ」とアプローチしておくのがよかったですね。もう終わっちゃったけれども……。ペーパーにまとめて情報を伝えている先生もいらっしゃって，それはそれでいいことだとは思います。

でも，私だったら直に話さないと気が済みません。小規模事業者は紙を渡しても読んでくれないんです。話してもすぐ忘れるくらいですから。

それで，令和4年にもう1回しゃべる。そうすると「ああ，大変なことになるんだな」とだんだんわかってくる。

それでも本番までに決断がつかない場合には，その後の80%→50%の経過措置期間中に取引先と価格交渉をして決断させる。数年越しでやらないと事の重大さを理解してもらえません。

渡辺：全く同感ですね。実際に私もクライアントに話すと，初めての時は「何ですかそれ？」，2回目に話すと「何でしたっけそれ？」と返ってきます。遅くとも，令和4年から5年にかけての申請時期に再プッシュしてみようと思っています。

熊王：そう。時間をかけないとなかなか難しいと思います。だから，繰り返しになりますけど，準備が100%なんですよ。今から始めても遅いくらい。令和5年になってから動き出す人が結構いるんでしょうが，そこだともう手遅れなんです。

渡辺：そうです。買手のほうは，もっと早い段階で決断をしている可能性が大なんです。特に大手なんかは早いと思います。令和5年なんて待ってらんないです。

熊王：だから価格交渉をする。うまくいかなかったら，経過措置の8割，5割のカウントダウンの時期に引き続き交渉していく。あるいは，令和5年10月から令和8年9月までは，免税事業者でも8割引けるわけだから，じゃあとりあえず8割だけくださいというのも，交渉としてはアリですよ。いずれにして

も今のうちから動かないと厳しいでしょう。

4 税理士がサポートを！

渡辺：現実的に，登録事業者として課税事業者となったら十中八九，簡易課税を適用します。

それで，簡易課税を適用したとして，本当にきついところは第三種以降かなと思うんです。というのも，第一種，第二種であれば，1,000万円なかったらたぶん食っていけてないと思うんですよ。粗利1〜2割でやっているのだから，1,000万円で100〜200万円ですからね。そもそも生活どうしているんだろうという気がします。

熊王：相当に厳しいよね。

渡辺：そうすると，現実的にきついのは第三種以降。それで，私のクライアントの話ですけど，だいたい年間の売上高600万円くらいの電気工事技師，一人親方です。年間の売上税額はおよそ60万円です。基本的に加工賃だけの工事業ですから，第四種事業でみなし仕入率60％です。6割削って，年間24万円，月々にしたら2万円です。「これくらいだけどどう？」って聞いたら，「これくらいだったらどっかの現場に乗っけるから大丈夫」と言ってました。

要は，実際に計算をして，どれくらいの納税になるのかということがわかってないケースが多いと思うんです。例えば，売上高が1,000万円あって，100万円納税すると思っている納税者は本当にいますからね。

そこをやっぱり，われわれ税理士がサポートしなければいけないと思うんです。実際にこれくらいの負担になるんだけど，どう手を打つのか，もしそれで駄目なら次の手を考えないといけないということです。

一番のポイントは，取引を切られたら元も子もないわけだから，ここを守ることが大事だと思うんです。

だから課税事業者となってインボイスを発行する。あとは実際の税負担額をどうやってカバーできるかを考える。われわれ税理士が間に立って実際にシミュレーションしてみて，こんな形で対策してみたらどうかと提案するのが大

事だと思うんです。

その中で，免税事業者が課税事業者となって，インボイスを発行することを条件に，価格面で少し面倒見てほしいという交渉を行うこともアリだと思いますね。

熊王：いずれにしても早めに動かないといけません。

5　変化してきた環境

渡辺：売手の免税事業者の話ばかりしてますが，買手の課税事業者から相手の免税事業者に対しての歩み寄りみたいなところも必要だと思うんですが，いかがですか？

熊王：昔は下請けの面倒は全部元請けが見てくれたんですよね。建築業界が最たるものなんだけれども，家族と一緒のように考えて面倒を見ていました。

私が関与していた土建業者もそうだった。人相が悪くて口も悪い社長だったけども「俺が面倒見てやらねぇとあいつらは生きていけねぇからな」なんて言って，家族もひっくるめて，自分が損をしてでも，ちゃんと外注費とかを払ってあげてた。そうすると，下請けも「あそこの社長のためには頑張らなきゃ」と，持ちつ持たれつで頑張ってきて，日本の経済は発展してきたのかなと思います。

ところが，バブルがはじけて，サバイバルの時代に入っちゃってですね，そんなことを考える余裕がなくなってしまった。絶対に無理な金額で発注してくるわけですよ。「とてもじゃないけれどもこんなんじゃできない」みたいな金額です。

そうすると，例えば，例えばの話ですよ，鉄筋を10本入れる仕様なのに，10本入れたら採算合わない無茶な金額で注文がきてるから，5本に減らしちゃう，そういうこともあるかもしれません。いつぞやの熱海の土盛りだってそうでしょう。ガラとかいろんな物をぶち込んで造成していたらしいじゃないですか。表に出てないだけで，日本全国至る所で，このようなことがあるような気がします。

すべて経済が悪いんですよ。誰が悪いとは言わないです。ただ，30年間も無策のままで借金ばっかり増やしてきた。1,000兆円を超える借金作って，この先増える一方でしょ。コロナの予備費なんてどういう使い方をしているんですか？　何をやってるんだと言いたい！　ただ，そういう無能な政治家を選んだのは国民なんです。だいたい，国政選挙で投票率50％なんて，これは議会制民主主義の体を成していない。根本的に，国民の意識から変えないといけないと思います。

6　改正簡易課税制度

　熊王：少し脱線しましたが，理想を言うならば，下請けの消費税くらいは販売奨励金みたいな形で元請けが面倒見てあげればいいんだけども，これはやっぱり税の世界でやるのは難しい。

　それで，漠然と考えてるのですが，おそらく免税事業者が登録したら，まず9分9厘は簡易課税を使うんです。簡易課税は90％から40％までの6種類のみなし仕入率があるけれども，当期の課税売上高が1,000万円以下の事業者は，一律に，みなし仕入率を90％にしちゃうんです。どう思いますか？

　渡辺：おもしろいですね。いろいろと反対はあるかと思いますが，業種を問わずということですか？

　熊王：はい。例えば，年収700万円だとすると，消費税は70万円でしょ。9割削れるから納税は7万円で，法人の均等割と一緒になる。

　渡辺：ちょうどそれくらいの金額に落ち着くということですか。これくらいだったら何とかなると思います。

　熊王：小規模事業者向けの対策ということで，年商1,000万円以下の場合には，全部課税事業者にして，納税額をゼロにしましょうという意見がありました。そうすれば課税事業者の選択もいらなくなります。ただ，実現したらありがたいんだけれども，事業者免税点制度が意味ないというか，形骸化しちゃうわけだから，これはあまりにも虫のいい話です。論理的に考えても筋の通らない話です。

あと，限界控除制度を復活させようという意見もありましたが，あれは，払う税金を削りましょうという，元来筋の通らない話です。だから消費税法40条は削除になったのです。こんなものを復活させるのは全くもってナンセンス極まりないのです。

小規模事業者が，あの奇妙奇天烈な事業区分をしなくてよいというメリットもありますので，私は「みなし仕入率を一律90％にする案」は案外現実的じゃないかと思ってます。

渡辺：1,000万円超5,000万円以下の事業者はどうするんですか？

熊王：今もそうですが，売上高が1,000万円を超えると小規模事業者ではありませんので，面倒を見る必要はありません。

渡辺：課税売上高が1,000万円超5,000万円以下の簡易課税適用事業者は，第一種から第六種までの該当するみなし仕入率を適用するということですか？

熊王：そうです。だってもともとの問題は，免税事業者が課税事業者の世界に取り込まれることでしょ。

渡辺：それは基準期間でいくんですか？

熊王：当期の売上高です。

渡辺：そうすると，今の判定基準とちょっと整合性が……。

熊王：だから特例で作っちゃえばいいんです。とにかく，簡易課税を使っている事業者の，当課税期間の課税売上高が1,000万円以下の場合には９割。法律もシンプルに作れると思う。消費税法37条の２項に「前項の規定にかかわらず……」みたいに追加するんです。

渡辺：1,000万円を期末あたりにドンと超えてしまった場合は？

熊王：それはしょうがない。

渡辺：諦めるということですか？

熊王：それ言っちゃったら，1,000万円という免税点だってそうでしょう。1,000万円をちょっとでも超えたら２年後に納税義務者になってしまいます。

渡辺：せめて前期の売上高で見るとかどうですか？

熊王：複雑にしちゃうと駄目なんだよ。今まで免税だった小規模事業者がこ

れで救われるわけだから，それなりの効果はあると思います。

7　登録か値段変更か

　渡辺：今後は，免税事業者が消費税を価格へ転嫁すること，つまり外税にすることは原則として厳しいんでしょうね。

　熊王：免税事業者の今後の処理がどうなるか。例えば不動産賃貸業者は，いわゆる居住用の物件が多いと，家賃は年間で2,000万円くらいあるのに，店舗，事務所，駐車場なんかは数百万円で，免税事業者に分類される事業者は結構いるんです。こういった事業者が，店舗とか駐車場の家賃にちゃっかりと消費税を乗っけて，もらっているケースが結構多い。

　渡辺：多いというか，ほとんど乗っけてるんじゃないでしょうか。

　熊王：これがさてどうなるかってことなんですよ。これ，外税で消費税を乗っけている状態で，令和5年10月以降，登録しない限り，私はこのままでは難しいと思います。

　渡辺：かなり厳しいと思いますね。登録しないわけですから，消費税を請求する根拠がありません。

　熊王：そうすると，店舗家賃10万円の消費税1万円で，登録をしないのであれば，10万円に値下げせざるを得ないと思っています。早めにこっそり家賃を11万円にしておきましょうなんていう怪しい話もあるんだけれども，これはあくまでも値決めの問題ですから。相手が了解してくれればいいのかもしれませんが，それは税とは違う世界の話です。

　こんなときは，令和5年10月から価格を10万円に下げるよりも，あえて登録して課税事業者になって，簡易課税を使ったほうが絶対にお得です。簡易課税を使うと第六種事業でしょ。そうすると，不動産賃貸業者の必要経費は固定資産税と借入金利子と減価償却費，たまに出てくる修繕費くらいしか課税仕入れがないのに対し，簡易課税を使うと4割も削れるんです。家賃を10万円に下げるよりも簡易課税を使って納税したほうが手取りが増えます。

　渡辺：消費税1万円のうち4割削れるから，手許に残るのは4,000円，家賃

と合わせると104,000円。免税事業者のままでいるよりも4,000円増えることになりますね。

熊王：そういうことです。これはやっぱり，検討しなきゃいけないと思っています。

渡辺：われわれ税理士も同じようなことが言えますか？

熊王：税理士もそう。今，免税事業者の先生って結構いると思います。自分の顧問料に消費税を乗っけて，クライアントからもらっている先生。

下手なこと言うと怒られちゃう気がするんだけれども，例えば，顧問料50,000円で消費税5,000円乗っけて55,000円をもらっている。それで，令和5年10月から，登録をしないからと50,000円に値下げしたとします。「先生，どうしたんですか？」とクライアントから聞かれて，「私は納税義務者ではなかったのである！」と答えるんでしょうか。

渡辺：自分も駆け出しの免税事業者だった頃に消費税を当たり前のように乗せていましたけど，同じ立場だったら単に「消費税分値引きしました」と言っちゃいそうです。

熊王：いいんだろうけど，ちょっと格好悪いような気がします。やっぱり，税理士は登録しなきゃ厳しいと思います。税理士の課税仕入れなんかほとんどないわけですから，登録して簡易課税を適用したほうが絶対にお得ではないでしょうか。

私，自分の申告を簡易課税でやってて，いつも課税区分の入力もやってるんで，確定申告のタイミングで比較するんだけれども，課税仕入率はいつも売上高の2割くらいです。簡易課税を使えば5割ですからね。いやあ，簡易課税制度は実にありがたいのです。

渡辺：自分も第五種で計算してますが，たぶん比較するまでもなく，益税の恩恵を受けています。廃止すべきなんてご意見も聞きますが，絶対に廃止はしないでほしいです（笑）。

おわりに
～トラブル覚悟で早めに動く～

熊王：本番に向けていろいろなことを検討していくと，想像もしていなかったような問題がいっぱい出てくると思います。そういったことに気がつくよう早めに対処していかないといけません。直前になって，じゃあそろそろやろうかなと言ってやってみてとんでもない問題が出てきたら，もう間に合わない。

最後にもう1度言いますが，準備が100％なんです。早めに準備して，何かあったらあらかじめ対策をする形で進めないといけない。

渡辺：熊王先生のおっしゃるとおりで，本気で準備をしていかないと，細かい問題点は見つからないと思います。制度のうわべだけじゃなくて，クライアントの実務まで突っ込んで見ていかないと，現実の問題点は洗い出せない。

だから，まず入口として，書籍や研修で構わないんですけども，身につけた知識をどんどんクライアントにフィードバックしてもらいたいです。その中で問題点が絶対見えてきます。

また，クライアントの準備が不完全だと，実際に経理処理を行うのはわれわれ税理士ですから，めぐりめぐってわれわれの実務がきつくなります。そうならないためにも，クライアントと話をしましょう。まずはそこからです。

熊王：業種によってスタイルも違うから，準備の仕方も変わってくる。

昨年来，税理士会や会計士協会はむろんのこと，建築関連団体や司法書士会，不動産保証協会や法人会など，さまざまなところから研修依頼を受けてセミナーを開催しています。主催者側から私もいろんなことを教えていただいたりして，お互いに手探りで動いてることを実感しています。まだ何の準備もしてない業界団体も相当にあるでしょうから，そんなところに，まずわれわれが気づきを与えるということで，アプローチしていかないといけないと思います。

本書を最後までお読みいただいた先生方に，多少なりともお役に立てれば幸いです。本日は長時間ありがとうございました。

渡辺：ありがとうございました。お疲れ様でした。

---------------● 後 日 談 ●---------------

渡辺：対談お疲れ様でした。ところで，本当に揚げ足を取るようなんですが，令和４年度改正で登録申請書の雛形に追加された「登録希望日」欄が，２パターンあることを見つけてしまいました。

熊王：どういうことですか？

渡辺：国税庁ホームページに掲載されている登録申請書の雛形は，主に２つの入り口からたどり着けます。１つ目は，ホームページの「特集インボイス制度」→「申請手続」→「登録申請等様式」の手順でたどり着けます。２つ目は，「特集インボイス制度」→「取扱通達」→「消費税の仕入税額控除制度における適格請求書等保存方式に関する申請書等の様式の制定について」の手順でたどり着けます。

　このうち前者の雛形では，「登録希望日」欄に「令和５年10月１日を希望する場合，記載不要」とのコメントが付されています（19頁，21頁参照）が，後者の雛形にはこのコメントがないんです。ちなみに，「登録申請書の記載例」は前者の雛形です。

　通常は前者の方法で検索するでしょうから，こちらだけ後で気がついて追加したんだと思うんです。ただ，先生がご立腹の「課税期間の初日」欄の記載はそのままにしながら（50頁参照），「登録希望日」欄だけ簡単に修正してしまうという感覚がわかりません。

熊王：Q&A の条文番号の間違いにさえ気がつかない（134頁参照）ような方々ですから，単純に片方の申請書だけ直し忘れたということなんじゃないですか（笑）。

　気になるのは，渡辺さんも指摘しているように，登録申請書の雛形を何の手続も踏まずに勝手に直していいのかということです。令和４年４月１日に国税庁長官から各国税局長宛に『「消費税の軽減税率制度に関する申告書等の様式の制定について」等の一部改正について（法令解釈通達）』が発令され，『（別紙２）「消費税の仕入税額控除制度における適格請求書等保存方式に関する申

請書等の様式の制定について」（法令解釈通達）新旧対照表』が公表されています。登録申請書の改訂箇所は，この新旧対照表に一文字も漏らすことなく掲載されているにもかかわらず，「登録希望日」欄の追加については，何の前触れもなく突然に掲載されたことに対して強烈な違和感を感じています。

Q&Aならいざ知らず，なぜ登録申請書を勝手に修正することができるのでしょう？

渡辺：Q&Aだって許されません。令和3年12月に発刊した本書（第1版第1刷）の296〜297頁（後日談）で先生がお話しされてるように，正誤表をホームページにアップして，追加や削除，修正箇所を日付とともに公表するくらいのことはすべきです。

熊王：おっしゃるとおりです。Q&Aだって許されません。おそらくは，登録申請書の記載例を公表する際に追記したのだと思うのですが，修正の履歴を明記しないことには，何が最新の情報なのかがわからなくなってしまいます。国税庁はいつからこんなにだらしのない組織に成り下がってしまったのでしょう……。

> 本書では，令和4年4月改訂時に公表されたQ&Aにより対談をしています。前回の令和3年7月改訂後，Q&Aは何のアナウンスもなく何箇所も改訂されましたので，今後も本書に掲載したQ&Aは改訂される可能性があることをご承知おきください。

【著者紹介】

熊王　征秀（くまおう　まさひで）

税理士

山梨県出身。学校法人大原学園に在職中，酒税法，消費税法の講座を創設。その後，会計事務所勤務を経て税理士登録，独立開業。現在，東京税理士会・会員相談室委員，日本税務会計学会委員，東京地方税理士会・税法研究所研究員，大原大学院大学教授。著書に『消費税法講義録〔第3版〕』（中央経済社），『〔3訂版〕Q&Aでよくわかる　消費税インボイス対応要点ナビ』（日本法令）など多数。

渡辺　章（わたなべ　あきら）

税理士

1972年生まれ。大学卒業後，損害保険会社勤務，大原簿記学校税理士講座本部・消費税法科勤務（専任講師）。会計事務所勤務中の2007年に税理士登録。その後08年に独立開業し現在に至る。現在，千葉県税理士会　千葉税務研究所　相談担当研究員に従事。著書に『消費税　仕入税額控除　個別対応方式実践トレーニング』（中央経済社），『インボイス導入で変わる消費税実務【令和4年改訂版】—課税事業者・免税事業者の対策—』（ぎょうせい）など多数。

逐条放談
消費税のインボイスQ&A〔第2版〕

2021年12月20日　第1版第1刷発行	
2022年5月20日　第1版第2刷発行	
2022年9月15日　第2版第1刷発行	

著　者　　熊　王　征　秀
　　　　　渡　辺　　　章
発行者　　山　本　　　継
発行所　　㈱中央経済社
発売元　　㈱中央経済グループ
　　　　　パブリッシング

〒101-0051　東京都千代田区神田神保町1-31-2
電話　03（3293）3371（編集代表）
　　　03（3293）3381（営業代表）
https://www.chuokeizai.co.jp
印刷／文唱堂印刷㈱
製本／誠　製　本　㈱

© 2022
Printed in Japan

＊頁の「欠落」や「順序違い」などがありましたらお取り替えいたしますので発売元までご送付ください。（送料小社負担）
ISBN978-4-502-44291-9　C3034

JCOPY〈出版者著作権管理機構委託出版物〉本書を無断で複写複製（コピー）することは，著作権法上の例外を除き，禁じられています。本書をコピーされる場合は事前に出版者著作権管理機構（JCOPY）の許諾を受けてください。
JCOPY〈https://www.jcopy.or.jp　eメール：info@jcopy.or.jp〉